Coleção
Direito Penal e Criminologia

Direção
Íñigo Ortiz de Urbina
Ramon Ragués
Luís Greco

PUNINDO A CULPA COMO DOLO

O uso da cegueira deliberada no Brasil

Guilherme Brenner Lucchesi

PUNINDO A CULPA COMO DOLO

O uso da cegueira deliberada no Brasil

Marcial Pons

MADRI | BARCELONA | BUENOS AIRES | SÃO PAULO

Coleção
Direito Penal e Criminologia

Direção
Íñigo Ortiz de Urbina / Ramon Ragués / Luís Greco

Punindo a culpa como dolo. O uso da cegueira deliberada no Brasil
Guilherme Brenner Lucchesi

Capa
Nacho Pons

Produção
Ida Gouveia / HBLYZ / Oficina das Letras®

CIP-Brasil. Catalogação na Publicação
Sindicato Nacional dos Editores de Livros, RJ

L967p
Lucchesi, Guilherme Brenner
Punindo a culpa como dolo : o uso da cegueira deliberada no Brasil / Guilherme Brenner Lucchesi. - 1. ed. - São Paulo: Marcial Pons, 2018.

Apêndice
Inclui bibliografia
ISBN 9788566722574

1. Direito Penal. I. Título. II. Série.

18-50151 CDU: 343.1(81)

Av. Brig. Faria Lima, 1461, Torre Sul, 17/8 Jardim Paulistano CEP 01452-002 São Paulo-SP
☎ +55 (11) 3192.3733 www.marcialpons.com.br

Impresso no Brasil

À LUCIANA, *minha parceira inseparável*
na academia, na advocacia e na vida,
com eterna gratidão pelo privilégio
de aprender com o seu exemplo.

A pior cegueira é a mental, que faz com que
não reconheçamos o que temos pela frente.

José Saramago

Explanations exist; they have existed for all time;
there is always a well-known solution to every
human problem – neat, plausible, and wrong.

H. L. Mencken

AGRADECIMENTOS

Este livro tem origem na tese doutoral defendida junto ao Programa de Pós-graduação em Direito da Universidade Federal do Paraná em 19 de setembro de 2017. De pronto, agradeço à Profa. Dra. Clara Roman Borges, orientadora no doutorado, pelos importantes *insights* na estruturação deste e de tantos outros trabalhos. Também agradeço aos membros da Banca Examinadora, Prof. Dr. Luís Greco, *LL.M.*, Profa. Dra. Heloisa Estellita, Prof. Dr. Flavio Antonio da Cruz e Prof. Dr. Rui Dissenha, cujas contribuições em muito enriqueceram esta obra, pelas oportunidades de interlocução com a durante o desenvolvimento da pesquisa.

Agradeço em especial à minha esposa, sócia e amiga, Luciana Pedroso Xavier, quem me incentiva e apoia a todo momento, desde o início de nossa Graduação em Direito. Nada do que consegui realizar acadêmica e profissionalmente seria possível sem a sua constante presença. Estendo em grande medida o agradecimento aos demais sócios Mara Catarina Mesquita Lopes Leite, Marília Pedroso Xavier, William Soares Pugliese e Alaor Carlos Lopes Leite, bem como a toda a equipe do LXP Advogados. Enfrentar as trincheiras diárias da advocacia torna-se prazeroso quando a profissão é exercida em excelente companhia!

Agradeço meus pais, minha irmã e meus avós, que nunca mediram esforços para garantir que eu recebesse uma formação sólida e integral, além de atuarem desde cedo como exemplos de disciplina, comprometimento e retidão moral.

Pelo período em que estive no cargo de Professor Substituto da UFPR, minha *alma mater*, agradeço aos Diretores da Faculdade de Direito, Prof. Dr. Ricardo Marcelo Fonseca, hoje Magnífico Reitor da UFPR, e Profa. Dra. Vera Karam de Chueiri e aos Coordenadores do Núcleo de Prática Jurídica, Prof. Dr. Leandro Gorsdorf, Prof. Dr. Sandro Lunard Nicoladeli e Prof. Dr. Marcelo Conrado.

Ao longo dos estudos, tive a felicidade de colecionar amizades com pessoas extraordinárias, entre as quais nomino ADRIANO TEIXEIRA, ALEXANDRE MORAIS DA ROSA, AUGUSTO ASSIS, EMERSON DAL POZZO, FRANCISCO MONTEIRO ROCHA JÚNIOR, GUSTAVO ALBERINE PEREIRA, GUSTAVO SCANDELARI, JOÃO RAFAEL OLIVEIRA, JOSÉ ARTHUR CASTILLO DE MACEDO, MARION BACH, MARLUS ARNS DE OLIVEIRA, PAULO NALIN, RODRIGO KANAYAMA, RODRIGO SÁNCHEZ RIOS e THIAGO HANSEN.

Pela oportunidade de pesquisa bibliográfica, agradeço aos diretores e funcionários da *Ludwig-Maximilians-Universität*, do *Max-Planck-Institut für ausländisches und internationales Strafrecht* e da *Cornell Law School*.

Pelo importante auxílio ao longo da pesquisa e revisão do presente trabalho, agradeço as indispensáveis contribuições de JULIO BOENG, ADROALDO AGNER, CAIO BOGUS e SUSAN SAKANO.

Aos amigos que fiz na UFPR – na Graduação, na Pós-graduação e na docência –, agradeço pelos momentos de companheirismo e descontração, em especial às amizades que me acompanham desde as primeiras vezes que subi as escadarias da Praça Santos Andrade.

Pela amizade nos melhores momentos e também nos mais difíceis, agradeço MARCELO PIMPÃO, RAFAEL PAULIN, LUÍS FERNANDO FOERSTER, MARCELO KRUL, PEDRO DUSCHENES, GUSTAVO HASSUMI e JOÃO DA CUNHA NETO.

A todos os meus professores, alunos, amigos, colegas e familiares, o meu muito obrigado!

PREFÁCIO

Ainda que eu não tenha orientado a tese com que Guilherme Brenner Lucchesi conquistou o seu título de doutor (grata tarefa que coube à Profa. Clara Maria Roman Borges), pude, apesar da distância, prestar certa assistência ao autor em sua longa caminhada. Quando, na qualidade de membro da banca avaliadora, recebi em mãos a versão final do trabalho, percebi que o autor não apenas correspondera às minhas já não modestas expectativas, mas de todo as superara. O livro é mais uma manifestação de que, ainda que silenciosamente, algo está ocorrendo na ciência do direito penal brasileira, a qual aos poucos começa a apresentar trabalhos que atendem a padrões internacionais de excelência e seriedade.

O tema deste livro é a figura da chamada "cegueira deliberada", que, ao lado de outras como principalmente o "domínio do fato", rapidamente se proliferaram não apenas em nossa doutrina, mas também – o que é preocupante – na jurisprudência dos mais altos tribunais. Porque o que mais comumente encontramos na doutrina e, principalmente, na jurisprudência, é uma versão caricata dessas figuras, que delas pouco mais conserva que o nome e, com ele, uma pretensão de autoridade científica. É nesse ponto nevrálgico que toca o trabalho de Brenner Lucchesi. O autor se propõe, em primeiro lugar, a *informar* ao público brasileiro *o que significa a figura da cegueira deliberada* no seu contexto de origem, que é o do direito anglo-saxônico. Fazendo uso das fontes primárias, manejadas de primeira mão, rompe Brenner Lucchesi de forma definitiva com o "direito penal de ouvir-dizer", que, infelizmente, vem servindo no Brasil não apenas para fundamentar inócuos artigos científicos, mas também sentenças que encarceram pessoas por anos a fio.

O livro não se esgota, contudo, nessa descrição – que, observe-se, por si só já representa um ganho inestimável no presente contexto brasileiro, em que o costume parece ser o de recitar o novo termo da moda e confiar na autoridade a ele inerente – mas submete a cegueira deliberada a uma convincente crítica, a qual demonstra que há óbices *insuperáveis à sua transposição para o direito brasileiro*. Quem quer importar concepções estrangeiras, não apenas tem que saber o que propõe importar (o que, como visto, não se fez no presente contexto da cegueira deliberada), mas o porquê de o fazer; e também aqui comprova Brenner Lucchesi não apenas – de forma negativa – a inexistência de razões a legitimar essa importação, como principalmente – de forma positiva – a existência de razões cogentes em sentido contrário.

O novo movimento na ciência brasileira do direito penal a que acima aludi, que se faz sentir, se bem que pouco escutar, caracteriza-se também por seu descontentamento com teorias autorreferenciais. A ciência do direito é ciência de aplicação do direito, de forma que ela não se pode contentar com o arrolamento das opiniões de grandes autores, mortos e vivos, nacionais e estrangeiros, mas tem de buscar o *diálogo com a jurisprudência*. Disso não se esquiva Brenner Lucchesi, que discute de forma minuciosa a utilização que tem sido feita da figura da cegueira deliberada por nossos tribunais. É na crítica da jurisprudência que a doutrina demonstra votar-lhe verdadeiro respeito.

Com o que me aproximo da conclusão desse prefácio, que tudo pretende, menos postergar que o leitor chegue à leitura de o que aqui realmente importa, que é o belo trabalho que tem em mãos. Sem meias palavras: Não é mais possível, no Brasil, mencionar a palavra "cegueira deliberada" em qualquer escrito jurídico sério, seja ele um trabalho científico ou uma peça processual, sem que se leve em conta o presente livro de Guilherme Brenner Lucchesi. E muito menos é possível aplicar a figura sem um sincero (e provavelmente) malsinado esforço de refutação dos poderosos argumentos que aqui se encontram.

Berlim, 3 de junho de 2018

LUÍS GRECO

Professor Catedrático de Direito Penal, Direito Processual Penal, Direito Penal Estrangeiro e Teoria do Direito Penal da Universidade Humboldt, de Berlim.

ABREVIATURAS

1st Cir. – Primeiro Circuito do *United States Court of Appeals*
2.ª T. – Segunda Turma
2d Cir. – Segundo Circuito do *United States Court of Appeals*
3d Cir. – Terceiro Circuito do *United States Court of Appeals*
4th Cir. – Quarto Circuito do *United States Court of Appeals*
5th Cir. – Quinto Circuito do *United States Court of Appeals*
6th Cir. – Sexto Circuito do *United States Court of Appeals*
7th Cir. – Sétimo Circuito do *United States Court of Appeals*
8th Cir. – Oitavo Circuito do *United States Court of Appeals*
9th Cir. – Nono Circuito do *United States Court of Appeals*
10th Cir. – Décimo Circuito do *United States Court of Appeals*
11th Cir. – Décimo Primeiro Circuito do *United States Court of Appeals*
A.C. – *Appeals Cases*
AgR – Agravo Regimental
All ER – *All England Law Reports*
Ap. Civ. – Apelação Cível
Ap. Crim. – Apelação Criminal
APn – Ação Penal
ATPF – Autorização para Transporte de Produto Florestal
CC – Código Civil
CLR – *The Criminal Law Review*

COAF – Conselho de Controle de Atividades Financeiras
CP – Código Penal
CPC 2015 – novo Código de Processo Civil de 2015
CPP – Código de Processo Penal
Cr App R – *Criminal Appeal Reports*
D.C. Cir. – Circuito do Distrito da Columbia do *United States Court of Appeals*
DJ – Diário da Justiça
DJe – Diário da Justiça Eletrônico
ED/Ap. Crim. – Embargos de Declaração na Apelação Criminal
ER – *English Reports*
F. Supp. – *Federal Supplement*
F.2d – *Federal Reporter, Second Series*
F.3d – *Federal Reporter, Third Series*
JP – *Justice of the Peace Law Reports*
Mo. Ct. App. – *Court of Appeals of Missouri*
R. – *Rex* ou *Regina*
R. Crim. – Recurso Criminal
RE – Recurso Eleitoral
Rel. – Relator
ReSE – Recurso em Sentido Estrito
REsp – Recurso Especial
RHC – Recurso em *Habeas Corpus*
ROHC – Recurso Ordinário em *Habeas Corpus*
RT – Revista dos Tribunais
S.W.2d – *Southwestern Reporter, Second Series*
STF – Supremo Tribunal Federal
STJ – Superior Tribunal de Justiça
STS – Sentença do Tribunal Supremo de Espanha
TJ/DF – Tribunal de Justiça do Distrito Federal
TJ/PR – Tribunal de Justiça do Estado do Paraná
TJ/RJ – Tribunal de Justiça do Estado do Rio de Janeiro
TJ/RS – Tribunal de Justiça do Estado do Rio Grande do Sul

TJ/SP – Tribunal de Justiça do Estado de São Paulo
TRE/RN – Tribunal Regional Eleitoral do Rio Grande do Norte
TRE/RO – Tribunal Regional Eleitoral de Rondônia
TRF-1 – Tribunal Regional Federal da 1.ª Região
TRF-2 – Tribunal Regional Federal da 2.ª Região
TRF-3 – Tribunal Regional Federal da 3.ª Região
TRF-4 – Tribunal Regional Federal da 4.ª Região
TRF-5 – Tribunal Regional Federal da 5.ª Região
U.S. – *United States Reports*
U.S.C. – *United States Code*
W.D.N.C. – Distrito Oeste da Carolina do Norte
Wn. App. – *Washington Appelate Reports*

SUMÁRIO

Capítulo 2

A cegueira deliberada no sistema jurídico-penal dos Estados Unidos da América

Capítulo 3

Desbravando a fronteira entre o dolo eventual e a cegueira deliberada

INTRODUÇÃO

A tese de doutorado que originou este livro buscou empreender um estudo acerca da construção da *cegueira deliberada* pela jurisprudência brasileira enquanto elemento subjetivo do tipo complementar aos tradicionais conceitos de *dolo direto*, *dolo eventual* e *culpa*. Em que pese o desenvolvimento da cegueira deliberada enquanto categoria de atribuição subjetiva de responsabilidade penal no sistema jurídico dos Estados Unidos da América e do Reino Unido da Grã-Bretanha e Irlanda do Norte, o termo foi cooptado pela jurisprudência brasileira como categoria operante e funcional no sistema jurídico-penal nacional. O argumento central da tese buscou afirmar que o uso jurisprudencial da cegueira deliberada enquanto categoria equivalente ao dolo eventual é, além de desnecessário, incorreto, na medida em que alarga o conceito de dolo, permitindo tratar como dolosas situações que seriam, em realidade, culposas.

O caminho percorrido até a escolha final do tema teve como ponto de partida o estudo das decisões judiciais brasileiras que utilizam a noção de *cegueira deliberada*, em especial a sentença proferida pela 11.ª Vara Federal da Subseção Judiciária de Fortaleza, Seção Judiciária do Ceará, no célebre caso conhecido como o "Assalto ao Banco Central", julgado nos Autos n. 2005.81.00.014586-0. A sentença proferida nesse caso pela Justiça Federal fortalezense em 28 de julho de 2007, ainda durante a graduação em direito deste autor na Universidade Federal do Paraná, despertou grande interesse prático e acadêmico sobre a questão, especialmente quanto à possibilidade de aplicação de uma categoria desenvolvida no seio da tradição *common law* no direito penal brasileiro, de tradição jurídica romano-germânica.

A notícia de que conceitos jurídicos americanos[1] estavam sendo aplicados diretamente pela jurisprudência brasileira, sem maiores inquirições sobre a sua

---

1. Para os fins desta obra, serão adotados os gentílicos "americano" ou "estadunidense" para se referir àquilo oriundo dos Estados Unidos da América, por tais termos fazerem alusão

compatibilidade com a legislação e a tradição jurídica nacionais imediatamente chamou a atenção deste autor, que desejou aprofundar seus conhecimentos sobre o direito americano para compreender esses conceitos estrangeiros empregados no Brasil em seu contexto originário, bem como permitir a avaliação acerca da aplicação descontextualizada destas categorias no julgamento de casos penais brasileiros.

Propôs-se, assim, realizar um estudo compreensivo das decisões que aplicavam a cegueira deliberada no Brasil, de modo a avaliar se os casos penais julgados comportavam o dolo eventual e se esse seria aplicável mesmo sem lançar mão da cegueira deliberada enquanto teoria auxiliar ou substituta. Em outras palavras, buscava-se perquirir se a cegueira deliberada não passava de mero adorno retórico das decisões ou se constituía categoria utilizada com o propósito de alargar o alcance do dolo para invadir o campo da culpa consciente. Nesse desiderato, entendeu-se absolutamente imprescindível o estudo do direito estrangeiro, em especial do direito inglês e do americano, para permitir uma compreensão adequada do funcionamento da cegueira deliberada em seus sistemas jurídicos de origem, para então se proceder à análise comparada com o direito brasileiro.

Diante da exígua literatura jurídica brasileira sobre o tema, muitas vezes incorreta ou incompleta pela ausência do adequado estudo comparado, mostrou-se necessária uma incursão nos textos estrangeiros existentes sobre o assunto, razão pela qual o autor realizou estadas de pesquisa na *Ludwig-Maximilians-Univeristät*, em Munique, e no *Max-Planck-Institut für ausländisches und internationales Straftrecht*, em Friburgo em Brisgóvia, o que se somou à pesquisa bibliográfica e jurisprudencial levantada na *Cornell University*. Como fruto da pesquisa, percebeu-se que a cegueira deliberada também é controversa em seus sistemas jurídicos de origem, sendo preciso compreender a função desempenhada no direito americano enquanto substituto de uma categoria específica chamada *knowledge* (conhecimento), que não se confunde com *dolo eventual*.

O objetivo foi tratar integralmente da cegueira deliberada, desde seu surgimento no direito inglês e desenvolvimento pela jurisprudência dos tribunais federais americanos, até a sua aplicação no direito brasileiro – também pela jurisprudência, em especial do TRF-4 – enquanto categoria equivalente ou substituta do conceito de dolo eventual. Argumenta-se que tal uso descontextualizado, além de violar importantes princípios de direito comparado, acaba por ampliar o alcance do dolo, permitindo-se atingir situações que, pela teoria do dolo adotada pela legislação penal brasileira, seriam culposas.

Partiu-se da hipótese que o conceito de dolo eventual é incompatível com a noção de "cegueira deliberada", na medida em que tal noção foi desenvolvida

ao nome do país em questão. Evita-se o uso da expressão "norte-americano", comumente utilizada, por se entender que é morfologicamente equivocada, pois a América do Norte compreende, além dos Estados Unidos da América, também o Canadá e o México.

na tradição *common law* como substituto do conhecimento acerca dos aspectos objetivos da norma incriminadora, o qual é exigido para a configuração do dolo eventual, diante da análise conjunta dos arts. 18, inciso I, e 20, *caput*, do CP. Ademais, as situações de aplicação da cegueira deliberada não se confundem com situações de dolo eventual. Pela cegueira deliberada, quando o autor de determinada conduta, ciente da elevada probabilidade de estar praticando algum crime, age com indiferença a este conhecimento, visando se manter deliberadamente ignorante de alguma circunstância elementar daquele crime, a fim de poder se beneficiar de eventual alegação de desconhecimento, a jurisprudência americana convencionou ser presumível o conhecimento exigido como elemento subjetivo dos delitos (*mens rea*). Igual situação é permitida nos crimes que exigem conhecimento no direito brasileiro, como é o caso da receptação, não sendo necessário demonstrar que o acusado de fato sabia que o bem recebido era produto de crime. Isso não se confunde com a atitude de aceitação condicional do resultado de determinada conduta existente em algumas vertentes do dolo eventual, a depender da teoria adotada. Por fim, propõe-se que a identificação da cegueira deliberada enquanto situação de fato é de todo dispensável ao direito penal brasileiro, pois a teoria do dolo permite inferir conhecimento nas hipóteses pontuais e excepcionais em que esse é exigido como elementar do tipo. A aplicação da cegueira deliberada como equivalente ao dolo eventual, por outro lado, amplia excessivamente o alcance do dolo eventual, não sendo esse o contexto originário de aplicação da cegueira deliberada.

Por fim, apresenta-se um estudo aprofundado dos casos penais brasileiros que aplicam a cegueira deliberada para desvendar o contexto de aplicação dessa categoria, se mero adorno retórico das decisões ou como inadmissível ponto de intrusão do dolo em espaços de incidência da culpa consciente, de modo a permitir, por meio de cuidadosa análise comparada, demonstrar como a cegueira deliberada foi cooptada pela jurisprudência nacional e desvirtuada desde sua finalidade e aplicação originária, permitindo-se enxergá-la como movimento jurisprudencial de ampliação do alcance do dolo eventual.

São objetivos da obra também cativar o leitor e despertar o seu interesse pela temática, que diz respeito não apenas à dogmática penal como também ao estudo teórico e sociológico das decisões judiciais e à maneira pela qual os tribunais brasileiros resolvem os casos penais submetidos à sua jurisdição, lançando mão não apenas de teorias jurídicas consagradas, mas também de institutos transplantados de outros ordenamentos jurídicos, com maior ou menor precisão e pertinência. Nessa esteira, embora a redação da tese trouxesse consigo diversas notas de rodapé, não apenas para indicar a fonte de determinada ideia aposta no corpo do texto, como também de modo a permitir que o leitor possa acompanhar e verificar o raciocínio desenvolvido pelo autor, muitas transcrições foram suprimidas do texto final ora publicado. Como as obras consultadas nem sempre estão disponíveis ao leitor brasileiro, buscou-se reunir os trecho correspondentes das obras citadas e suas respectivas traduções ao vernáculo para permitir a plena compreensão ao leitor, em uma tabela disponível na web.[2] A partir desse arquivo, o leitor poderá ter acesso ao teor de boa parte das obras consultas para poder aprofundar sua própria pesquisa sobre o tema.

Passando-se ao roteiro da obra, no primeiro capítulo o livro identifica o problema central investigado, analisando a primeira decisão proferida sobre a temática no Brasil e seus desenvolvimentos posteriores, com a crescente adoção da cegueira deliberada, desde os juízos federais de primeira instância até o STF, visando consolidar em um texto claro e coeso o entendimento da jurisprudência brasileira acerca da cegueira deliberada. Para tanto, como introdução à temática, o primeiro capítulo inicia-se como um convite ao leitor à compreensão do contexto em que a primeira decisão invocando cegueira deliberada foi proferida no Brasil, no caso do furto à sede do Banco Central em Fortaleza, conhecido como o "Assalto ao Banco Central" e a posterior lavagem de parte do produto do crime. Na sequência, analisa-se a aplicação da cegueira deliberada pela sentença proferida no caso e pelo posterior julgamento do caso em sede de apelação perante o TRF-5. Nesse tópico, são apontadas inconsistências lógicas e jurídicas na argumentação dos julgadores, demonstrando os problemas e as insuficiências da aplicação da cegueira deliberada.

Ainda no primeiro capítulo, este autor propõe um levantamento das decisões proferidas pelos tribunais brasileiros,[3] remetendo ao Anexo, em que detalha a metodologia de pesquisa e de classificação das decisões. Feita a radiografia das decisões proferidas pela jurisprudência brasileira, buscou-se identificar as principais características desta cegueira deliberada aplicada pelos tribunais, o que se fez a partir dos dois precedentes mais citados pelas demais decisões, entendidos como decisões representativas: o voto da ministra Rosa Weber no caso do "Mensalão" e o voto do juiz federal Sergio Moro na Apelação Criminal n. 5009722-81.2011.4.04.7002/PR. Na sequência, o conceito jurisprudencial de cegueira deliberada extraído destas decisões é objeto de críticas preliminares, apontando aos principais temas a serem desenvolvidos nos capítulos posteriores.

O primeiro capítulo se encerra com conclusões parciais obtidas após a análise das decisões proferidas pelos tribunais brasileiros sobre cegueira deliberada e aponta o horizonte de pesquisa para os capítulos subsequentes a partir de argumentos propositivos que se buscou comprovar no deslinde da obra.

No segundo capítulo, por sua vez, é apresentado o contexto anglo-americano em que a cegueira deliberada se desenvolveu originariamente. Para tanto, de modo a introduzir o leitor a essa temática, tratou-se dos elementos subjetivos existentes nas normas incriminadoras, tanto no *Model Penal Code* quanto na

---

2. <http://lucchesi.link/cegueira>.
3. Foram excluídas as decisões proferidas pelos juízos de primeiro grau por inexistir mecanismo unificado de busca.

legislação federal americana, para que se possa compreender o que se entende por *knowledge* no contexto das discussões sobre a aplicação da *willful blindness doctrine*. Ao final dessa parte introdutória do segundo capítulo, aprofundou-se o estudo do elemento *knowledge*.

Em prosseguimento, o segundo capítulo analisa a discussão da cegueira deliberada, desde seu contexto histórico originário no Reino Unido e nos Estados Unidos, passando por importantes decisões dos tribunais federais americanos proferidas na década de 1970, tidas como principais referências sobre a temática, até chegar à configuração atual das instruções sobre cegueira deliberada dadas pelos tribunais no julgamento de casos penais nos Estados Unidos, a partir das instruções-modelo dadas por cada tribunal federal americano, bem como as críticas acadêmicas feitas à aplicação da *willful blindness*. Com isso, tornou-se possível a comparação do contexto jurídico-penal de aplicação da *willful blindness* nos Estados Unidos com a maneira como a cegueira deliberada tem sido aplicada no Brasil, com o propósito de demonstrar que, sob uma perspectiva comparada, a categoria está sendo aplicada incorretamente no Brasil, não se podendo invocar a sua existência nos Estados Unidos como fundamento para a subsistência desse instituto. O segundo capítulo se encerra com uma análise comparada entre as decisões americanas e brasileiras, analisando as situações de aplicação da cegueira deliberada nos Estados Unidos à luz do direito brasileiro, e apontando conclusões parciais, no sentido de demonstrar que a cegueira deliberada não desempenha no Brasil o mesmo papel desempenhado nos Estados Unidos.

Por fim, no terceiro e último capítulo, analisa-se a aplicação da cegueira deliberada no Brasil à luz da legislação penal brasileira. A partir da análise *de lege lata*, foram apresentadas as teorias sobre o dolo de maneira objetiva, evitando-se a discussão teórica sobre os méritos de cada teoria e suas controvérsias, desse modo optando por um nítido recorte prático-teórico da configuração contemporânea do dolo no Brasil. Conclui-se que dolo, no contexto brasileiro, pressupõe sobretudo a presença de um elemento cognitivo que permita estabelecer quando o autor cria um risco por ele próprio dominado. Tal conhecimento, porém, não necessita ser demonstrado como elemento psicológico-descritivo, sendo suficiente a demonstração de condições que permitam inferir o dolo normativamente, desde que possa ser verificado o domínio do autor sobre a sua conduta e sobre o risco criado. Estabeleceu-se, ainda, que conhecimento no direito brasileiro não se confunde com o *knowledge* do direito americano.

Uma vez definido o que se entende por "dolo", passou-se à análise da cegueira deliberada propriamente no direito brasileiro, visando demonstrar que cegueira deliberada não equivale ou corresponde a dolo eventual. O dolo eventual, porém, pode estar presente em algumas situações identificadas como cegueira deliberada. A fim de verificar a utilidade da cegueira deliberada a partir de eventual lacuna de punibilidade, foram analisados os casos teóricos expostos pela doutrina proponente da cegueira deliberada, bem como os casos levantados a partir da pesquisa jurisprudencial empírica desenvolvida no Capítulo 1. Tais casos práticos foram divididos em grupos de casos, a partir de critérios previamente estabelecidos, que foram analisados um a um, permitindo-se identificar quando a cegueira deliberada foi mal-empregada como modo de elastecer o conceito de dolo, conforme proposto como argumento de tese. Concluiu-se pela desnecessidade da noção de cegueira deliberada ao direito penal brasileiro, formulando crítica ao movimento jurisprudencial pela importação acrítica de conceitos estrangeiros, usados como artifícios retóricos de ampliação do alcance punitivo estatal.

CAPÍTULO 1

O PROTAGONISMO DA JURISPRUDÊNCIA NA DISSEMINAÇÃO DA CEGUEIRA DELIBERADA NO BRASIL

1.1 O julgamento do caso do furto à sede do Banco Central em Fortaleza

1.1.1 O assalto ao Banco Central

Sem um único disparo, o Banco Central de Fortaleza sofreu um dos maiores assaltos[1] a banco da história na noite do dia 5 para a madrugada do dia 6 de agosto de 2005.[2]

Fazendo uso de um túnel cuidadosamente escavado entre um imóvel próximo à sede do Banco e a Casa Forte, foram furtados R$ 167.755.150,00 em notas de R$ 50 retiradas de circulação – o equivalente à época a cerca de US$ 72,9 milhões, sendo um dos maiores assaltos a banco da história – entre as 22h de sexta-feira e as 6h da manhã de sábado. Foram carregadas naquela madrugada 3.295.103 notas velhas de cinquenta reais, que juntas pesariam 3,5 toneladas. Empilhadas todas as notas, uma sobre a outra, a pilha teria mais de 330 metros de altura – um pouco

1. O uso do termo é propositado.
2. Para uma exposição rica em detalhes sobre o assalto, ver a série de reportagens "Os Toupeiras" publicada no jornal *O Estado de São Paulo* em agosto de 2015. Disponível em: <goo.gl/ceuZ29>.

maior que a Torre *Eiffel* (300 metros), em Paris, e um pouco menor que o edifício *Empire State* (384 metros), em Nova York.

O assalto ao Banco Central havia sido meticulosamente planejado até os ínfimos detalhes. O que fazer com o produto do crime, não. A maior parte dos ladrões não fazia a menor ideia de como guardar, esconder, transportar ou mesmo gastar o seu quinhão.[3] A maioria dos assaltantes queria retornar para casa com o dinheiro. Para uma parte do grupo, a solução encontrada foi levar o dinheiro escondido dentro do estofamento de camionetes, transportadas em um caminhão cegonha.

Na quarta-feira após o assalto ao Banco Central, a PF prendeu em Minas Gerais um caminhão cegonha da empresa J.E. Transportes de Veículos, que transportava onze veículos. Foram encontrados R$ 3.956.750,00 escondidos no estofamento e na lataria de três dos veículos transportados, a camionete L-200, uma picape Chevrolet Montana e um Citroën C3. Identificou-se que os veículos haviam sido comprados na empresa Brilhe Car, em Fortaleza, uma concessionária de veículos multimarcas.

José Charles, o dono da transportadora, era irmão de um dos engenheiros do túnel utilizados no furto. Ainda em julho de 2005, José Charles foi à Brilhe Car, onde apresentou seu irmão e outros comparsas aos donos da concessionária, os irmãos José Elizomarte Fernandes Vieira e Francisco Dermival Fernandes Vieira, como interessados na compra de veículos. Após analisar os carros expostos à venda, disse que enviaria por intermédio de José Charles uma proposta de compra conjunta de vários veículos.

José Charles e seu irmão já eram conhecidos de José Elizomarte e Francisco Dermival. Ao longo do mês de julho haviam negociado os preços dos veículos a serem comprados. Na manhã de sábado, poucas horas após o crime, José Charles ligou para a concessionária: estava com o dinheiro e ia fechar o negócio. Combinaram de se encontrar em um apartamento próximo à Brilhe Car, usado como escritório e depósito. Lá, José Charles indicou um saco de nylon branco

3. O advogado Eliseu Minichillo, advogado de dezesseis dos quadrilheiros, contou à reportagem do Jornal *O Estado de São Paulo* uma história cômica a respeito da inexperiência dos ladrões em lidar com uma quantidade tão grande de dinheiro: "Em meio à fuga, cada um se virou como pôde. Um deles enterrou o dinheiro, parece que colocou em tubo de PVC, ou coisa assim, e quando foi tirar o dinheiro estava todo embolorado. Aí deram a ideia de lavar o dinheiro. Foram lavar, mas lavar cédula por cédula é meio complicado, logo colocaram na máquina de lavar com determinado produto e bateram. Perderam já ali uma grande quantidade. E depois para secar o dinheiro também. Começou a colocar no varal com prendedor, só que era uma quantia muito grande e tiveram a ideia de secar no forno. Colocaram todo o dinheiro em formas de bolo e foram secar no forno. Na hora que estava bem seco, foram pegar para contar e viram que o dinheiro virou farofa. Perderam todo o dinheiro. Milhões de reais que viraram farinha." (DIOGENES, Juliana; CARVALHO, Marco Antônio; GODOY, Marcelo. Os Toupeiras. Capítulo 2: A fuga. *Estadão*, 08 ago. 2015. Disponível em: <goo.gl/xv5CnI>. Acesso em: 29 ago. 2016).

– comumente usado para carregar grãos ou entulho de construção – no piso do banco do passageiro de sua picape estacionada na garagem. O saco com dinheiro foi levado para dentro do apartamento, onde José Charles, Francisco Dermival e Roberto André de Albuquerque Lopes, um funcionário da Brilhe Car, contaram as notas das 10h às 14h30 de sábado. A contagem foi interrompida diversas vezes por ligações feitas a José Charles, que saiu na metade da contagem dizendo que "precisava agilizar a retirada dos carros".[4] Foi embora apressado e confirmando que havia R$ 980 mil no saco. Não retornou, nem mesmo pediu recibo. Ao todo, a Brilhe Car vendeu naquela transação onze veículos, custando a soma de R$ 730 mil. José Charles deixou aproximadamente R$ 250 mil extras como crédito, garantindo que voltaria durante a semana para comprar outros carros. Dali para a frente a solução do imbróglio ficaria por conta da Justiça.

O resumo dos fatos: a despeito da habilidade e do cuidado na organização do assalto, tal não ocorreu na fuga e na ocultação do produto do crime. Ao todo, foram 129 autores denunciados à Justiça Federal, 87 condenados, 16 absolvidos e 26 que ainda aguardam julgamento.[5] No curso desses processos, teria início a história da aplicação da tese da cegueira deliberada pelos nossos tribunais. Par a par com a repercussão – inclusive internacional – do caso, devido ao aspecto cinematográfico ou literário, a alimentar toda sorte de imaginário popular ou erudito, estavam as questões relativas ao direito propriamente ditas. O que move esta obra, muito para além ou aquém dos ecos midiáticos do grande assalto ao Banco Central de uma das maiores capitais do país, passa-se a discutir agora.

1.1.2 A primeira decisão que aplicou a cegueira deliberada no Brasil

A primeira decisão judicial de que se tem notícia referente à cegueira deliberada no Brasil foi proferida justamente no emblemático caso do furto à sede do Banco Central em Fortaleza. A sentença foi proferida pelo Juízo Federal da 11.ª Vara Federal da Subseção Judiciária de Fortaleza, Seção Judiciária do Ceará, nos autos n. 2005.81.00.014586-0.[6]

Nesse processo, o MPF denunciou seis acusados, inclusive os dois proprietários da empresa Brilhe Car, tendo sido a denúncia aditada três vezes para a

---

4. Sentença proferida na Ação Penal n. 2005.81.00.014586-0, 11.ª Vara Federal da Subseção Judiciária de Fortaleza, Seção Judiciária do Ceará. n.221. Disponível em: <http://goo.gl/9iB8qJ>. Acesso em: 22 ago. 2015.

5. A apuração foi feita pelo jornal *O Estado de São Paulo*, contabilizando os dados das 133 denúncias oferecidas pelo Ministério Público Federal até 2015, havendo duas ainda em andamento até o fechamento da reportagem. (DIOGENES, Juliana; CARVALHO, Marco Antônio; GODOY, Marcelo. Os Toupeiras. Capítulo 5: Vai começar de novo. *Estadão*, 08 ago. 2015. Disponível em: <https://goo.gl/XceI9L>. Acesso em: 29 ago. 2016).

6. Sentença proferida na Ação Penal n. 2005.81.00.014586-0, 11.ª Vara Federal da Subseção Judiciária de Fortaleza, Seção Judiciária do Ceará. Disponível em: <http://goo.gl/9iB8qJ>. Acesso em: 22 ago. 2015.

inclusão de outros dezesseis acusados, pelos crimes de furto qualificado, formação de quadrilha, uso de documento falso e lavagem de dinheiro.

O ponto de interesse para a discussão proposta nesta obra diz respeito à denúncia e à condenação dos proprietários da empresa Brilhe Car por lavagem de dinheiro, na sua modalidade de recebimento de valores provenientes de infração penal, com a intenção de ocultar ou dissimular a sua origem delituosa, definida pela redação do art. 1.º, § 1.º, inciso II, da Lei 9.613, de 3 de março de 1998.[7] De acordo com a sentença condenatória, tendo sido admitida a venda em espécie pelos acusados, os proprietários da revendedora de veículos não sabiam que a origem do numerário advinha do furto praticado à sede do Banco Central – até porque o furto ocorreu na madrugada de sexta-feira para sábado, e o pagamento foi feito no mesmo dia, antes de se fazer conhecida a ocorrência do crime. No entanto, entendeu-se que os proprietários "certamente sabiam ser de origem ilícita"[8] os valores pagos, não tendo recusado a negociação suspeita, tampouco comunicado a transação às autoridades responsáveis, como mencionado. Foram, portanto, condenados pelo crime de lavagem de dinheiro à pena de três anos de reclusão, em regime aberto, e ao pagamento de cem dias-multa, cada, no valor de dez salários mínimos.[9]

O amparo técnico-jurídico da decisão judicial em questão se encontra nos itens 205 e 206 da sentença, em que o magistrado analisa teoricamente o elemento subjetivo do crime de lavagem de dinheiro. Tal exame se limita a transcrever trechos da obra de Sérgio Fernando Moro,[10] que analisa qual o estado mental necessário para configuração do delito de lavagem de dinheiro; isto é, se o dolo exigido pelo tipo é o dolo direto, ou se seria possível a prática do delito mediante dolo eventual. Nesse texto, o autor pondera que as condutas previstas nos incisos do § 2.º, ao descreverem conhecimento pelo autor da origem ilícita dos bens, direitos ou valores utilizados ou das atividades ilícitas do grupo, associação ou escritório de que participa, exigem dolo direto. Por outro lado, como o *caput*[11] do art. 1.º não contém expressões ou fórmulas equivalentes, entende que tais

7. A decisão é anterior à modificação da Lei de Lavagem pela Lei 12.683, de 9 de julho de 2012.

8. Sentença proferida na Ação Penal n. 2005.81.00.014586-0, 11.ª Vara Federal da Subseção Judiciária de Fortaleza, Seção Judiciária do Ceará. Disponível em: <http://goo.gl/9iB8qJ>. Acesso em: 22 ago. 2015. Ver n.225.

9. Sentença proferida na Ação Penal n. 2005.81.00.014586-0, 11.ª Vara Federal da Subseção Judiciária de Fortaleza, Seção Judiciária do Ceará. Disponível em: <http://goo.gl/9iB8qJ>. Acesso em: 22 ago. 2015. Ver n.320.

10. MORO, Sergio Fernando. Sobre o elemento subjetivo no crime de lavagem. In: BALTAZAR JUNIOR, José Paulo; MORO, Sergio Fernando (Org.). *Lavagem de dinheiro: comentários à lei pelos juízes das varas especializadas em homenagem ao Ministro Gilson Dipp*. Porto Alegre: Livraria do Advogado, 2007. p.91.

11. O magistrado no caso do furto ao Banco Central em Fortaleza não analisou em sua sentença a tipicidade subjetiva exigida pelo § 1.º, prática imputada aos proprietários da empresa Brilhe Car.

condutas poderiam ser atribuídas mediante imputação por dolo eventual, o que seria autorizado pelo histórico legislativo na elaboração da lei de lavagem.[12] Percebe-se, assim, que o magistrado na sentença traz citações a respeito do dolo eventual para aplicá-las a delitos que não comportam dolo eventual de acordo com o próprio legislador.

No trecho citado pela sentença, a obra de Moro analisa a figura do dolo eventual e seu cabimento no tipo de lavagem de dinheiro. Citando Eugenio Raúl Zaffaroni e José Henrique Pierangeli, aponta que o dolo eventual se faz presente quando o autor do fato age desconhecendo ou duvidando da existência dos elementos exigidos para a configuração do tipo objetivo, assim aceitando a possibilidade de ocorrência do resultado como probabilidade.[13] Entende Moro, assim, que aquele que age com dolo eventual conhece a possibilidade ou probabilidade do resultado de sua conduta, não o desejando, mas mantendo atitude de aceitação ou de indiferença.

Passando à análise dos delitos previstos na Lei de Lavagem de Dinheiro, Moro afirma que os tipos penais subsidiários previstos no § 2.º do art. 1.º da Lei contêm expressões que exigem o conhecimento pleno do caráter criminoso da conduta antecedente do crime de lavagem, afirmando que o tipo principal insculpido no *caput* não possui fórmula equivalente. Então, caberia indagar se o tipo do *caput* do art. 1.º comportaria ou não a prática por dolo eventual, diante da ausência de maior esclarecimento por parte do legislador, havendo divergência doutrinária a esse respeito.[14]

Com isso, Moro entende que, uma vez admitida a prática do tipo básico de lavagem de dinheiro por dolo eventual, o autor do fato cometeria o crime ainda que não houvesse pleno conhecimento da origem ou natureza criminosa dos recursos envolvidos, sendo suficiente seu conhecimento da probabilidade de

---

12. "40. Equipara o projeto, ainda, ao crime de lavagem de dinheiro a importação ou exportação de bens com valores inexatos (art. 1.º, § 1.º, III). Nesta hipótese, como nas anteriores, exige o projeto que a conduta descrita tenha como objetivo a ocultação ou a dissimulação da utilização de bens, direitos ou valores oriundos dos referidos crimes antecedentes. Exige o projeto, nesses casos, o dolo direto, admitindo o dolo eventual somente para a hipótese do *caput* do artigo." (*Exposição de Motivos n. 692/1996-MJ*. Brasília, 18 dez. 1996. Disponível em: <http://goo.gl/Ol4SqO>. Acesso em: 24 ago. 2015).

13. Apesar do uso da obra de Zaffaroni e Pierangeli por Moro para defender a aplicação da cegueira deliberada, os autores, em outra passagem, são categóricos quanto à exigência de conhecimento efetivo para a configuração do dolo: "O dolo requer sempre conhecimento efetivo; a mera possibilidade de conhecimento (chamada conhecimento potencial') não pertence ao dolo." (ZAFFARONI, Eugenio Raúl; PIERANGELI, José Henrique. *Manual de direito penal brasileiro: parte geral.* 11.ed. rev. e atual. São Paulo: RT, 2015. p.434).

14. MORO, Sergio Fernando. Sobre o elemento subjetivo no crime de lavagem. In: BALTAZAR JUNIOR, José Paulo; MORO, Sergio Fernando (Org.). *Lavagem de dinheiro: comentários à lei pelos juízes das varas especializadas em homenagem ao Ministro Gilson Dipp.* Porto Alegre: Livraria do Advogado, 2007. p.97.

origem ou natureza criminosa, de modo que o autor agiria com indiferença quanto à ocorrência do resultado delitivo.

Moro aponta a existência de soluções pelo direito comparado, anotando que parcela significativa dos países não esclarece legislativamente a questão, deixando-a à doutrina e à jurisprudência. Em nota de rodapé ao texto, o autor traz como exemplo países cujas leis não preveem expressamente o dolo eventual em suas respectivas tipificações do crime de lavagem de dinheiro, embora admitam a responsabilização a título de dolo eventual.[15] Moro se dedica com maior atenção ao direito americano, destacando as construções jurisprudenciais acerca da lavagem de dinheiro.

Com isso, a sentença, citando a obra de Moro, aponta que a legislação americana "não é explícita quanto à admissão ou não do dolo eventual no crime de lavagem de dinheiro".[16] Indica o autor que a figura do dolo eventual vem sendo admitida nos tribunais americanos por construção jurisprudencial por meio da assim chamada "doutrina"[17] da "cegueira deliberada"[18] ou "de evitar a consciência",[19] apontando que as instruções dirigidas aos jurados nesses casos são chamadas "instruções de avestruz".[20] A fim de ilustrar a questão, transcreve trecho de decisão do Nono Circuito do *United States Court of Appeals*, segundo a qual podem ser igualmente punidos aquele que deliberadamente ignora os fatos e aquele que atua com conhecimento positivo, pois "conhecimento" não exige certeza absoluta, estando abrangida a indiferença quanto à elevada probabilidade da existência de um fato.[21]

---

15. MORO, Sergio Fernando. Sobre o elemento subjetivo no crime de lavagem. In: BALTAZAR JUNIOR, José Paulo; MORO, Sergio Fernando (Org.). *Lavagem de dinheiro: comentários à lei pelos juízes das varas especializadas em homenagem ao Ministro Gilson Dipp*. Porto Alegre: Livraria do Advogado, 2007 (nota 17).

16. A afirmação, em si, é problemática, visto que não existe no direito americano a noção de "dolo eventual". Para compreender as categorias de imputação subjetiva nos sistemas jurídicos da tradição *common law*, ver a Seção 2.1.1, p.65.

17. Como se verá adiante, *doctrine*, no original, e doutrina são falsos cognatos.

18. *Willful blindness doctrine*, no original.

19. *Conscious avoidance doctrine*, no original. Em realidade, a expressão no original seria mais bem traduzida pela *doctrine* de evitação consciente, visto que o autor do fato não apenas "evita a consciência", como sugerido na tradução de Moro. O autor do fato atua com a consciência de estar evitando conhecimento dos elementos necessários para a configuração do delito.

20. *Ostrich instructions*, no original.

21. United States v. Jewell, *532 F.2d 697* (9th Cir., 1976). Deve-se apontar que o texto originário trata de "*awareness*", vocábulo que se traduz ao vernáculo como "consciência". Em momento algum a decisão originária menciona "indiferença" ("*indifference*"), tradução empregada por Moro (Sobre o elemento subjetivo no crime de lavagem. In: BALTAZAR JUNIOR, José Paulo; MORO, Sergio Fernando (Org.). *Lavagem de dinheiro: comentários à lei pelos juízes das varas especializadas em homenagem ao Ministro Gilson Dipp*. Porto Alegre: Livraria do Advogado, 2007. p.98).

Moro, na sequência, narra, a título ilustrativo, decisão oriunda do Quarto Circuito do *United States Court of Appeals* no caso *United States v. Campbell* envolvendo lavagem de dinheiro: uma corretora de imóveis aceitou receber a terça parte do valor de venda de imóvel "por fora" em dinheiro, declarando a venda em contrato escrito apenas do montante restante, pago pelas vias legais. O comprador era traficante de drogas, mas se apresentou à corretora como empresário legítimo. Ainda assim, a corretora declarou que desconfiava que o dinheiro pago em espécie pudesse ser proveniente do comércio de drogas. No julgamento de primeira instância, o Juiz Federal do Distrito Oeste da Carolina do Norte, ao orientar os jurados para o julgamento da corretora, instruiu-os[22] a respeito do elemento subjetivo necessário para a condenação por lavagem de dinheiro, informando que o elemento "conhecimento" exigido pela norma incriminadora para a condenação poderia ser satisfeito caso restasse demonstrado, para além de dúvida razoável, o propósito consciente de evitar conhecimento pleno dos fatos. Não bastaria, nesse sentido, demonstração de que a acusada deveria conhecer a origem do dinheiro ou demonstração de negligência de sua parte.[23]

A condenação da corretora foi – segue Moro – revista pela própria "Corte Distrital",[24] tendo sido tal decisão reformada pelo Quarto Circuito, mantendo-se a decisão do júri federal.[25] O juízo recursal entendeu ser possível a decisão baseada em cegueira deliberada, pois o júri poderia razoavelmente entender que a corretora tinha conhecimento da ocupação do comprador, ou então que havia deliberadamente fechado seus olhos para essa circunstância. De acordo com o Tribunal Recursal, para a condenação pelo crime federal de lavagem de dinheiro imputado,[26] bastava demonstrar conhecimento pela acusada da origem ilícita dos recursos, não sendo necessário demonstrar que ela agiu como o propósito de lavar o produto da atividade ilícita.[27]

---

22. As instruções aos jurados ("*jury instructions*") são direções ou diretrizes dadas pelo magistrado aos jurados a respeito da lei aplicável ao caso. Ver a Seção 2.2.3, p.108.

23. United States v. Campbell, *977 F.2d 854* (4th Cir., 1992).

24. Juízo Federal monocrático do Distrito Oeste da Carolina do Norte.

25. Em verdade, o Quarto Circuito não manteve a decisão do júri. Foi acolhido em parte o recurso formulado pela acusação, reformando a decisão monocrática que acolheu o pedido de absolvição feito pela corretora (United States v. Campbell, *777 F. Supp. 1259* (W.D.N.C., 1991)). Determinou, no entanto, novo julgamento em primeira instância, visto que a decisão recorrida seria um indício de que o veredito proferido pelo júri fora contrário à prova produzida no julgamento ("*we interpret the district court's ruling as a finding that the verdict was against the cumulative weight of the evidence. This is a proper ground upon which to grant a new trial*" (United States v. Campbell, *977 F.2d 854* (4th Cir., 1992)). Tradução livre: "interpretamos a decisão recorrida como indício de que o veredito foi contrário ao peso cumulado das provas. Este fundamento é suficiente para conceder um novo julgamento").

26. 18 U.S.C. § 1956(a)(1)(B)(i) (1986).

27. United States v. Campbell, *977 F.2d 854* (4th Cir., 1992).

Após comentar a decisão do caso *Campbell*, Moro afirma que cegueira deliberada não se confunde com negligência,[28] afirmando haver entre cegueira deliberada e *negligence* a mesma fronteira probatória tênue entre dolo eventual e culpa consciente.[29]

Na sequência, Moro destaca os elementos essenciais para uma condenação fundada em cegueira deliberada nos Estados Unidos. Primeiro, há de se demonstrar que "o agente tinha conhecimento da elevada probabilidade de que os bens, direitos ou valores envolvidos eram provenientes de crime".[30] Segundo, deve-se comprovar que "o agente agiu de modo indiferente a esse conhecimento".[31] Quanto à prova exigida, Moro afirma ser necessária a demonstração de que o autor do fato se manteve voluntariamente em estado de desconhecimento dos fatos quando tal conhecimento era acessível a ele. Cita, nesse sentido, decisão do Oitavo Circuito do *United States Court of Appeals* no caso *United States v. Barnhart*, segundo a qual uma instrução de cegueira deliberada somente deve ser dada aos jurados quando a escolha pelo autor do fato em manter-se ignorante tenha sido motivada pela alegação de sua própria ignorância como defesa, já antevendo uma futura persecução penal.[32]

Ao final do trecho citado na sentença, Moro então defende que as construções a respeito da cegueira deliberada se assemelham ao dolo eventual no direito brasileiro. Sendo assim, diante da previsão genérica de dolo eventual no inciso I do art. 18 do CP e da ausência de vedação à imputação por dolo eventual na lei de lavagem, as construções sobre a cegueira deliberada poderiam ser trazidas para a prática jurídica brasileira, sendo de especial valia nos casos em que o autor do

---

28. O que foi observado pela própria instrução dada aos jurados no caso *Campbell*.

29. MORO, Sergio Fernando. Sobre o elemento subjetivo no crime de lavagem. In: BALTAZAR JUNIOR, José Paulo; MORO, Sergio Fernando (Org.). *Lavagem de dinheiro: comentários à lei pelos juízes das varas especializadas em homenagem ao Ministro Gilson Dipp*. Porto Alegre: Livraria do Advogado, 2007. p.99. Não está claro qual foi o propósito do autor a fazer essa ressalva. Embora seja certo que cegueira deliberada não se confunde em seu sistema de origem com a negligência, o campo de discussão é bastante distinto das discussões travadas no direito penal fundado sobre o modelo germânico. Com isso, a citação feita por Moro da obra de Zaffaroni e Pierangeli não parte das mesmas premissas apontadas na decisão do caso *Campbell*. Cuida-se de possível equívoco metodológico. No entanto, está diretamente ligada à hipótese fundamental da presente obra.

30. MORO, Sergio Fernando. Sobre o elemento subjetivo no crime de lavagem. In: BALTAZAR JUNIOR, José Paulo; MORO, Sergio Fernando (Org.). *Lavagem de dinheiro: comentários à lei pelos juízes das varas especializadas em homenagem ao Ministro Gilson Dipp*. Porto Alegre: Livraria do Advogado, 2007. p.99-100.

31. MORO, Sergio Fernando. Sobre o elemento subjetivo no crime de lavagem. In: BALTAZAR JUNIOR, José Paulo; MORO, Sergio Fernando (Org.). *Lavagem de dinheiro: comentários à lei pelos juízes das varas especializadas em homenagem ao Ministro Gilson Dipp*. Porto Alegre: Livraria do Advogado, 2007. p.100.

32. United States v. Barnhart, *979 F.2d 647* (8th Cir., 1992). A decisão no caso *Barnhart* cita como precedente o caso *United States v. Alvarado* (*838 F.2d. 311* (9th Cir., 1988)), de conteúdo semelhante, julgado pelo Nono Circuito.

crime de lavagem de dinheiro é diverso do autor do delito antecedente, principalmente nos casos envolvendo profissionais dedicados à lavagem de dinheiro, que comumente desconhecem a origem dos recursos a serem lavados.[33] Então, presentes os requisitos exigidos para a configuração da cegueira deliberada – isto é, (i) prova de conhecimento da elevada probabilidade da natureza ou origem criminosa dos recursos envolvidos e (ii) prova de que o autor decidiu permanecer alheio ao conhecimento pleno dos fatos –, defende Moro ser possível a condenação desses profissionais por lavagem de dinheiro. Conclui, assim, pela possibilidade de admitir a imputação subjetiva a título de dolo eventual nos crimes de lavagem de dinheiro previsto no *caput* do art. 1.º da Lei 9.613, de 1998, entendendo ser isso relevante para a plena eficácia da lei de lavagem de dinheiro.

A transcrição desse trecho da obra de Moro é a única argumentação teórica feita na sentença proferida no caso do furto ao Banco Central em Fortaleza referente ao elemento subjetivo no crime de lavagem de dinheiro. Ao encerrar a citação, o magistrado federal passa de imediato à análise dos fatos.[34] Após tratar das provas relativas ao crime de furto qualificado, a sentença passa a tratar da venda dos veículos da Brilhe Car por José Elizomarte e Francisco Dermival a José Charles e do pagamento de R$ 980 mil em espécie.

Transcritos os depoimentos prestados pelas testemunhas e interrogatórios colhidos durante a instrução, o magistrado afirma:

> Resta incontroverso, pois, que ocorreu a venda de onze veículos por parte da Brilhe Car e com a intervenção de José Charles. Recorde-se, aqui, os conceitos de dolo eventual e a doutrina da cegueira deliberada (*willful blindness* ou *conscious avoidance doctrine*) expostos anteriormente, sendo que, pelo exposto, convenço-me que José Charles Machado de Morais sabia que a origem do numerário utilizado era do furto ao Banco Central (art. 1.º, V e VII, § 1.º, I, § 2.º, I e II, da Lei 9.613/1998), não sendo o caso dos irmãos

---

33. MORO, Sergio Fernando. Sobre o elemento subjetivo no crime de lavagem. In: BALTAZAR JUNIOR, José Paulo; MORO, Sergio Fernando (Org.). *Lavagem de dinheiro: comentários à lei pelos juízes das varas especializadas em homenagem ao Ministro Gilson Dipp*. Porto Alegre: Livraria do Advogado, 2007. p.100-101. Moro não discute nesse texto a questão da chamada "autolavagem", quando o autor do crime antecedente é também autor dos atos de lavagem de dinheiro. Segundo Tigre Maia, "entende a corrente doutrinário-jurisprudencial hegemônica que para o autor do crime antecedente o aproveitamento do produto auferido constitui mero exaurimento impunível, qual seja, em última análise, integra-se acessoriamente à própria *meta optata* (objeto desejado) do *iter criminis* (atividade criminosa) principal." (MAIA, Rodolfo Tigre. *Lavagem de dinheiro (lavagem de ativos provenientes de crime): anotações às disposições criminais da Lei n. 9.613/1998*. 2.ª tir. São Paulo: Malheiros, 1999. p.90-91). Tigre Maia, no entanto, discorda de tal corrente, compreendendo não haver qualquer restrição expressa no tipo penal.

34. Sentença proferida na Ação Penal n. 2005.81.00.014586-0, 11.ª Vara Federal da Subseção Judiciária de Fortaleza, Seção Judiciária do Ceará. Disponível em: <http://goo.gl/9iB8qJ>. Acesso em: 22 ago. 2015. Ver n.207.

José Elizomarte e Francisco Dermival que, ao que tudo indica, não possuíam tal percepção, mas certamente sabiam ser de origem ilícita.[35]

A sentença prossegue, trazendo o depoimento testemunhal de um empregado da Brilhe Car, que confirmou a forma como o pagamento fora feito – em dinheiro armazenado em sacos de nylon. Com isso, o magistrado conclui "como fato incontroverso" ter sido José Charles quem pagou à Brilhe Car R$ 980 mil em notas de cinquenta reais referente à venda de onze veículos. Indica, ademais, que o montante foi recebido sem questionamento por José Elizomarte e Francisco Dermival, mesmo diante do fato de parte significativa do valor (R$ 250 mil) ter sido deixada como crédito para compras futuras. Com isso, volta a afirmar:

> Recorde-se, aqui e uma vez mais, os conceitos de dolo eventual e a doutrina da cegueira deliberada (*willful blindness* ou *conscious avoidance doctrine*) expostos anteriormente, no que pese entendermos que José Charles sabia da ocorrência do furto e, conseqüentemente [*sic*], da origem do dinheiro, bem como as condutas dos proprietários da Brilhe Car José Elizomarte e Francisco Dermival ao não se absterem de tal negociação suspeita, nem comunicarem às autoridades responsáveis.[36]

Estas são as únicas passagens encontradas na sentença a respeito dos elementos de formação da convicção quanto à prática de lavagem de dinheiro imputada a José Elizomarte e Francisco Dermival. A sentença trouxe apenas longa passagem doutrinária, transcrevendo trecho de capítulo de livro, tratando de conceitos abstratos e não de fatos concretos, aplicáveis à modalidade de lavagem de dinheiro prevista no *caput* do art. 1.º da Lei 9.613, de 1998, e não aos tipos penais efetivamente imputados aos acusados – isto é, às condutas assemelhadas à lavagem de dinheiro previstas nos §§ 1.º e 2.º daquele dispositivo. Para além da transcrição doutrinária, a sentença trouxe breves passagens rememorando a transcrição doutrinária após a citação de trechos de depoimento testemunhal. Com isso, aludindo à não abstenção dos acusados naquela negociação tida como suspeita, à omissão dos acusados em comunicarem a transação às autoridades competentes, bem como ao fato de os acusados "certamente sab[erem] ser de origem ilícita" o numerário envolvido, concluiu a sentença pela condenação de José Elizomarte e Francisco Dermival por crime de lavagem de dinheiro.[37] Nada mais foi dito pelo magistrado sentenciante.

---

35. Sentença proferida na Ação Penal n. 2005.81.00.014586-0, 11.ª Vara Federal da Subseção Judiciária de Fortaleza, Seção Judiciária do Ceará. Disponível em: <http://goo.gl/9iB8qJ>. Acesso em: 22 ago. 2015. Ver n.225.

36. Sentença proferida na Ação Penal n. 2005.81.00.014586-0, 11.ª Vara Federal da Subseção Judiciária de Fortaleza, Seção Judiciária do Ceará. Disponível em: <http://goo.gl/9iB8qJ>. Acesso em: 22 ago. 2015. Ver n.231.

37. Sentença proferida na Ação Penal n. 2005.81.00.014586-0, 11.ª Vara Federal da Subseção Judiciária de Fortaleza, Seção Judiciária do Ceará. Disponível em: <http://goo.

Note-se que, embora tenha transcrito longa passagem doutrinária, não há referência na fundamentação específica da decisão à cegueira deliberada. Igualmente, quando se refere aos elementos de convicção, ainda que remeta às considerações sobre a cegueira deliberada, não há demonstração ou análise pelo julgador quanto aos elementos delineados por Moro para a configuração da cegueira deliberada. Como salientado acima, a obra de Moro citada pelo magistrado sentenciante coloca como requisitos indispensáveis para uma condenação por cegueira deliberada a prova de conhecimento da elevada probabilidade da natureza ou origem criminosa dos recursos envolvidos e a prova de que o autor decidiu permanecer alheio ao conhecimento pleno dos fatos. Essa decisão em permanecer alheio à realidade não se confunde, como afirmado no caso *Campbell*, com a quebra de um dever de conhecimento por parte do autor. Além disso, é importante ressaltar que a condenação se deu pelos tipos penais subsidiários dos §§ 1.º e 2.º do art. 1.º da Lei 9.613, de 1998.[38] Há, no entanto, importante ressalva feita por Moro com relação à aplicabilidade de sua construção teórica apenas ao tipo principal de lavagem de dinheiro previsto no *caput* do art. 1.º. Com isso, a despeito do empréstimo das conclusões de Moro pelo magistrado sentenciante quanto à possibilidade de aplicação dos fundamentos da cegueira deliberada como hipótese de incidência da responsabilidade penal no Brasil a título de dolo eventual, a decisão em comento não (se) presta para avançar ou mesmo introduzir a discussão dessa pretensa categoria de imputação no direito nacional pelos próprios fundamentos que o magistrado se propôs a discutir. Ademais, há graves equívocos até mesmo na tipificação objetiva do crime de lavagem de dinheiro, diante da impossibilidade de o crime de furto qualificado figurar como crime antecedente da lavagem diante da legislação de segunda geração vigente à época no Brasil, conforme apontado no item 3.2.2.1 adiante.

A despeito disso, José Elizomarte e Francisco Dermival foram condenados à pena mínima prevista para o crime de lavagem de dinheiro, fixada em três anos e reclusão cumulados com o pagamento de cem dias-multa, fixados no valor de dez salários mínimos, cada, como citado, sendo a pena privativa de liberdade substituída pela prestação de serviços à comunidade.[39]

Os proprietários da Brilhe Car apelaram da sentença, argumentando que o crime de lavagem de dinheiro exige a presença de dolo direto pelos acusados

gl/9iB8qJ>. Acesso em: 22 ago. 2015. Ver n.310 e n.317.

38. Como afirmou-se acima, as descrições típicas objetivas das condutas incriminadas nos parágrafos do art. 1.º são distintas entre si. Com isso, não se pode fundamentar uma condenação genericamente baseada em todos os tipos cumulativamente, como se descrevessem variações de uma única conduta incriminada. Violar-se-ia, com isso, uma garantia básica do acusado de saber de que fatos e de que delitos deve se defender, traduzindo-se em imputação genérica de responsabilidade penal.

39. Sentença proferida na Ação Penal n. 2005.81.00.014586-0, 11.ª Vara Federal da Subseção Judiciária de Fortaleza, Seção Judiciária do Ceará. Disponível em: <http://goo.gl/9iB8qJ>. Acesso em: 22 ago. 2015. Ver n.320.

para autorizar édito condenatório. Seus advogados sustentaram, com isso, que não haveria prova suficiente para a condenação, ainda mais em se considerando que a própria sentença reconheceu que os acusados não tinham conhecimento do furto praticado contra a sede do Banco Central em Fortaleza quando da compra e da venda dos veículos – o que seria impossível, visto que a venda ocorreu no mesmo dia do furto, e o crime somente veio a ser divulgado dois dias após. Com o recurso, o caso foi submetido à análise do TRF-5.

Após o devido procedimento recursal, foi proferido julgamento pela 2.ª Turma daquela corte federal, decidindo pela reforma da sentença no que diz respeito à condenação dos acusados José Elizomarte e Francisco Dermival.

O desembargador federal relator afirmou, ao início da seção do acórdão em que analisou a responsabilidade penal dos irmãos Fernandes Vieira, que a condenação à pena de três anos de reclusão se deu "tendo em vista a ilação de que deveriam supor a origem ilícita do dinheiro em espécie (R$ 980.000,00), utilizado para a compra dos veículos por integrantes da organização criminosa".[40] Indicou que havia comprovação das circunstâncias da transação, notadamente o preço recebido acima do valor dos veículos, no entanto questionou se seria possível a condenação dos empresários sem que houvesse prova concreta de que soubessem ou deveriam saber da origem criminosa do dinheiro recebido como pagamento.

Após revisitar as provas colhidas ao longo da instrução, o relator opinou pela insuficiência das provas para autorizar a condenação dos proprietários da Brilhe Car. Iniciou sua argumentação apontando que os crimes de lavagem de dinheiro exigem dolo. Entendeu o relator que, "embora não seja o corriqueiro, não é incomum a venda de automotores mediante o pagamento em espécie".[41] Além disso, embora tenha confessado seu incômodo quanto ao recebimento antecipado de mais de R$ 200 mil para a escolha futura de outros veículos, destacou que tal recebimento "não autoriza presumir que, por essa circunstância, devessem os empresários saber que se tratava de reciclagem de dinheiro".[42]

Na sequência, esclareceu a possibilidade de invocar a cegueira deliberada como fundamento para a imputação subjetiva do delito, ressaltando, preliminarmente, que tal categoria equivaleria ao dolo eventual, e não se confundiria com a mera negligência. Transcreveu, então, o trecho da obra de Moro já citado na sentença condenatória. Para analisar a possibilidade de adoção da cegueira deliberada como categoria de imputação, o relator citou obra de Fausto Martin De Sanctis,[43] que trata a admissibilidade do dolo eventual como fundamento suficiente

40. TRF-5, Ap. Crim. n. 2005.81.00.014586-0, rel. Rogério Fialho Moreira, *DJ* n.197, 9 nov. 2008. p.87.

41. TRF-5, idem, p.93.

42. TRF-5, idem, p.93.

43. DE SANCTIS, Fausto Martin. *Combate à lavagem de dinheiro: teoria e prática*. Campinas: Millenium, 2008. p.77-78.

para a configuração das diversas modalidades de lavagem de dinheiro, concluindo pela possibilidade apenas nos casos do *caput* do art. 1.º, nos termos da Exposição de Motivos. Nesse ponto, De Sanctis anotou a atuação dos tribunais americanos na condenação de acusados por lavagem de dinheiro, admitindo-se "dolo eventual por meio da denominada *willful blindness* [...] ou *conscious avoidance doctrine*".[44] Em seu voto, o relator defendeu que a "teoria" da cegueira deliberada, a depender de sua adequação ao ordenamento jurídico nacional, pode ser adotada no Brasil, desde que o tipo penal em questão admita a responsabilização subjetiva por dolo eventual.[45]

Retomando a análise dos fatos imputados a José Elizomarte e Francisco Dermival, o relator destacou que os delitos a eles atribuídos não admitem a prática por dolo eventual.[46] Ao se exigir na própria descrição típica que os agentes saibam da proveniência dos recursos de crime antecedente, e não que eles deveriam saber, não haveria como se aplicar a cegueira deliberada ao caso. Nesse ponto, importante transcrever parte da ementa da decisão:

> Imputação do crime de lavagem em face da venda, por loja estabelecida em Fortaleza, de 11 veículos, mediante o pagamento em espécie: a transposição da doutrina americana da cegueira deliberada (*willful blindness*), nos moldes da sentença recorrida, beira, efetivamente, a responsabilidade penal objetiva; não há elementos concretos na sentença recorrida que demonstrem que esses acusados tinham ciência de que os valores por ele [*sic*] recebidos eram de origem ilícita, vinculada ou não a um dos delitos descritos na Lei 9.613/1998. O inciso II do § 2.º do art. 1.º dessa lei exige a ciência expressa e não, apenas, o dolo eventual. Ausência de indicação ou sequer referência a qualquer atividade enquadrável no inciso II do § 2.º.[47] (grifo original)

Ao final do trecho do acórdão referente aos crimes de lavagem de capitais imputados aos proprietários da Brilhe Car, o relator analisa a pertinência ao caso dos deveres previstos nos arts. 9.º e 10 da Lei 9.613, de 1998, aos acusados, visto não configurar a compra e a venda de veículos de atividade de "alto luxo". Por não haver dever expresso na lei, tampouco regulamentação pelo COAF ou pela Receita Federal do Brasil, não haveria qualquer dever de comunicação. Apontou, ainda, o relator que eventual descumprimento do dever de comunicação – caso houvesse – seria punível apenas administrativamente, e não criminalmente. Essa discussão

44. DE SANCTIS, Fausto Martin. *Combate à lavagem de dinheiro: teoria e prática*. Campinas: Millenium, 2008. p.78.

45. TRF-5, Ap. Crim. n. 2005.81.00.014586-0, rel. Rogério Fialho Moreira, *DJ* n.197, 9 nov. 2008. p.96. O relator, no entanto, não elucidou como a cegueira deliberada poderia ser adequada ao direito penal brasileiro.

46. TRF-5, Ap. Crim. n. 2005.81.00.014586-0, rel. Rogério Fialho Moreira, *DJ* n.197, 9 nov. 2008. p.97.

47. TRF-5, idem, p.8.

é relevante na medida em que o relator aponta que, para o cometimento do tipo penal imputado a José Elizomarte e Francisco Dermival, não bastaria a infração a um dever, exigindo-se conhecimento. Esse ponto será analisando detalhadamente adiante, no entanto já se indica que, em sua formulação original, a cegueira deliberada é proposta como substituto da exigência de conhecimento como critério de imputação, não sendo suficiente para a sua configuração o descumprimento de um dever de conhecimento ou informação por parte do acusado. Por tal motivo, ainda que se indique – como fez o relator[48] – que dolo eventual possa se configurar quando o agente "deveria saber" determinada circunstância, em sua formulação original, tal locução seria insuficiente para configurar cegueira deliberada, colocando-se como primeiro indício de que "cegueira deliberada" e "dolo eventual" não tratam da mesma coisa, como querem fazer parecer Moro[49] e De Sanctis.[50]

Com isso, o TRF-5 julgou procedente o recurso de José Elizomarte e Francisco Dermival por unanimidade, revertendo a decisão condenatória contra eles proferida em primeira instância, para o fim de absolvê-los do crime de lavagem de dinheiro.

A despeito da absolvição dos acusados ter restado como decisão final do TRF-5, o acórdão deixa clara a opinião daquela Corte quanto à possibilidade de se adotar a cegueira deliberada como categoria substituta ou equivalente ao dolo eventual, podendo ser considerada compatível com o sistema de imputação subjetiva no Brasil. Busca-se, com isso, examinar como se deu a adoção da cegueira deliberada pelos tribunais brasileiros e sua incorporação ao léxico jurídico-penal nacional.

O objetivo, até este ponto, foi demonstrar ao leitor a relevância e a repercussão da primeira decisão a tratar de cegueira deliberada no país, o que se deve, em parte ao impacto cultural ocasionado pelo caso, bastante pitoresco e instigante. Na sequência, parte-se para o levantamento de outras decisões de tribunais nacionais sobre a temática, de modo a demonstrar como a jurisprudência desempenhou papel fundamental na disseminação da cegueira deliberada no Brasil.

48. TRF-5, Ap. Crim. n. 2005.81.00.014586-0, rel. Rogério Fialho Moreira, *DJ* n.197, 9 nov. 2008. p.97.

49. MORO, Sergio Fernando. Sobre o elemento subjetivo no crime de lavagem. In: BALTAZAR JUNIOR, José Paulo; MORO, Sergio Fernando (Org.). *Lavagem de dinheiro: comentários à lei pelos juízes das varas especializadas em homenagem ao Ministro Gilson Dipp*. Porto Alegre: Livraria do Advogado, 2007. p.98.

50. DE SANCTIS, Fausto Martin. *Combate à lavagem de dinheiro: teoria e prática*. Campinas: Millenium, 2008. p.78.

1.2 O legado jurisprudencial da cegueira deliberada no Brasil

1.2.1 Concepção prática de cegueira deliberada de acordo com a jurisprudência

As decisões proferidas no caso do furto à sede do Banco Central em Fortaleza foram pioneiras no Brasil no tocante à possibilidade de aplicação da cegueira deliberada como critério de responsabilidade criminal subjetiva. Tais decisões pavimentaram o caminho para outros julgamentos lastreados no emprego da cegueira deliberada, que paulatinamente foram se tornando frequentes em nosso país.

Com o intuito de compreender com exatidão a origem e os desdobramentos da utilização da cegueira deliberada enquanto critério de responsabilidade criminal subjetiva, decidiu-se pela realização de pesquisa estatística qualitativa[51] das decisões judiciais existentes no Brasil fundamentadas na cegueira deliberada. Deste modo, foram estudadas 65 decisões dos tribunais superiores, dos tribunais regionais e dos tribunais estaduais.

A razão para o emprego de tal método decorre da necessidade de submeter à prova a hipótese de que a cegueira deliberada teria sido circunstancialmente utilizada na sentença do citado caso do furto ao Banco Central e a partir de então reproduzida em diversas outras decisões, sem que houvesse uma reflexão madura acerca da necessidade de seu uso e da sua compatibilidade com os direitos constitucional, penal e processual penal pátrios. A metodologia e os resultados específicos dessa pesquisa empírica encontram-se expostos no Apêndice.[52] O que importa, aqui, é que da análise dos dados obtidos é possível ordenar os argumentos e o encaminhamento da redação desta obra.

A partir da análise dos dados coletados na montagem dos quadros a partir da pesquisa empírica jurisprudencial, foi possível fazer outras observações relevantes. Primeiramente, cabe notar que, embora o direito processual penal brasileiro não adote a teoria dos precedentes jurisprudenciais – tal como o fez expressamente o CPC 2015, reconhecendo um movimento em curso dos tribunais e um interesse na uniformização das decisões judiciais –, crê-se que, mesmo de modo indireto, essa nova mentalidade e modo de operar o direito acaba alterando o "caldo cultural" jurídico e exercendo influência no direito processual penal.

---

51. A pesquisa empírica não costuma ser frequente nos trabalhos acadêmicos da área do Direito. Ao menos no Brasil, predominam trabalhos lastreados em exame da legislação e da doutrina. Quando incluem a jurisprudência, em geral se limitam a citar como argumento de autoridade as ementas das decisões judiciais coletadas sem metodologia e desprovidas de cotejo analítico.

52. Ver p.209.

Nessa linha, cabe destacar a visão de Daniel Mitidiero, para quem as decisões judiciais tomadas pelos tribunais superiores – por ele denominadas de Cortes de Precedentes, ou Cortes Supremas – contribuem para a obtenção de segurança jurídica, de liberdade e de igualdade.[53] Cabe recordar que segurança jurídica é um conceito formado por quatro elementos, como ensina Humberto Ávila: cognoscibilidade, estabilidade, confiabilidade e efetividade.[54] A cognoscibilidade está ligada à segurança de orientação, ou seja, à certeza de como cada indivíduo deve se portar de acordo com o direito. A cognoscibilidade permite ao cidadão compreender aquilo que lhe é exigido pela ordem jurídica diante de uma situação concreta. A estabilidade, por sua vez, impede variações abruptas, de modo que as pessoas possam se organizar e planejar suas vidas. A confiabilidade está ligada à proteção contra surpresas injustas e à proteção de firmes expectativas naquilo que é conhecido e naquilo com que se concretamente planejou. Por fim, a segurança jurídica também é formada pela efetividade, compreendida como segurança de realização, pois só é seguro aquilo que tem a capacidade de se impor em caso de ameaça ou de efetiva violação. Compreendida à luz desses quatro elementos, percebe-se que a segurança jurídica permite a cada cidadão que viva dentro dos limites de liberdade estabelecidos pelo direito e que seja tratado como igual perante os demais. Para Mitidiero, a segurança jurídica não é garantida apenas pela legislação, mas também pelas decisões judiciais que formam precedentes e, em um segundo patamar, pela jurisprudência uniformizada.[55]

As decisões, portanto, ocupam um papel essencial para a devida compreensão do direito, o que reflete sobre a segurança jurídica, sobre a igualdade e sobre a liberdade dos cidadãos. Ao se retomar o tema da cegueira deliberada, que ingressou no plano da discussão jurídica brasileira pela via jurisprudencial, a devida compreensão de seus elementos e de seu efetivo conteúdo é imprescindível para o desenvolvimento desta obra. Mais uma vez, justifica-se a pesquisa empírica e o encaminhamento aqui proposto.

Acresça-se, ainda, que conforme a estruturação das magistraturas federal e estadual brasileiras, os candidatos à magistratura prestam concurso para a carreira tendo de estudar ambas as matérias processuais e, não raro, precisam cumular mais de um juízo, por vezes lidando com matéria cível e criminal, tendo que lidar simultaneamente com as peculiaridades de cada uma dessas matérias, o que contribui para um certo sincretismo. Mesmo os magistrados que estão lotados em juízos especializados em matéria criminal provavelmente já exerceram seu múnus em juízos cíveis, e vice-versa. Essa forma de pensar é disseminada pelo raciocínio jurídico dos magistrados e de outros profissionais do ramo jurídico, de

---

53. MITIDIERO, Daniel. *Precedentes: da persuasão à vinculação*. 2.ed. São Paulo: RT, 2017. p.21-25.

54. ÁVILA, Humberto. *Segurança jurídica*. São Paulo: Malheiros, 2011. p.250-256.

55. MITIDIERO, Daniel. *Precedentes: da persuasão à vinculação*. 2.ed. São Paulo: RT, 2017. p.81-88.

modo que a tanto a produção científica quanto os posicionamentos jurisprudenciais sobre o tema dos precedentes é capaz de produzir reflexos sobre o direito e o processo penal. Quando se trata de outros profissionais, também vale recordar que a aplicação da cegueira deliberada é frequentemente invocada pelos membros do Ministério Público,[56] o que amplia o número de causas em que o assunto é discutido.

Curiosamente, dentre as 65 decisões analisadas, é lamentável constatar o pouco prestígio que é conferido à doutrina. Isso pode ser dito porque em apenas 21 decisões e votos foram citadas obras doutrinárias. Em que pese o tema ser relativamente novo, pode-se afirmar que quando das primeiras decisões proferidas, já havia notáveis textos publicados sobre o assunto, os quais poderiam ter sido utilizados na fundamentação, sem prejuízo da numerosa doutrina existente sobre a cegueira deliberada.[57] Além disso, nota-se pouca diversidade nas obras citadas, que somam apenas oito. A mais referenciada é a de André Ricardo Neto Nascimento, intitulada "Teoria da Cegueira Deliberada: Reflexos de sua aplicação à Lei de Lavagem de Capitais (Lei 9.613/1998)". Trata-se de trabalho de conclusão de curso de bacharelado em Direito do Centro Universitário de Brasília (Uniceub), sob orientação do professor Humberto Fernandes de Moura, apresentado em 2010.[58] Note-se que Nascimento apresenta uma completa revisão bibliográfica, como deve ser um trabalho de conclusão de curso de graduação, sem grandes aprofundamentos críticos. Já numa perspectiva mais condizente com a complexidade do tema, seis decisões foram embasadas na obra já citada de Moro.[59] Outros

---

56. Tome-se por exemplo o caso do ex-deputado federal Eduardo Consentino da Cunha, em que sua mulher Cláudia Cruz foi absolvida em primeira instância, não sendo discutida a temática da cegueira deliberada (Sentença proferida na Ação Penal n. 5027685-35.2016.4.04.7000, 13.ª Vara Federal da Subseção Judiciária de Curitiba, Seção Judiciária do Paraná. Disponível em: <https://goo.gl/GGuh5i>. Acesso em: 22 jul. 2017. Ver ns.527-572). Ao recorrer da absolvição, o Ministério Público Federal passou a invocar a aplicação da cegueira deliberada (DANTAS, Dimitrius; SCHMITT, Gustavo. MPF entra com recurso contra absolvição de Cláudia Cruz. *O Globo,* 4 jul. 2017. Disponível em: <https://goo.gl/2iMc9K>. Acesso em: 22 jul. 2017).

57. Sobretudo a obra de Moro, que, apesar das críticas ora tecidas nesta obra, constitui escrito idôneo e profundo sobre a temática. Ainda em 2007 foi escrita importante obra acadêmica sobre a temática na Espanha: RAGUÉS I VALLÈS, Ramón. *La ignorancia deliberada en Derecho penal.* Barcelona: Atelier, 2007. Em dezembro de 2013, quando aumentava o número de decisões aplicando cegueira deliberada, foi publicada na Argentina obra coletiva discutindo um texto de Ragués, com comentário de diversos importantes penalistas, cujas discussões poderiam ter sido observadas pelos magistrados brasileiros: VALENZUELA S., Jonatan (Ed.). *Discusiones XIII: Ignorancia deliberada y Derecho Penal.* Buenos Aires: EdiUNS, 2013.

58. NASCIMENTO, André Ricardo Neto. *Teoria da cegueira deliberada: reflexos de sua aplicação à Lei de Lavagem de Capitais (Lei 9.613/1998).* Disponível em: <https://goo.gl/I2lsNv>. Acesso em: 13 maio 2017.

59. MORO, Sergio Fernando. *Crime de lavagem de dinheiro.* São Paulo: Saraiva, 2010.

estudos de maior profundidade, tais como o de De Sanctis,[60] o de Baltazar Júnior[61] e o de Pierpaolo Cruz Bottini e Gustavo Henrique Badaró[62] foram citados apenas uma vez, cada. Crê-se que a relevância da aplicação da cegueira deliberada exige obras de maior fôlego e profundidade teórica. Cabe lembrar que é notória a qualidade das bibliotecas dos tribunais brasileiros e das bases de dados que nelas podem ser acessadas, sem contar o número de servidores disponíveis a realizar pesquisas. Ora, em qualquer caso a ausência de embasamento na doutrina seria grave, mas nesse em específico é ainda mais nefasto, pois julgam-se casos predominantemente de direito penal e processual penal, lidando com a privação de liberdade de indivíduos. Para aplicar uma categoria que não é expressamente prevista no ordenamento jurídico brasileiro, seria necessário conhecê-la profundamente para avaliar sua origem e sua compatibilidade com o ordenamento jurídico brasileiro. Essa carência de fundamentação permite inferir que, ao cabo, muitos magistrados não dominam a matéria que estão aplicando para condenar pessoas.

Apresentadas as observações preliminares a respeito da pesquisa empírica empreendida, destaca-se, agora, que é de fundamental importância estabelecer o que a jurisprudência brasileira entende – em sua maior parte – por cegueira deliberada. Para tanto, de fundamental importância o fato de que há dois acórdãos que são reiteradamente citados nas outras decisões analisadas. Essas duas decisões, embora não configurem precedentes típicos, na ótica da doutrina já citada,[63] têm se revelado como os principais argumentos suscitados pelo próprio Poder Judiciário quando o caso demanda a apreciação de eventual cegueira deliberada. Por conta disso, passa-se a analisar as duas decisões mais citadas no levantamento jurisprudencial efetuado.

Com efeito, destaca-se como uma das principais decisões sobre cegueira deliberada no Brasil, em primeiro lugar, o voto da ministra Rosa Weber, proferido no julgamento da Ação Penal 470/MG pelo STF – caso que ficou conhecido como "Mensalão".[64] De todo o famoso julgamento feito em instância originária pelo Supremo, o voto de Rosa Weber foi o único[65] a fornecer parâmetros objetivos

60. DE SANCTIS, Fausto Martin. *Combate à Lavagem de Dinheiro e Prática*. Campinas: Millenium Editoria, 2008.

61. BALTAZAR JUNIOR, José Paulo. *Crimes federais*. 5.ed. Porto Alegre: Livraria do Advogado, 2010.

62. BADARÓ, Gustavo Henrique; BOTTINI, Pierpaolo Cruz. *Lavagem de dinheiro: aspectos penais e processuais penais: comentários à Lei 9.613 com as alterações da Lei 12.683/2012*. 2.ed. São Paulo: RT, 2013.

63. MITIDIERO, Daniel. *Precedentes: da persuasão à vinculação*. 2.ed. São Paulo: RT, 2017. p. 90-91.

64. STF, APn 470/MG, rel. Joaquim Barbosa, *DJe* 22 abr. 2013, p. 1.061-1.478.

65. Em sentença proferida na "Operação Lava Jato", o juiz federal Sergio Fernando Moro equivocadamente alude à existência de manifestações pelos ministros Luiz Fux e Carlos Ayres Britto invocando "incidentemente a doutrina da cegueira deliberada", equiparando-a ao dolo eventual (Sentença proferida na Ação Penal n. 5013405-59.2016.4.04.7000, 13.ª Vara Federal da Subseção Judiciária de Curitiba, Seção Judiciária do Paraná. Disponível em:

para a aplicação da cegueira deliberada no direito brasileiro, em que pese tenha sido citado por apenas uma decisão nos acórdãos pesquisados na presente obra.[66] Os excertos dos debates orais daquele julgamento referentes ao voto do ministro Celso de Mello, publicados nos Informativos n. 677 e 684 do STF,[67] citado por doze das decisões pesquisadas,[68] pouco acrescentam, apenas noticiando a existência da cegueira deliberada e sua possível aplicação no Brasil, não provendo qualquer critério para a sua configuração. Tais manifestações de Celso de Mello não constaram do voto escrito ou mesmo da transcrição dos debates orais publicados no acórdão. Da leitura da decisão se verifica que o ministro requereu o cancelamento de boa parte de suas intervenções nos debates orais.

O voto de Rosa Weber na Ação Penal 470 trata da cegueira deliberada ao analisar as imputações feitas a título de lavagem de dinheiro, afirmando ser possível identificar na conduta dos acusados-beneficiários dos pagamentos consi-

<https://goo.gl/WzJfm4>. Acesso em: 6 jun. 2017. Ver n.375). O magistrado cita como fonte artigo eletrônico publicado por Pierpaolo Cruz Bottini (A cegueira deliberada no julgamento da Ação Penal 470. *Consultor Jurídico*. Edição online, 30 jul. 2013. Disponível em: <https://goo.gl/KmtnjN>. Acesso em: 6 jun. 2017). Em verdade, o levantamento feito por Bottini se refere à admissão da figura do dolo eventual como elemento subjetivo dos crimes de lavagem de dinheiro anteriormente às alterações pela Lei Federal n. 12.683, de 2012. As folhas do acórdão no caso "Mensalão" indicadas por Bottini foram consultadas e, de fato, não há qualquer menção à cegueira deliberada nos votos dos ministros Luiz Fux ou Ayres Britto. A ministra Cármen Lúcia, embora cite trecho da obra de Moro, também não alude à cegueira deliberada em seu voto.

66. TRF-3, Ap. Crim. n. 0001123-17.2008.4.03.6181, rel. Denise Avelar, *DJe* 3 dez. 2015.

67. "O Min. Celso de Mello, por sua vez, [n]o tocante ao crime de lavagem de dinheiro, observou possível sua configuração mediante dolo eventual, notadamente no que pertine ao *caput* do art. 1.º da referida norma, e cujo reconhecimento apoiar-se-ia no denominado critério da teoria da cegueira deliberada ou da ignorância deliberada, em que o agente fingiria não perceber determinada situação de ilicitude para, a partir daí, alcançar a vantagem prometida." (BRASIL. Supremo Tribunal Federal. AP 470/MG – 52. *Informativo STF*, n.677, 27-31 ago. 2012); "Ato contínuo, o decano da Corte, Min. Celso de Mello admitiu a possibilidade de configuração do crime de lavagem de valores mediante dolo eventual, com apoio na teoria da cegueira deliberada, em que o agente fingiria não perceber determinada situação de ilicitude para, a partir daí, alcançar a vantagem pretendida." (BRASIL. Supremo Tribunal Federal. AP 470/MG – 142. *Informativo STF*, n.684, 15-19 out. 2012).

68. TJ/SP, Ap. Civ. n. 0003527-67.2005.8.26.0136, rel. Rebouças de Carvalho, *DJe* 14 nov. 2013; TJ/PR, Ap. Crim. n. 1.005.561-9, rel. Lilian Romero, *DJe* 4 dez. 2013; TJ/RS, Ap. Crim. n. 70058189275, rel. Jayme Weingartner Neto, *DJe* 24 jun. 2014; TJ/SP, Ap. Civ. n. 0001254-78.2002.8.26.0441, rel. Rebouças de Carvalho, *DJe* 06 ago. 2014; STJ, ROHC n. 47.524, rel. Maria Thereza de Assis Moura, *DJe* 26 fev. 2015; TJ/SP, Ap. Civ. n. 0000740-15.2013.8.26.0159, rel. Rebouças de Carvalho, *DJe* 18 mar. 2015, TJ/SP, Ap. Civ. n. 0009252-56.2010.8.26.0073, rel. Rebouças de Carvalho, *DJe* 10 abr. 2014; TJ/SP, Ap. Civ. n. 0000267-29.2013.8.26.0159, rel. Rebouças de Carvalho, *DJe* 16 abr. 2015; TJ/SP, Ap. Civ. n. 3001041-93.2013.8.26.0648, rel. Rebouças de Carvalho, *DJe* 30 abr. 2015; TJ/PR, Ap. Crim. n. 1.261.277-8, rel. Ângela Regina Ramina de Lucca, *DJe* 20 maio 2015; TJ/PR, Ap. Crim. n. 1.348.233-0, rel. Ângela Regina Ramina de Lucca, *DJe* 20 ago. 2015; TJ/PR, Ap. Crim. n. 1.373.071-9, rel. Renato Naves Barcellos, *DJe* 15 dez. 2015.

derados "extravagantes" – feitos por agência de propaganda de propriedade do acusado Marcos Valério Fernandes de Souza, contratada pela Administração Pública Federal, por solicitação do Partido dos Trabalhadores, recebidos "sem qualquer ressalva ou tentativa de esclarecer a origem deles"[69] – "a postura típica daqueles que escolhem deliberadamente fechar os olhos para o que, de outra maneira, lhes seria óbvio, ou seja, o agir com indiferença, ignorância ou cegueira deliberada".[70]

Entendendo estar presente no caso tal indiferença, passa Rosa Weber a tecer considerações a respeito do crime de lavagem de dinheiro na experiência comparada anglo-saxã, afirmando haver se admitido naquela tradição a responsabilização criminal a título de *cegueira deliberada*, citando como exemplos os casos *United States v. Campbell*,[71] *United States v. Rivera-Rodriguez*[72] e *United States v. Cunan*.[73-74] Explica a ministra que a cegueira deliberada permite estabelecer que "age intencionalmente não só aquele cuja conduta é movida por conhecimento positivo, mas igualmente aquele que age com indiferença quanto ao resultado de sua conduta".[75] Pontua, assim, a ministra que as Cortes americanas exigem três

---

69. STF, APn n. 470/MG, rel. Joaquim Barbosa, *DJe* 22 abr. 2013. p.1.295.

70. STF, APn n. 470/MG, rel. Joaquim Barbosa, *DJe* 22 abr. 2013. p.1.297.

71. United States v. Campbell, *977 F.2d 854* (4th Cir., 1992).

72. United States v. Rivera-Rodriguez, *318 F.3d 268* (1st Cir., 2003). No voto de Rosa Weber, o nome do caso está citado incorretamente como "Rivera Rodriguez", sem hífen.

73. United States v. Cunan, *152 F.3d 29* (1st Cir., 1998).

74. É oportuno salientar que os três casos citados por Rosa Weber em seu voto estão citados incorretamente de acordo com as regras uniformes de citação e nomenclatura de casos estabelecidos pela Suprema Corte dos Estados Unidos e pelo manual de referências adotado na maior parte das escolas de direito nos Estados Unidos. (HARVARD LAW REVIEW. *The Bluebook: A Uniform System of Citation*. 20.ed. Cambridge: Harvard Law Review Association, 2016). O Bluebook, por exemplo, determina em sua regra n. 10.2.2 que nos casos em que os Estados Unidos forem parte, a expressão "United States" não deve ser abreviada para "U.S." Da mesma forma, a expressão "*versus*", indicando a oposição entre as partes requerente e requerida, deve ser abreviada para "v.", e não "vs." Embora possa parecer preciosismo ao leitor não familiarizado com o sistema judiciário americano, as regras de citação de casos devem ser rigorosamente observadas para se permitir facilmente a identificação precisa do caso em comento, por ser muitas vezes o caso a fonte primária da regra em julgamento ou análise. Nesse sentido, tendo em vista a importância crescente que os precedentes judiciais estão recebendo no Brasil e o fato de a cegueira deliberada estar sendo aplicada com base no direito comparado (em especial no americano), essas inconformidades de citação e nomenclatura são graves e podem gerar sérias consequências. Em primeiro lugar, podem impossibilitar ou dificultar a compreensão do conteúdo e da fundamentação da decisão, obstando o acesso à fonte originária por defeito de citação, fulminando o direito de recorrer de tal decisão. Em segundo lugar, pode fazer com que um precedente incorreto seja citado como argumento de autoridade em decisões subsequentes, gerando toda uma distorção no sistema de precedentes judiciais. Por fim, revelam falta de acuro na citação de decisões estrangeiras, além de incompreensão quanto ao sistema jurídico em que tais decisões se inserem.

75. STF, APn n. 470/MG, rel. Joaquim Barbosa, *DJe* 22 abr. 2013. p.1.297. A afirmação é problemática, na medida em que trata de intenção, categoria que no direito americano melhor

requisitos para a admissão da cegueira deliberada nos casos envolvendo lavagem de dinheiro: (i) a ciência pelo autor da elevada probabilidade de que os bens envolvidos tinham origem delituosa, (ii) a atuação indiferente do autor quanto à ciência dessa elevada probabilidade e (iii) a escolha deliberada pelo autor de permanecer ignorante a respeito dos fatos, em sendo possível a alternativa.

Embora Rosa Weber reconheça a origem e a construção da cegueira deliberada em sistema jurídico da tradição[76] *common law*, o que poderia trazer problemas estruturais em seu transplante[77] ao Brasil, busca desfazer eventuais preocupações a respeito da possível incompatibilidade ao noticiar que a cegueira deliberada foi acolhida pelo Supremo Tribunal de Espanha – corte da tradição *civil law* –, que equiparou a cegueira deliberada ao dolo eventual, categoria de imputação também existente no direito brasileiro. Transcreve, para tanto, trecho da Sentença n. 33/2005,[78] proferida por aquele tribunal em caso envolvendo lavagem de dinheiro.

Segundo a decisão transcrita pela ministra, não se exige para o crime de lavagem de dinheiro que o autor aja com dolo direto, bastando o dolo eventual, sendo suficiente situar o autor na posição de ignorância deliberada. Entende a corte espanhola, assim, que aquele que podendo e devendo conhecer a natureza do ato solicitado por terceiro se mantém em situação de não querer saber o que se faz, prestando sua colaboração aos fatos, incorre nas consequências penais de sua atuação ilícita. É interessante notar como a passagem transcrita por Rosa Weber em seu voto pouco tem a ver com os requisitos para a configuração da cegueira deliberada, segundo ela exigidos pelas cortes americanas. De acordo com o trecho transcrito, os requisitos para a responsabilização penal baseada na cegueira deliberada exigidos pelo Supremo Tribunal espanhol aparentam ser (i) a solicitação de atuação ou colaboração do autor por terceiro, (ii) a possibilidade e o dever de conhecimento da natureza dessa atuação ou colaboração pelo autor, (iii) a decisão por se manter em situação de não querer saber o que se faz e (iv) a efetiva contribuição para os fatos. Ademais, o fato de a cegueira deliberada ter sido aplicada

se assemelha a *purpose* que a *knowledge*, elemento subjetivo passível de substituição pela *willful blindness*.

76. MERRYMAN, John Henry; PÉREZ-PERDOMO, Rogelio. *A tradição da Civil Law: uma introdução aos sistemas jurídicos da Europa e da América Latina*. Tradução de Cássio Casagrande. Porto Alegre: Sergio Antonio Fabris Editor, 2009. p.23.

77. Ver WATSON, Alan. *Legal transplants: An approach to comparative law*. 2.ed. Athens: University of Georgia, 1993.

78. A referência feita no voto foi à "Sentencia 22/2005 do Supremo Tribunal Espanhol" (STF, APn n. 470/MG, rel. Joaquim Barbosa, *DJe* 22 abr. 2013. p.1.297). Acredita-se que, por um lapso, tenha havido equívoco quanto à numeração da sentença citada, visto que a Sentença n. 22/2005, proferida pela 1.ª Sala do Supremo Tribunal de Espanha em 3 de fevereiro de 2005, se refere a danos causados pela ingestão de soda cáustica, e não a matéria penal (STS 22/2005 de 3 de fevereiro). O trecho transcrito no voto de Rosa Weber foi encontrado na Sentença n. 33/2005, proferida pela 2.ª Sala do Supremo Tribunal de Espanha (STS 33/2005 de 19 de janeiro).

na Espanha contribui muito pouco para a análise de compatibilidade de tal figura com o direito brasileiro, pois, em que pese serem ambos países da tradição *civil law*, há peculiaridades e vicissitudes inerentes aos respectivos sistemas de imputação criminal de cada país, notadamente a delimitação do conceito legal de *dolo*, presente no Brasil, mas ausente na Espanha.[79]

Após brevíssima análise do direito comparado, Rosa Weber passa a tratar do elemento subjetivo necessário para a imputação de crime de lavagem de dinheiro, ressaltando o conceito legal de *dolo* previsto no art. 18 do CP, enquanto vontade consciente de produção do tipo penal objetivo ou a assunção do risco de produzir o resultado delitivo, e a inexistência de vedação quanto à admissibilidade no tipo penal básico de lavagem de dinheiro, insculpido no *caput* do art. 1.º da Lei 9.613, de 1998. Aduz a ministra que não se exige para nenhum tipo penal a previsão legal específica de dolo eventual para sua configuração, bastando a previsão desta categoria na parte geral do CP, contanto que o tipo não contenha fórmulas cuja disposição obste o reconhecimento do dolo eventual, tais como os tipos penais de denunciação caluniosa e receptação, cujas articulações exigem o conhecimento positivo. Cita, nesse sentido, o item n. 40 da Exposição de Motivo n. 692/1996, aposta ao projeto de lei que viria a se tornar a lei de lavagem de dinheiro.

Aduz a ministra ser necessário reconhecer que, nos casos de lavagem de dinheiro em que o autor dos atos de lavagem não for o autor do crime antecedente, é incomum que o autor dos atos de lavagem tenha conhecimento pleno e absoluto quanto à origem dos bens ocultados ou dissimulados. Entende, assim, que a vedação à imputação a título de dolo eventual conduziria invariavelmente à impunidade destes crimes, em especial aqueles praticados por profissionais da lavagem.[80] Com a possibilidade de se imputar a prática de lavagem a título de dolo eventual, seria possível viabilizar uma resposta penal julgada apropriada para esse feixe de casos, sem que se necessite "ir ao extremo de prescindir da ciência pelo agente da lavagem da elevada probabilidade da procedência criminosa do objeto da transação".[81]

Analisando as provas do caso do "Mensalão", Rosa Weber pondera ser difícil afirmar que os dirigentes das empresas responsáveis pelas transações de ocultação e dissimulação do dinheiro recebido das empresas de Marcos Valério agiram com dolo direto, isto é, "cientes, com absoluta certeza, da procedência criminosa dos valores envolvidos".[82] Entende a ministra, contudo, parecer "óbvio que tinham ciência da elevada probabilidade da origem criminosa dos valores

---

79. Ver, nesse sentido, SILVEIRA, Renato de Mello Jorge. A aplicação da teoria da cegueira deliberada nos julgamentos da operação Lava Jato. *Revista Brasileira de Ciências Criminais*, n.122, p.267, set./out. 2016.

80. STF, APn n. 470/MG, rel. Joaquim Barbosa, *DJe* 22 abr. 2013. p.1.299.

81. STF, idem, p.1.299-1.300.

82. STF, idem, p.1.300.

envolvidos e, mesmo assim, persistiram na conduta, evitando se aprofundar a respeito e assumindo o risco de lavar produto de crime".[83] Por tal motivo, conclui terem agido com dolo eventual.

Buscando vacinar-se contra eventuais críticas, Rosa Weber ressalta não estar buscando "ampliar indevidamente o alcance do tipo"[84] de lavagem, mas somente aplicar ao crime "institutos *consagrados* do Direito Penal brasileiro",[85] por entender que a conduta é dolosa não apenas quando o autor quer o resultado delitivo, como também quanto assume o risco de produzi-lo agindo de maneira indiferente ao resultado de sua conduta.

O ponto crucial do voto da ministra Rosa Weber quanto à aplicação da cegueira deliberada aos casos de lavagem de dinheiro reside no grau de ciência que possui o autor no momento da conduta, entendendo que não basta "mera suspeita" da procedência ilícita dos bens envolvidos na transação. Defende a ministra serem necessários três requisitos cumulativos para a existência de dolo eventual nos casos de lavagem de dinheiro em que o autor esteja em situação de cegueira deliberada. Primeiro, deve o autor realizar o *tipo objetivo* do crime de lavagem, isto é, praticar condutas de ocultação ou de dissimulação da natureza, origem, localização, disposição, movimentação ou propriedade dos bens, direitos ou valores envolvidos. Segundo, ao praticar as condutas típicas, o autor deve ter ciência da *elevada probabilidade* de que os bens, direitos ou valores envolvidos tenham por origem algum crime antecedente de lavagem. Terceiro, deve o agente, mesmo ciente da probabilidade de origem criminosa, persistir indiferente a essa suposta origem na conduta delitiva de ocultação ou de dissimulação, *evitando propositadamente aprofundar seu conhecimento* quanto à origem dos bens, direitos ou valores envolvidos quando estiver em condições de fazê-lo.[86]

A proposição dos requisitos é problemática no crime de lavagem de dinheiro, pois os verbos "ocultar" e "dissimular" são de natureza diversa, por exemplo, dos verbos e das expressões verbais "adquirir", "vender", "oferecer", "ter em depósito", "transportar", "trazer consigo" ou "guardar", presentes no tipo de tráfico de drogas – crime de maior incidência das situações de cegueira deliberada nos Estados Unidos da América.[87] Parece ser mais corriqueiro comprar, vender ou transportar algo desconhecendo sua natureza ou origem que ocultar ou dissimular a natureza ou origem de algo cuja natureza ou origem se desconhece. Os verbos e sintagmas nucleares escolhidos pelo legislador não se mostram perfeitamente adequados ao raciocínio desenvolvido pela ministra em seu voto.

---

83. STF, APn n. 470/MG, rel. Joaquim Barbosa, *DJe* 22 abr. 2013. p.1.300.
84. STF, idem, p.1.300.
85. STF, idem, p.1.300. Destaques nossos.
86. STF, idem, p.1.300-1.301.
87. Ver, por todos, United States v. Jewell, *532 F.2d 697* (9th Cir., 1976), reconhecido como o principal caso de aplicação da cegueira deliberada na jurisprudência americana.

Ademais, é bastante vaga a locução "elevada probabilidade". É discutível a distinção entre algo "suspeito" de algo "provável" de algo "certo". Mais difícil ainda distinguir algo "pouco provável" de algo "provável" de algo "altamente provável", sem que se forneça nenhum critério objetivo para se analisar a presença dessa "elevada probabilidade".

A justificativa para a condenação dos beneficiários do chamado "Mensalão" residiria no argumento de que alguém "minimamente razoável" *recusaria* o pagamento de vultoso numerário em espécie nas condições pagas ou, ao menos, preocupar-se-ia em investigar a origem do dinheiro e o motivo pelo pagamento da maneira como foi pago.[88] Com isso, conclui ser desnecessário o conhecimento específico quanto à procedência do numerário, bastando o conhecimento de sua origem criminosa, perceptível até mesmo pela forma como o dinheiro fora entregue, em malas e em quartos de hotel.

Outra decisão bastante influente foi proferida pelo juiz federal Sérgio Fernando Moro – autor citado pela sentença do caso do Banco Central em Fortaleza –, quando juiz federal substituto em 2.º grau no TRF-4, na Apelação Criminal n. 5009722-81.2011.4.04.7002/PR, envolvendo crime de descaminho[89] de cigarros.[90]

A decisão relatada por Moro foi a primeira decisão proferida pelo Tribunal Regional Federal da 4.ª Região sobre cegueira deliberada, sendo citada por oito

---

88. STF, APn n. 470/MG, rel. Joaquim Barbosa, *DJe* 22 abr. 2013. p.1.301. Há, no caso do "Mensalão" uma circunstância complicadora, pois o pagamento poderia configurar também crime de corrupção passiva, como deduzido pela ministra Rosa Weber no início dessa parte de seu voto, ao discorrer sobre o crime antecedente de lavagem de dinheiro (p.1.292-1.295). Diante do concurso aparente de crimes, haveria um dever de recusa do numerário pelo fato de o pagamento configurar corrupção, podendo-se evitar por inteiro a discussão quanto à lavagem de dinheiro. Como reconhece a própria ministra, o propósito específico dos beneficiários era receber o dinheiro sujo, e não lavá-lo.

89. A decisão não é clara se a condenação do apelante se dá por conduta de contrabando ou de descaminho. Antes da Lei 13.008, de 26 de junho de 2014, contrabando e descaminho eram condutas distintas tipificadas em um único dispositivo (art. 334 do CP). Na ementa da decisão citada, são mencionados os dois delitos, contrabando e descaminho, e o texto da ementa faz menção a "produtos contrabandeados". Além disso, tanto o relatório da decisão quanto seu dispositivo mencionam apenas o artigo de lei em que o apelante restou incurso, e não o delito específico. Apesar disso, por a condenação estar fundada no Decreto-Lei n. 399, de 30 de dezembro de 1968, de modo a considerar a importação clandestina de produtos fumígeros sem o devido controle fiscal para desembaraço aduaneiro assimilada ao contrabando ou descaminho (art. 344, § 1.º, alínea *b*, do CP), entende-se que esse desembaraço aduaneiro mais se assemelha ao descaminho que ao contrabando. Ver, nesse sentido, ASSAD, Thathyana W. Cigarros: contrabando ou descaminho? *Canal Ciências Criminais*, 15 abr. 2016. Disponível em: <http://goo.gl/7mt8qi>. Acesso em: 2 nov. 2016.

90. TRF-4, Ap. Crim. n. 5009722-81.2011.4.04.7002, rel. Sergio Fernando Moro, *DJe* 23 set. 2013.

acórdãos posteriores daquele tribunal,[91] e seus fundamentos reproduzidos integralmente por outras quatro decisões.[92]

Os fundamentos do caso relatado por Moro são semelhantes àqueles do caso *Jewell*. O proprietário de dois veículos utilitários os locou para a realização de um frete entre Foz do Iguaçu, Paraná, e Itajaí, Santa Catarina, tendo emprestado os veículos à locatária uma semana antes do frete para a vistoria, sendo devolvidos com alterações na estrutura do baú de carga e colocação de nova forração interna. Durante a viagem, o apelante-locador conduzia o maior dos dois veículos, uma camionete Ford F-4000, e a locatária uma camionete Ford F-1000, tendo sido parados pela Polícia Rodoviária Federal em Céu Azul, Paraná. Foram encontrados 62.690 maços de cigarro. O apelante-locador disse desconhecer o conteúdo da carga, pois esses teriam sido carregados exclusivamente pela locatária.

Entendeu o juiz federal relator ser o álibi do recorrente pouco provável, visto que os veículos eram de sua propriedade e haviam sido alterados com a colocação de fundos falsos para o transporte de cigarro, não sendo crível que a modificação tivesse sido feita sem o conhecimento e a anuência do locador. Mesmo diante dessa situação, haveria dolo eventual, pois diversas circunstâncias indicariam o transporte de mercadorias ilícitas, tendo o apelante persistido na atividade sem aprofundar seu conhecimento sobre a natureza da carga.[93]

Com isso, o magistrado passa a tecer considerações sobre a cegueira deliberada na Inglaterra e nos Estados Unidos, citando os casos *Regina v William Sleep*, da *Court for Consideration of Crown Cases Reserved*,[94] *Spurr v. United States* e

---

91. TRF-4, Ap. Crim. n. 5001945-68.2013.4.04.7000, rel. Ricardo Rachid de Oliveira, *DJe* 25 fev. 2015; TRF-4, Ap. Crim. n. 5011122-62.2013.404.7002, rel. Cláudia Cristina Cristofani, *DJe* 29 abr. 2015; TRF-4, Ap. Crim. n. 50044064-08.2013.4.04.7002, rel. Cláudia Cristina Cristofani, *DJe* 21 maio 2015; TRF-4, Ap. Crim. n. 5004477-06.2013.4.04.7007, rel. Cláudia Cristina Cristofani, *DJe* 29 abr. 2016; TRF-4, Ap. Crim. n. 5004125-63.2013.4.04.7002, rel. Cláudia Cristina Cristofani, *DJe* 18 jun. 2015; TRF-4, Ap. Crim. n. 5000095-34.2013.4.04.7115, rel. Cláudia Cristina Cristofani, *DJe* 29 ago. 2015; TRF-4, ED/Ap. Crim. n. 5004957-96.2013.404.7002, rel. Cláudia Cristina Cristofani, *DJe* 27 ago. 2015; TRF-4, Ap. Crim. n. 5006501-89.2013.4.04.7206, rel. Cláudia Cristina Cristofani, *DJe* 5 nov. 2015; TRF-4, Ap. Crim. n. 5001231-40.2015.4.04.7004, rel. Cláudia Cristina Cristofani, *DJe* 2 dez. 2015.

92. TRF-4, Ap. Crim. n. 5001079-31.2011.4.04.7004, rel. João Pedro Gebran Neto, *DJe* 19 nov. 2013; TRF-4, Ap. Crim. n. 5000220-41.2013.4.04.7005, rel. João Pedro Gebran Neto, *DJe* 22 nov. 2013; TRF-4, Ap. Crim. n. 5000059-24.2010.4.04.7009, rel. João Pedro Gebran Neto, *DJe* 27 mar. 2014; TRF-4, Ap. Crim. n. 5004606-31.2010.404.7002, rel. João Pedro Gebran Neto, *DJe* 17 jul. 2014.

93. TRF-4, Ap. Crim. n. 5009722-81.2011.4.04.7002, rel. Sergio Fernando Moro, *DJe* 23 set. 2013.

94. R. v Sleep, *169 ER 1296* (1861). Nos casos ingleses a grafia correta do "*versus*" é "*v*", sem ponto, sendo costumeiro abreviar a parte representante da Coroa de "*Regina*" ou "*Rex*" para "*R.*".

Turner v. United States, ambos da Suprema Corte dos Estados Unidos,[95] e *Jewell v. United States*, do Nono Circuito do *United States Court of Appeals*,[96] destacando, como feito no seu texto citado pela sentença do caso do Banco Central em Fortaleza, que a cegueira deliberada não se confunde com negligência, havendo uma fronteira tênue, semelhante àquela encontrada entre o dolo eventual e a culpa consciente.

Ao tratar dos requisitos para a configuração da cegueira deliberada, Moro aponta as mesmas três exigências já anotadas no voto de Rosa Weber: (i) a ciência pelo autor da elevada probabilidade de que os bens envolvidos tinham origem delituosa, (ii) a atuação indiferente do autor quanto à ciência dessa elevada probabilidade e (iii) a escolha deliberada pelo autor de permanecer ignorante a respeito dos fatos, em sendo possível a alternativa.[97] A redação é muito semelhante àquela já transcrita acima, o que se dá provavelmente pelo fato de o juiz federal Sergio Moro ter sido cedido pelo TRF-4 ao STF para atuar como magistrado instrutor no gabinete da ministra Rosa Weber a partir de 23 de janeiro de 2012,[98] época que coincide com o início dos julgamentos do caso do "Mensalão".

Moro reproduz no acórdão o mesmo argumento de assimilação da cegueira deliberada pelo Supremo Tribunal de Espanha, país da tradição *civil law*, já apontado por Rosa Weber, como justificativa para transplantar categoria desenvolvida no contexto da *common law*. Traz, para tanto, a mesma Sentença n. 33/2005 da corte espanhola já citada[99] e a Sentença n. 420/2003.[100] O relator chega à conclusão de que as construções em torno da cegueira deliberada se assemelham ao dolo eventual previsto na legislação brasileira.

É este, portanto, o panorama da cegueira deliberada no Brasil: se o autor, cumulativamente, tiver ciência da elevada probabilidade de existência de alguma circunstância elementar de crime, mantiver-se indiferente quanto a tal ciência e evitar aprofundar o seu conhecimento acerca da circunstância elementar que desconfia existir, será condenado pelo crime a título de dolo eventual.

---

95. Spurr v. United States, *174 U.S. 728* (1899); Turner v. United States, *396 U.S. 398* (1970). No acórdão do TRF-4, a referência ao caso *Turner* está errada, repetindo integralmente a referência já grafada ao caso *Spurr* ("174 U.S. 728 (1899)"). A referência também está errada em MORO, Sergio Fernando. *Crime de lavagem de dinheiro*. São Paulo: Saraiva, 2010. p.63. O mesmo erro cometido pelo relator na Apelação Criminal n. 5009722-81.2011.4.04.7002 está reproduzido em outro caso, de relatoria de outro juiz federal (TRF-4, Ap. Crim. n. 5001079-31.2011.4.04.7004, rel. João Pedro Gebran Neto, *DJe* 19 nov. 2013). Nas decisões posteriores, a referência ao caso *Turner* foi corrigida.

96. United States v. Jewell, *532 F.2d 697* (9th Cir., 1976).

97. TRF-4, Ap. Crim. n. 5009722-81.2011.4.04.7002, rel. Sérgio Fernando Moro, *DJe* 23 set. 2013.

98. TRF-4, Corregedoria Regional, Portaria n. 63, *DJe* 30 jan. 2012.

99. STS 33/2005 de 19 de janeiro, desta vez corretamente referenciada.

100. STS 420/2003 de 20 de março.

1.2.2 Primeiras considerações críticas a respeito da cegueira deliberada

A partir do conceito jurisprudencial extraído das duas decisões representativas indicadas, é possível traçar algumas críticas preliminares aos fundamentos das decisões. Tais críticas servirão de base para a formulação dos argumentos propositivos delineados no decorrer desta obra, de modo a nortear o desenvolvimento da pesquisa para os capítulos subsequentes.

No que diz respeito ao caso do "Mensalão", o entendimento quanto ao caso específico conduz a problemas adicionais àqueles já apontados, referentes à enumeração dos requisitos para a condenação por lavagem de dinheiro.

Primeiramente, a ciência quanto à "procedência criminosa dos recursos" aparenta ser genérica, de modo que os beneficiários poderiam, assim, ser responsabilizados qualquer que fosse a origem criminosa dos recursos pagos, e não necessariamente de desvios do Fundo de Investimento da Companhia Brasileira de Meios de Pagamento (antiga Visanet, atual CIELO), da apropriação do bônus ou bonificação de volume do Banco do Brasil/SA ou da subcontratação ilegal de contrato com a Câmara dos Deputados para serviços de publicidade – condutas de peculato praticadas pelas empresas SMP&B Comunicação e DNA Propaganda no caso do "Mensalão". Vale dizer, considerando a fungibilidade do papel-moeda,[101] caso o dinheiro entregue em uma mala a algum dos acusados fosse procedente de extorsão mediante sequestro ou tráfico de drogas praticado por algum dos operadores do "Mensalão", sem qualquer conexão com os fatos denunciados, pelo entendimento da ministra Rosa Weber, poderia ainda assim persistir a condenação de lavagem de dinheiro diante da omissão de um dever de informação quanto à origem do dinheiro quando se lida com numerário em espécie[102] – dever este criado pelo voto de Rosa Weber, pois não encontra previsão legal.

Além disso, da maneira como proposta, a cegueira deliberada pode tender à responsabilização penal objetiva, advertência já feita pelo TRF-5 ao analisar o caso do furto ao Banco Central. Nesse sentido, Flavio Antônio da Cruz reputa ser perigosa a categoria da cegueira deliberada por constituir indevida ampliação da *actio libera in causa*.[103] Para além da crítica feita por Cruz acerca da conversão de

---

101. LÔBO, Paulo. *Direito civil: parte geral*. 3.ed. São Paulo: Saraiva, 2012. p.198.

102. Luís Greco, em análise ao caso *Jewell*, pontua dificuldades criadas pela ideia de que cegueira deliberada equivaleria ao dolo (Comentario al artículo de Ramón Ragués. In: VALENZUELA S., Jonatan (Ed.). *Discusiones XIII: Ignorancia deliberada y Derecho Penal*. Buenos Aires: EdiUNS, 2013. p.67-78), apontando graves problemas referentes à tentativa (desde que a tentativa seja punível nessas circunstâncias), sendo impossível fixar o início da tentativa, visto que, como o autor desconhece a natureza da carga, não há plano do autor. Ademais, não sabendo o autor o que transporta, não se pode estabelecer tentativa de que haveria.

103. CRUZ, Flavio Antônio da. Gestão temerária, evasão de divisas e aporias. In: PRADO, Luiz Regis; DOTTI, René Ariel (Org.). *Doutrinas essenciais – direito penal econômico e da empresa: direito penal econômico*. São Paulo: RT, 2011. v.2. p.691. Semelhante observação

condutas negligente em dolosas — ponto nevrálgico da presente obra, cuja análise será aprofundada adiante —, o autor aponta correspondência entre a cegueira deliberada com a lógica medieval *versari in re illicita imputatur omnia, quae sequuntur ex delicto,*[104] segundo a qual deve arcar com todas as consequência de seus atos aquele que atue de maneira imoral ou ilícita, ainda que não deseje o resultado deles.[105]

Em que pesem tais críticas à decisão, deve-se reconhecer que se trata de decisão de mérito proferida pelo Supremo Tribunal Federal – ainda que em voto isolado e em processo de competência originária, não podendo ser considerado um "precedente obrigatório", segundo a doutrina processualística, ou mesmo decisão de caráter vinculante.[106] A decisão, no entanto, tem potencial para se tornar influente, sendo proferida em caso de larga repercussão nacional. Com o crescente estudo da temática e o extenso acórdão publicado, a tendência é que cada vez mais julgadores busquem as considerações pontuadas por Rosa Weber para estabelecer em que situações um acusado pode responder por crime quando esteja em cegueira deliberada.

No que diz respeito à decisão do TRF-4, coloca-se importante dúvida quanto à relação entre cegueira deliberada e dolo eventual. Enquanto o acórdão relatado pelo juiz federal Sergio Fernando Moro afirma ser a cegueira deliberada *seme-*

é feita por Luís Greco (Comentario al artículo de Ramón Ragués. In: VALENZUELA S., Jonatan (Ed.). *Discusiones XIII: Ignorancia deliberada y Derecho Penal.* Buenos Aires: EdiUNS, 2013. p.69).

104. Em tradução livre, "imputa-se àquele que se ocupa de algo ilícito todas as consequências do delito".

105. CRUZ, Flavio Antônio da. Gestão temerária, evasão de divisas e aporias. In: PRADO, Luiz Regis; DOTTI, René Ariel (Org.). *Doutrinas essenciais – direito penal econômico e da empresa: direito penal econômico.* São Paulo: RT, 2011. v.2. p.692. Para uma visão geral do *versari in re illicita* e suas manifestações ver ZAFFARONI, Eugenio Raúl; PIERANGELI, José Henrique. *Manual de direito penal brasileiro: parte geral.* 11.ed. rev. e atual. São Paulo: RT, 2015. p.473-481.

106. MITIDIERO, Daniel. *Precedentes: da persuasão à vinculação.* 2.ed. São Paulo: RT, 2017; MARINONI, Luiz Guilherme. *Precedentes obrigatórios.* São Paulo: RT, 2010. Aplicando-se a lição de William Soares Pugliese (*Princípios da jurisprudência.* Belo Horizonte: Arraes, 2017. 2017), a decisão do caso "Mensalão" é um precedente. É precedente porque foi uma decisão proferida por uma corte hierarquicamente alta e porque tem fundamentação razoável, o que permite identificar o caso, as circunstâncias fáticas e a interpretação do Direito pelo Tribunal, diante daqueles fatos. No entanto, a decisão do caso "Mensalão" não é um precedente vinculante. Não é vinculante porque não foi decisão proferida em controle concentrado de constitucionalidade nem foi convertida em súmula vinculante – essas são as duas únicas hipóteses de efeitos vinculantes, nos termos da Constituição. Se não são vinculantes, trata-se de precedentes persuasivos, pois constituem um argumento forte para as decisões futuras, a respeito do mesmo tema. Evidentemente, se algum fato ou algum outro fundamento for invocado que permita uma decisão diferente, caberá a outro juiz, em outro caso, analisar se o precedente se aplica ou não.

lhante ao dolo eventual,[107] a doutrina estabelece relações distintas. Tanto Isidoro Blanco Cordero como Gustavo Henrique Badaró e Pierpaolo Cruz Bottini aludem a tentativas de *equiparação* da cegueira deliberada ao dolo eventual pelas cortes espanholas e brasileiras, respectivamente.[108] Por outro lado, o próprio relator da decisão em escritos acadêmicos, aponta a possível *equivalência* ou *identidade* entre a cegueira deliberada e o dolo eventual.[109] Tal equivalência é também anotada por Fausto Martin De Sanctis.[110] Embora os textos não aludam expressamente à relação de equivalência ou de identidade, afirmam que o dolo eventual é admitido nos tribunais americanos por meio da cegueira deliberada, o que leva a concluir que, na visão dos autores, *cegueira deliberada* seria algo sinônimo a *dolo eventual*.

José Paulo Baltazar Junior, por outro lado, embora trate da cegueira deliberada ao analisar o cabimento de dolo eventual nos crimes de lavagem de dinheiro, não se posiciona quanto à relação entre essas figuras.[111] Por fim, merece destaque a posição de Ramon Ragués I Vallès, autor das principais obras sobre cegueira deliberada na tradição *civil law*, para quem, a depender da amplitude das definições, algumas situações de cegueira deliberada podem configurar ora hipóteses de dolo eventual ora de imprudência.[112] Ragués propõe, assim, *de lege ferenda*, a adoção da cegueira deliberada no direito espanhol enquanto *tertium genus* de categoria de imputação, intermediária entre o dolo eventual e a imprudência clássicos.[113] Tal entendimento é de grande valia, pois permite desconstruir a noção de que as situações de cegueira deliberada seriam, por si só, idênticas ou equivalentes a dolo

107. TRF-4, Ap. Crim. n. 5009722-81.2011.4.04.7002, rel. Sérgio Fernando Moro, *DJe* 23 set. 2013.

108. BLANCO CORDERO, Isidoro. *El delito de blanqueo de capitales*. 3.ed. Navarra: Aranzadi, 2012. p.701; BADARÓ, Gustavo Henrique; BOTTINI, Pierpaolo Cruz. *Lavagem de dinheiro: aspectos penais e processuais penais*. 3.ed. São Paulo: RT, 2016. p.144.

109. MORO, Sergio Fernando. *Crime de lavagem de dinheiro*. São Paulo: Saraiva, 2010. p.63; MORO, Sergio Fernando. Sobre o elemento subjetivo no crime de lavagem. In: BALTAZAR JUNIOR, José Paulo; MORO, Sergio Fernando (Org.). *Lavagem de dinheiro: comentários à lei pelos juízes das varas especializadas em homenagem ao Ministro Gilson Dipp*. Porto Alegre: Livraria do Advogado, 2007. p.98. A passagem transcrita é idêntica em ambas as obras.

110. DE SANCTIS, Fausto Martin. *Combate à lavagem de dinheiro: teoria e prática*. Campinas: Millenium, 2008. p.78.

111. BALTAZAR JUNIOR, José Paulo. *Crimes federais*. 10.ed. São Paulo: Saraiva, 2015. p.1.100.

112. RAGUÉS I VALLÈS, Ramón. *La ignorancia deliberada en Derecho penal*. Barcelona: Atelier, 2007. p.183-199, citando, nesse sentido, a STS n. 1034/2005 de 14 de setembro.

113. RAGUÉS I VALLÈS, Ramón. Mejor no saber: Sobre la doctrina de la ignorancia deliberada en Derecho penal. In: VALENZUELA S., Jonatan (Ed.). *Discusiones XIII: Ignorancia deliberada y Derecho Penal*. Buenos Aires: EdiUNS, 2013. p.32. No mesmo sentido, ver MANRIQUE, María Laura. Ignorancia deliberada y responsabilidad penal. *Isonomía*, n.40, p.168, abr. 2014.

eventual, de modo a invadir o campo da imprudência e ampliar o alcance do dolo e, consigo, do poder punitivo estatal.

Apesar de alguma utilidade para a solução dos casos envolvendo cegueira deliberada no Brasil, nenhuma das definições apresentadas é integralmente satisfatória, principalmente pelo fato de não solucionarem a suposta relação existente entre cegueira deliberada e dolo eventual. Sem esgotar a questão, não correspondem aos contornos da cegueira deliberada em seu sistema jurídico de origem. Nesse sentido, entende-se ser absurda a adoção indiscriminada de um conceito quando a sua aplicação ao direito nacional depende de ajustes, acréscimos e mutilações forçadas, transformando a cegueira deliberada em verdadeiro "leito de Procusto",[114] o que desvirtua completamente o objetivo e o modo de se empregar o direito comparado.

1.3 Horizonte de pesquisa

1.3.1 Conclusões preliminares

A partir deste estudo preliminar acerca da admissão da cegueira deliberada pela jurisprudência, desde sua introdução no julgamento do caso do furto à sede do Banco Central em Fortaleza, passando pelo julgamento do caso do "Mensalão" até as decisões mais recentes proferidas pelos tribunais brasileiros, é possível delinear duas conclusões que informarão as premissas adotadas para o desenvolvimento da obra e seu argumento central – que a cegueira deliberada, como transplantada pelos tribunais brasileiros, funciona como uma categoria que visa à expansão do alcance do dolo para além do campo delimitado pelo legislador brasileiro, invadindo o território da imprudência.

Aponta-se como primeira conclusão preliminar o protagonismo da jurisprudência na introdução e no desenvolvimento da cegueira deliberada no Brasil. Em que pese a existência de escrito doutrinário anterior à primeira decisão judicial aplicando a cegueira deliberada,[115] citado pela própria sentença apontada como pioneira na temática,[116] o texto apenas ganhou repercussão, vindo a ser amplamente

---

114. Procusto foi um personagem da mitologia grega que possuía uma cama de ferro com suas exatas dimensões. Ao convidar os viajantes para deitarem em sua cama, mutilava os mais altos e esticava os mais baixos para ajustar suas alturas ao comprimento da cama. Segundo o historiador grego Plutarco, Procusto foi derrotado pelo herói Teseu, que o deitou transversalmente no leito e decepou sua cabeça e seus pés, aplicando-lhe o mesmo sofrimento infligido às suas vítimas.

115. MORO, Sergio Fernando. Sobre o elemento subjetivo no crime de lavagem. In: BALTAZAR JUNIOR, José Paulo; MORO, Sergio Fernando (Org.). *Lavagem de dinheiro: comentários à lei pelos juízes das varas especializadas em homenagem ao Ministro Gilson Dipp*. Porto Alegre: Livraria do Advogado, 2007.

116. Sentença proferida na Ação Penal n. 2005.81.00.014586-0, 11.ª Vara Federal da Subseção Judiciária de Fortaleza, Seção Judiciária do Ceará. Disponível em: <http://goo.gl/9iB8qJ>. Acesso em: 22 ago. 2015.

citado, após a decisão pela 11.ª Vara Federal de Fortaleza no caso do furto à sede do Banco Central. Desse modo, percebe-se que, apesar da importância da doutrina enquanto fonte do direito, sua ampla divulgação tende a ocorrer quando é captada pela jurisprudência, em especial quando é utilizada como fundamento central de um precedente judicial. A sentença no caso do Banco Central de Fortaleza deu notoriedade e projeção à cegueira deliberada, passando a ser objeto de investigação acadêmica no Brasil após o seu acolhimento pelo Judiciário, mostrando-se como realidade concreta em oposição a apenas uma proposição teórica.

Nesse sentido, é importante verificar como o crescimento da aplicação da cegueira deliberada pela jurisprudência brasileira se deu pela retroalimentação das decisões judiciais, havendo o uso predominante de precedentes judiciais como fundamento para a aplicação, sendo as referências acadêmico-doutrinárias esparsas nas decisões, havendo predomínio de citações pseudodoutrinárias a textos sem caráter científico ou profundidade acadêmica, como artigos de internet e trabalhos de conclusão de curso de graduação.

A simples alusão à cegueira deliberada pelo ministro Celso de Mello em trecho dos debates orais ocorridos no julgamento do caso do "Mensalão" pelo STF – sem que tenha integrado a *ratio decidendi* da condenação pelo Tribunal Pleno – serviu em grande medida como argumento de autoridade para reforçar a possibilidade da aplicação da cegueira deliberada aos casos brasileiros em complemento ou até em substituição ao dolo eventual. Após esse julgamento, antes mesmo da publicação definitiva do acórdão – do qual, frise-se, sequer constou referência de Celso de Mello à cegueira deliberada –, cresceu exponencialmente o número de decisões aplicando a cegueira deliberada, até mesmo em casos envolvendo ilícitos administrativos, cíveis e eleitorais, de natureza não criminal.

A jurisprudência, fascinada pela aplicação da cegueira deliberada, pareceu desenvolver certo fetiche pela nova categoria de imputação subjetiva, trazendo alusões à cegueira deliberada até mesmo quando dispensável ou impertinente, diante da condenação baseada em dolo direto, como se para reforçar ou salvaguardar o dispositivo da decisão, ou mesmo para dar à decisão uma aparência de maior cientificidade, utilizando-se um adorno retórico de base estrangeira como evidência de suposta pesquisa e erudição. A adoção desses artifícios pelo Judiciário, invocando fundamentos alternativos para a condenação, diz respeito muito mais à lógica das contestações ou respostas do réu nos processos civil e penal, baseadas no chamado "princípio da eventualidade", que a uma decisão sobre o mérito de um caso penal. A bem da verdade, considerando-se a necessidade de descrição do fato delituoso na peça acusatória inicial com todas as suas circunstâncias, por exigência do art. 41 do CPP,[117] assim como a necessária correlação entre a exordial acusatória e a sentença ou o acórdão proferidos no julgamento do

117. Ver, por todos, ALMEIDA JUNIOR. João Mendes de. *O processo criminal brasileiro*. Rio de Janeiro/São Paulo: Freitas Bastos, 1959. v.2. p.183.

caso penal,[118] não é possível que a decisão acolha uma narração alternativa dos fatos para julgamento. Tal incerteza quanto à maneira como os fatos verdadeiramente transcorreram – se agindo com conhecimento ou em cegueira deliberada – se traduz em situação de dúvida, havendo nítida violação à segurança jurídica e à garantia de presunção de inocência do acusado nesse recurso a fundamentações condenatórias alternativas.

A jurisprudência é capaz de captar o direito em movimento, podendo coletar o que há de mais avançado na doutrina ou mesmo no direito comparado, propondo, com isso, soluções criativas e inovadoras para a solução de casos e problemas jurídicos. No entanto, é necessário que essa atividade criativa pela jurisprudência seja feita de forma cuidadosa e criteriosa, comprometida com a Constituição e com os fundamentos do ordenamento jurídico. Pode-se evitar, com isso, a criação do direito de maneira deturpada, emprestando a força hierárquico-normativa do poder jurisdicional a soluções contrárias ao princípio da legalidade. Não se pretende criticar indiscriminadamente a jurisprudência ou negar-lhe protagonismo no desenvolvimento do direito, no entanto é preciso que essa atividade venha acompanhada de senso de adequação de suas soluções, buscando-se compatibilizar as proposições jurisprudenciais à constitucionalidade e à sistematicidade do ordenamento jurídico.

Propõe-se como segunda conclusão preliminar que a cegueira deliberada vem sendo construída no Brasil sobre bases absolutamente instáveis. Isto se deve à incorreção da sentença proferida pela 11.ª Vara Federal de Fortaleza no caso do furto à sede do Banco Central em Fortaleza, reconhecidamente pioneira na adoção da cegueira deliberada como fundamento para aplicação de dolo eventual no país, e aos equívocos encontrados nas duas decisões tomadas como paradigma.

Alude-se à instabilidade de bases devido à existência de diversos equívocos na admissão da cegueira deliberada.

Primeiro, a decisão aplicou a cegueira deliberada como substituto de dolo eventual em situação de fato que a própria jurisprudência exige dolo direto para a sua comissão. De acordo com os fundamentos adotados como razão de decidir pela própria sentença, seja a obra de Sergio Fernando Moro ou a "Exposição de Motivos da Lei de Lavagem de Dinheiro", ainda que controversa, admite-se a responsabilização penal fundada em dolo eventual nos casos de lavagem de dinheiro previstos no *caput* do art. 1.º da Lei 9.613, de 1998. Diante da opção legislativa adotada para a redação das demais condutas equiparadas à lavagem de dinheiro previstas nos §§ 1.º e 2.º do art. 1.º da Lei 9.613, é pacífico na doutrina, sendo reconhecida na Exposição de Motivos, que a exigência de conhecimento efetivo por parte do autor inserida no texto legal demanda dolo direto. Não

---

118. Sobre o tema, ver BADARÓ, Gustavo Henrique. *Correlação entre acusação e sentença*. 3.ed. São Paulo: RT, 2013.

obstante essas considerações, transcritas pelo magistrado na sentença sem qualquer objeção ou consideração a respeito, a sentença procede à condenação dos acusados de lavagem de dinheiro pelas condutas equiparadas previstas nos §§ 1.º e 2.º baseada em dolo eventual. Contrariam o magistrado, com isso, as próprias premissas adotadas como fundamento de sua decisão ao aplicar a cegueira deliberada à situação inaplicável de acordo com a sua fundamentação. Isso poderia ser admitido se houvesse alguma espécie de fundamentação adicional a respeito, expondo os motivos pelos quais entendia ser cabível o dolo eventual também nas condutas equiparadas ao tipo penal insculpido no *caput* do art. 1.º. Não houve, no entanto, manifestação alguma nesse sentido, sendo desnecessária qualquer consideração adicional para que se pudesse concluir pela impossibilidade de aplicação da cegueira deliberada àquele caso.

Segundo, somando à ausência de fundamentação apontada no primeiro equívoco apontado, não há qualquer motivação própria exposta pelo magistrado sentenciante quanto à aplicação da cegueira deliberada ao caso concreto sob julgamento. Para aplicar a cegueira deliberada limitou-se à transcrição integral de trecho de obra doutrinária que defende a equiparação em tese da cegueira deliberada ao dolo eventual e a sua aplicabilidade a casos de lavagem de dinheiro. Não há no trecho transcrito pelo magistrado qualquer alusão a caso concreto semelhante àquele sob julgamento. O único caso concreto analisado pela obra diz respeito à situação de profissionais da lavagem de dinheiro que propositadamente evitam conhecer a origem dos recursos destinados à ocultação de natureza e origem, que nada se assemelha à venda de grande quantidade de carros com dinheiro em espécie. Ao decidir sobre a situação concreta, o magistrado sentenciante apenas remeteu à transcrição feita, sem ao menos expor os motivos pelos quais entendia estarem os acusados em situação de cegueira deliberada. Não houve qualquer descrição de decisão pelos acusados se colocarem em situação preordenada de ignorância quanto aos fatos. A sentença, assim, procedeu à condenação dos acusados baseada em dolo eventual, tendo descrito apenas que os acusados desconheciam a origem do dinheiro usado para pagar pela transação e remetido à transcrição doutrinária acerca da cegueira deliberada, como se apenas isso bastasse para a configuração de dolo eventual e a condenação dos acusados.

Terceiro, a sentença é eivada de nulidade, ao descumprir frontalmente o disposto no inciso IX do art. 93 da Constituição, devido à ausência de fundamentação quanto à decisão de condenar os acusados por lavagem de dinheiro baseada em dolo eventual pela aplicação da cegueira deliberada. Como reconhecido pelo TRF-5, a condenação naqueles termos equivale à responsabilidade penal objetiva, embora não tenha declarado a nulidade da decisão como seria exigido pela Constituição.

A despeito desses três graves equívocos, a sentença proferida no caso do furto à sede do Banco Central de Fortaleza é unanimemente apontada como precursora na aplicação da cegueira deliberada no Brasil.[119] Em que pese tenha sido reformada em sede de apelação, tendo o Tribunal questionado a própria maneira como aplicou a cegueira deliberada, a decisão permanece como referência obrigatória ao tratar dessa temática, não se sabendo dizer se por sua originalidade, ao aplicar pela primeira vez essa instigante categoria, ou pela relevância cultural do caso do "Assalto" ao Banco Central, que rendeu, além de extensa cobertura jornalística, até mesmo adaptação cinematográfica.[120] Com isso, apesar de seus graves equívocos, a sentença da 11.ª Vara Federal de Fortaleza abriu as portas para a discussão da cegueira deliberada no direito brasileiro, sendo seguida por diversas outras decisões.

Verifica-se, assim, que o desenvolvimento não contido da cegueira deliberada na esfera judiciária em violação ao princípio da legalidade permite graves distorções dos fundamentos de um direito penal de bases democráticas, tornando-se necessária reflexão aprofundada sobre as consequências dessas decisões.

1.3.2 Argumentos propositivos

Além de conclusões preliminares, o levantamento das decisões proferidas pelos tribunais brasileiros aplicando a cegueira deliberada a amplo espectro de casos permite também a formulação de proposições que serão colocadas a prova ao longo dos capítulos subsequentes.

Primeiramente, cotejando o teor das decisões americanas e inglesa citadas nos acórdãos brasileiros examinados e as formulações nacionais sobre cegueira deliberada, propõe-se que a definição de *cegueira deliberada* adotada pela juris-

---

119. Ver, nesse sentido, SILVEIRA, Renato de Mello Jorge. A aplicação da teoria da cegueira deliberada nos julgamentos da operação Lava Jato. *Revista Brasileira de Ciências Criminais*, n.122, p.257, set./out. 2016. (embora o autor se equivoque quanto ao Tribunal responsável pela reforma da decisão, referindo-se ao TRF-1); PRESTES, Cristina. Teoria importada dos EUA deve ser maior inovação do STF no mensalão. *Valor Econômico*, 08 abr. 2013. Disponível em: <https://goo.gl/8zzGXn>. Acesso em: 12 nov. 2016; ROLLEMBERG, Gabriela; CALLEGARI, André Luís. Lavagem de dinheiro e a teoria da "cegueira deliberada". *Consultor Jurídico*, 26 fev. 2015. Disponível em: <https://goo.gl/uQWT4d>. Acesso em: 12 nov. 2016; SILVA, Robson A. Galvão da; LAUFER, Christian. A cegueira deliberada na lava-jato. *Empório do Direito*, 15 nov. 2015. Disponível em: <https://goo.gl/GeyFJB>. Acesso em: 12 nov. 2016; SAMPAIO, Karla. Os crimes de colarinho branco e a "cegueira deliberada". *Canal Ciências Criminais*, 13 abr. 2016. Disponível em: <https://goo.gl/YfZ2wr>. Acesso em: 12 nov. 2016; LUZ, Juliana Hermes. Cegueira deliberada no crime: você sabe o que é? *Empório do Direito*, 24 jun. 2016. Disponível em: <https://goo.gl/FzY9SM>. Acesso em: 12 nov. 2016; BONA JUNIOR, Roberto. É preciso discutir teoria da cegueira deliberada em crimes de lavagem. *Consultor Jurídico*, 19 nov. 2016. Disponível em: <https://goo.gl/hkc16W>. Acesso em: 13 maio 2017. O objetivo da citação dos artigos de internet é demonstrar a difusão da sentença proferida no caso do Banco Central de Fortaleza, conhecida e citada por grande parte dos autores que buscam investigar a cegueira deliberada.

120. MARCOS PAULO (Direção). *Assalto ao Banco Central*. Rio de Janeiro: Globo Filmes, 2011. DVD (101 min).

prudência e pela doutrina brasileira, enquanto categoria "equivalente" ou "equiparada" ao dolo eventual, coincide muito pouco com as *willful blindness instructions* existentes no direito americano. A uma, porque enquanto naquele contexto a *willful blindness* surge como substituto do conhecimento exigido pelo autor do fato, no Brasil insiste-se que os tipos que exigem conhecimento não comportam dolo eventual, e, por consequência, não admitem cegueira deliberada. A duas, porque se exige para a configuração da cegueira deliberada componentes adicionais, tais como a indiferença, inexistentes nas formulações de *willful blindness* existentes na jurisprudência americana. A fim de demonstrar esses argumentos, no Capítulo 2 será examinado o sistema jurídico-penal dos Estados Unidos da América, desde as categorias básicas de imputação subjetiva até o desenvolvimento das *willful blindness instructions* pela jurisprudência daquele país a partir da formulação originária inglesa de *willful blindness* no caso *R. v Sleep*, de 1861. Comparando-se tais formulações com a conceituação de cegueira deliberada proposta pela jurisprudência brasileira, buscar-se-á demonstrar tratarem-se de conceitos diferentes, aplicados com finalidades diferentes, não havendo identidade entre tais categorias, apesar da insistência pela jurisprudência nacional.

Uma vez demonstrada a diferença entre as categorias *willful blindness* e cegueira deliberada existentes nos Estados Unidos e no Brasil, propõe-se como segundo argumento a desnecessidade da noção de *cegueira deliberada* para a resolução de casos em que o autor de determinada conduta decide se manter ignorante quanto à natureza ou à origem de coisas ou valores recebidos de terceiros, quanto à natureza ou às consequência de sua própria conduta, quanto à conduta de terceiros, beneficiando-se do resultado ou omitindo o exercício de controle sobre tais condutas. A lei penal brasileira delimita o alcance do dolo eventual às situações em que o autor assume o risco de produzir eventual resultado de sua conduta. Tal estudo parte do exame do dolo no direito brasileiro e comparado, investigando-se as diferentes teorias sobre o dolo desde as suas formulações históricas até as suas proposições contemporâneas e a pertinência desses desenvolvimentos à realidade jurídico-penal brasileira. Propõe-se apontar, assim, que nem todos os casos em que o autor de determinada conduta, sabedor da elevada probabilidade de estar praticando algum crime, agindo com indiferença a tal conhecimento ao visar se manter deliberadamente ignorante de alguma circunstância elementar desse crime, a fim de poder se beneficiar de eventual alegação de desconhecimento, têm presente o dolo eventual, podendo haver situações nestas exatas condições em que o sujeito age com imprudência. Sendo assim, estima-se haver solução adequada na teoria do delito para resolver os casos em que a doutrina e a jurisprudência supõem ser necessária a cegueira deliberada, não havendo motivo para se recorrer a essa categoria como substituto ou complemento do dolo eventual para permitir a condenação dos autores em cada um desses casos. Aliás, espera-se pelo estudo aprofundado dos casos demonstrar que nem sempre a condenação baseada em dolo é a solução adequada de um caso, podendo haver a absolvição se não estiver tipificada a modalidade culposa de determinado crime ou inexistir dever de conhecimento pleno pelo autor do contexto fático em que age.

Com a demonstração de desnecessidade da cegueira deliberada para a solução de casos no direito brasileiro, surge o argumento central da obra: o recurso dos tribunais ao transplante de categoria estrangeira, mesmo com contornos e contexto diversos de sua formulação em seu sistema de origem, para a solução de casos para os quais a teoria do delito já fornece resolução adequada demonstra inconformidade pelos tribunais com a solução existente no direito penal brasileiro. Sendo possível a absolvição dos acusados nos casos em que não houver previsão de modalidade imprudente de crimes, a aplicação da cegueira deliberada pelos tribunais para permitir ou reforçar a condenação de acusados revela a não aceitação da absolvição baseada na ausência de previsão de modalidade culposa. Assim, em vez de acatarem a moldura criada para o direito penal brasileiro pelo legislador – o qual se presume tenha conscientemente deixado de prever modalidades culposas para crimes cuja comissão entendeu ter relevância jurídico-penal apenas quando praticados dolosamente –, os tribunais optaram pela ampliação do alcance do dolo eventual. Isso foi feito, argumenta-se, relativizando categorias e conceitos, transplantando de maneira inadequada e descontextualizada uma categoria do direito comparado. A atuação pelo judiciário, desconsiderando os limites impostos pela legalidade, para alargar o conceito de dolo eventual, permitindo que fossem punidas a título de dolo condutas em realidade imprudentes, fere o princípio da legalidade, devendo ser rechaçada a aplicação da cegueira deliberada fora de seu sistema e contexto originários.

CAPÍTULO 2

A CEGUEIRA DELIBERADA NO SISTEMA JURÍDICO-PENAL DOS ESTADOS UNIDOS DA AMÉRICA

2.1 Breves apontamentos sobre o sistema jurídico-penal dos Estados Unidos

2.1.1 Mens rea *e* culpability *no Código Penal Modelo e na legislação federal americana*

Para que se possa analisar adequadamente a cegueira deliberada no seu contexto originário, é preciso, primeiramente, dedicar algumas considerações a respeito do contexto de sua aplicação naquele sistema jurídico-penal. Apenas com a compreensão adequada de como se estruturam os sistemas de imputação de delitos é que se pode compreender o papel desempenhado pela cegueira deliberada, a fim de analisar se é possível o transplante de seu próprio contexto jurídico à realidade jurídico-penal brasileira.

Deve-se destacar, antes de mais nada, que não há um sistema jurídico-penal americano.[1] Em realidade, há nos Estados Unidos uma pluralidade de sistemas sobrepostos, os quais são, por vezes, harmônicos e, por outras, conflitantes. Isso ocorre porque o sistema federalista americano permite que os estados reservem para si muitas competências legislativas, dentre as quais a competência para legislar sobre matéria penal, de modo que a União pode legislar nesse campo

1. MEADOR, Daniel John. *American Courts*. 2.ed. St. Paul: West, 2000. p.1.

apenas sobre os crimes federais e seu processo. Não há entre esses sistemas jurídicos estaduais maior preocupação com uniformidade, não apenas com relação à definição[2] de crimes – denominada em alguns estados a "parte especial" de suas respectivas legislações penais – como também no que diz respeito às definições de categorias básicas de imputação.

A discussão da cegueira deliberada no direito penal anglo-americano se insere na análise dos elementos necessários para a configuração de crimes, mais especificamente os elementos subjetivos necessários para tornar criminosa determinada conduta. No direito penal americano, assim como no direito penal inglês, esta é uma das temáticas de maior complexidade, por ausência de contornos claros quanto à definição das categorias envolvidas.

Costuma-se referir aos elementos subjetivos dos crimes nos sistemas jurídico-penais americano e inglês por *mens rea*,[3] termo originado da expressão latina *actus non facit reum nisi mens sit rea*.[4] É difícil estabelecer, no entanto, um conceito de *mens rea*, por tratar de termo plurívoco, com mais de um significado. Segundo Joshua Dressler e Stephen P. Garvey, há um conceito amplo e em um conceito estrito de *mens rea*.[5] *Mens rea*, em sentido amplo, seria algum estado mental[6] moralmente culpável, não necessariamente aquele exigido para a punição.[7] Já *mens rea* em sentido estrito diria respeito ao próprio elemento subjetivo exigido pela definição do crime, sendo necessário para a punição.[8] A segunda definição, *stricto sensu*, de *mens rea* é a mais aceita atualmente.[9]

---

2. Não parece adequado usar o termo"tipificar" nos Estados Unidos, visto que a legislação anglo-americana foi desenvolvida sem recurso à noção de tipo penal (*Tatbestand*). Trata-se de tradições jurídicas distintas, cujas particularidades devem ser respeitadas.

3. Do latim, "mente culpada" ou "mente criminosa". Ver, por exemplo, FRAGOSO, Heleno Claudio. Notas sobre o direito penal anglo-americano. *Direito penal e direitos humanos*. Rio de Janeiro, Forense, 1977. p.102. Tal artigo foi escrito por Fragoso após sua estadia como professor visitante na Universidade de Nova York em 1969.

4. Em tradução livre, "[u]m ato não faz a pessoa culpada, exceto se sua mente for culpada". Ver, por todos, United States v. Cordoba-Hincape, *825 F. Supp. 485, 489-490 (1993)*.

5. DRESSLER, Joshua; GARVEY, Stephen P. *Criminal Law: Cases and materials*. 7.ed. St. Paul: West, 2016. p.158.

6. Para uma crítica filosófica ao mentalismo, ver VIVES ANTÓN, Tomás Salvador. *Fundamentos del sistema penal: acción significativa y derechos constitucionales*. 2.ed. Valência: Tirant lo Blanch, 2011. p.188-196.

7. DRESSLER, Joshua; GARVEY, Stephen P. *Criminal Law: Cases and materials*. 7.ed. St. Paul: West, 2016. p.158. Sobre a tradução adequada do termo *culpability*, ver adiante p.69, nota 35.

8. DRESSLER, Joshua; GARVEY, Stephen P. *Criminal Law: Cases and materials*. 7.ed. St. Paul: West, 2016. p.158.

9. DRESSLER, Joshua; GARVEY, Stephen P. *Criminal Law: Cases and materials*. 7.ed. St. Paul: West, 2016. p.158.

Há, no entanto, um problema inequívoco na estipulação de um conceito unitário de *mens rea*, que é estabelecer de que *mens rea* exatamente se trata. O célebre jurista americano Oliver Wendell Holmes, *Justice* da Suprema Corte dos Estados Unidos, em uma de suas cartas a outro jurista, Harold J. Laski, apontou que a maior dificuldade com relação à noção de *mens rea* é que muitas vezes é difícil estabelecer que *mens rea* é exigida pelo crime.[10] A explicação se dá porque no *common law*[11] estabelecido desde o direito inglês o termo *mens rea* assumiu diversas definições, tais como "intenção geral criminosa",[12] "intenção específica",[13] "intenção criminosa",[14] "malícia",[15] "deliberação",[16] "despreocupação"[17] e "*scienter*".[18-19] Para os idealizadores do Código Penal Modelo,[20] uma importante tarefa a ser cumprida pelo Código seria suplantar o conceito unitário de *mens rea* por outras categorias de imputação, mais bem definidas.[21] Veja-se o ilustrativo exemplo trazido por Herbert L. Packer:

---

10. HOWE, Mark DeWolf (Ed.). *Holmes-Laski Letters: The Correspondence of Mr. Justice Holmes and Harold J. Laski*, 1916-1935. Cambridge: Harvard University Press, 1953. v.1. p.4-5.

11. Deve-se pontuar uma importante distinção terminológica. Tratando-se "*common law*" de categoria plurívoca, quando se emprega o termo *common law* com o gênero feminino (*a common law*), refere-se à *tradição common law*. Por outro lado, empregando o gênero masculino (*o common law*), refere-se ao *direito* consuetudinário inglês, ora discutido.

12. Do original, *general criminal intent.*

13. Do original, *specific intent.*

14. Do original, *felonious intent.*

15. Do original, *malice.*

16. Do original, *willfulness.*

17. Do original, *wantonness.*

18. Do latim, intencionalmente.

19. As expressões acima foram retiradas de WECHSLER, Herbert. On culpability and crime: the treatment of *mens rea* in the Model Penal Code. *The Annals of the American Academy of Political and Social Science*, v.339, p.27, jan. 1962. Outras expressões ligadas à *mens rea* podem ser encontradas também em DUBBER, Markus D. *An introduction to the Model Penal Code*. 2.ed. New York: Oxford, 2015. p.44: "*Criminal liability turned on two questions: first, was there actus reus?, and, second, was there mens rea? In other words, did the defendant engage in the proscribed conduct as defined?, and did he have the requisite 'depravity of the will', 'diabolic malignity', 'abandoned' or 'bad heart', 'heart regardless of social duty, and fatally bent on mischief', 'wicked heart', 'mind grievously depraved' or 'mischievous vindictive spirit'?*" Ainda que o texto seja escrito em tom de deboche à antiga tradição inglesa, a origem de todas as expressões trazidas pelo autor estão citadas em notas de rodapé.

20. A respeito do Código Penal Modelo e sua elaboração, ver DUBBER, Markus D. *An introduction to the Model Penal Code*. 2.ed. New York: Oxford, 2015.

21. WECHSLER, Herbert. On culpability and crime: the treatment of *mens rea* in the Model Penal Code. *The Annals of the American Academy of Political and Social Science*, v.339, p.27, jan. 1962.

> Quando dizemos que Arthur tem a *mens rea* de assassinato,[22] podemos querer dizer uma ou mais das seguintes coisas: que ele pretendia matar Victor; ou que ele tinha ciência do risco de matar Victor, mas seguiu adiante e atirou nele assim mesmo; ou (mais dubiamente) que ele deveria saber, mas não sabia que havia um risco substancial de matar Victor ou que ele sabia que era errado matar outro ser humano, ou que ele deveria sabê-lo; ou que ele não achava realmente que Victor estava tentando matá-lo; ou que ele não pensava aquilo, mas apenas um tolo o pensaria; ou que ele não estava bêbado ao ponto de estar inconsciente quando matou Victor; ou que ainda que ele estivesse emocionalmente perturbado ele não estava gravemente psicótico, etc., etc.[23]

A origem da expressão *mens rea*, enquanto conceito unitário para a definição do elemento subjetivo necessário para a prática de um crime, remonta à formação do direito inglês e às suas influências romana e canônica.[24] O desenvolvimento da *mens rea* enquanto categoria de imputação, no entanto, seguiu um caminho bastante diverso do das noções romanas de *dolus* e de *culpa*, devido à forte influência do direito canônico – o qual colocava como requisito para a punição a existência de alguma culpa moral[25] – e a missão empreendida baseada pelos juristas ingleses de desenvolver um conceito unitário de *mens rea* capaz de definir todos os diversos elementos subjetivos necessários para a configuração de cada crime.[26] O desenvolvimento de tal conceito abrangente e vago remete aos primórdios do direito inglês, algo relatado por Sir Edward Coke,[27] cujos escritos consolidaram o pensamento canônico na máxima *actus non facit reum nisi mens sit rea*, levando os juristas a buscar o que exatamente seria essa *mens rea* necessária para a existência de um *actus reus*.[28]

---

22. *Murder* é uma espécie de crime de homicídio agravado que remete à antiga tradição inglesa. Não há como estabelecer exatamente quais circunstâncias tornam o crime de *homicide* crime de *murder*, pois o conceito vem sofrendo incontáveis mutações jurisprudenciais. É um crime clássico do *common law* que passou a ser incorporado pelas legislações penais estaduais. Para uma leitura histórica do desenvolvimento do crime de *murder* no *common law*, ver KAYE, J. M. The Early History of Murder and Manslaughter. *Law Quarterly Review*, v.83, n.3, p.365, jul. 1967 (parte 1); n.4, p.569, out. 1967 (parte 2). Para uma discussão contemporânea sobre o alcance da definição de *murder*, ver FLETCHER, George P. Reflections on felony-murder. *Southwestern University Law Review*, v.12, n.3, p.413-429, 1981.

23. PACKER, Herbert L. *The Limits of the Criminal Sanction*. Stanford: Stanford University Press, 1968. p.104-105 (tradução livre do autor – ver texto original em <http://lucchesi.link/cegueira>).

24. SAYRE, Francis Bowes. Mens rea. *Harvard Law Review*, v.45, p.982-983, abr. 1932.

25. SAYRE, Francis Bowes. Idem, p.988, abr. 1932.

26. SAYRE, Francis Bowes. Idem, p.1.023, abr. 1932.

27. COKE, Edward. *Institutes of the Lawes of England*. Pt. 3. editado por William Pryne. Londres: Thomas Radcliffe; Thomas Daniel, 1641. O título consta como "*Lawes*" no original.

28. STEPHEN, James Fitzjames. *A history of the criminal law of England*. London: Macmillan and Co., 1883. v.2. p.94. Glanville Williams, influente jurista galês, ao discorrer em sua obra sobre *mens rea*, embora expresse a desimportância da história remota do conceito

Conseguir definir de uma vez só toda a gama de elementos subjetivos atribuíveis aos autores de delitos sob a denominação *mens rea* passou a ser uma missão quase folclórica do jurista inglês.[29] Na tentativa de se desenvolver uma única definição de *mens rea*, abrangente o suficiente para englobar as diferentes atitudes e intenções exigidas dos autores para a prática dos crimes definidos pela legislação e jurisprudência inglesas da época, criou-se enorme confusão quanto ao conceito, que passou a ocupar a posição de nó górdio do direito penal anglo-americano.[30]

Para superar as dificuldades criadas pela existência de um conceito unitário de *mens rea*, convencionou-se definir a categoria como o elemento subjetivo necessário para a configuração de cada crime.[31] Isso, porém, não afastou a confusão provocada pela imprecisão do conteúdo da expressão *mens rea*.

Um dos objetivos da reforma da legislação penal nos Estados Unidos promovida por Herbert Wechsler e pelo American Law Institute foi o de abandonar de uma vez por todas o uso da expressão *mens rea*.[32-33] O termo não é utilizado no Código Penal Modelo, e os Comentários ao Código publicados pelo Instituto refutam seu uso, preferindo-se o termo *culpability*.[34-35]

ao jurista moderno, também remonta a sua origem a um tempo anterior aos escritos de Coke (*Criminal Law: the general part*. 2.ed. Londres: Stevens & Sons Ltd., 1961. p.30).

29. H. L. A. Hart, em escrito sobre direitos e a atribuição de responsabilidade, qualifica a tentativa de desenvolvimento de um conceito unitário de *mens rea* como a busca pelo *will-o'-the-wisp* (luz fantasma lendária, baseada no fogo-fátuo, fenômeno natural originário de lendas como a do boitatá, entre outras). Ver HART, Herbert Lionel Adolphus. The ascription of responsibility and rights. *Proceedings of the Aristotelian Society*, New Series, v.49, p.180, 1948-1949.

30. SAYRE, Francis Bowes. Mens rea. *Harvard Law Review*, v.45, p.974, abr, 1932; WILLIAMS, Glanville. *The mental element in crime*. Jerusalem: Magnes Press, 1965. p.9; WHARTON, Francis. *Criminal Law*. 15.ed. Editado por Charles E. Torcia. Deerfield: Clark Boardman Callaghan, 1993. v.1. p.165-166.

31. Na Inglaterra, ver WILLIAMS, Glanville. *The mental element in crime*. Jerusalem: Magnes Press, 1965. p.31; STEPHEN, J.M. Obra citada, p.95. Nos Estados Unidos, ver PACKER, Herbert L. *The Limits of the Criminal Sanction*. Stanford: Stanford University Press, 1968. p.104.

32. DUBBER, Markus D. *An introduction to the Model Penal Code*. 2.ed. New York: Oxford, 2015. p.43-44.

33. A enciclopédia jurídica *Corpus Juris Secundum*, em sua edição mais recente, ainda faz menção a diversas expressões compreendidas por *mens rea*. Ver GIULIANO, Michael N.; MORRIS, Mary Babb; OAKES, Karl. Criminal Law: Substantive Principles. In: MAESS, Jean E. et al. (Eds.). *Corpus Juris Secundum: a contemporary statement of American law as derived from reported cases and legislation*. St. Paul: Thomson/West, 2016. v.22. p.39-47.

34. WECHSLER, Herbert (Org.). *Model Penal Code and Commentaries: Official Draft and Revised Comments*. Part I: General Provisions (§§ 1.01 to 2.13). Philadelphia: The American Law Institute, 1985. v.1. p.229-233.

35. Embora *culpability* possa ser traduzida por "culpabilidade", para evitar confusões terminológicas, nesta obra o termo *culpability* será mantido no original, uma vez que seu conteúdo difere daquele relacionado na tradição jurídico-penal brasileira contemporânea à

Para que se possa definir *culpability* e seus elementos componentes, é preciso primeiro dedicar algumas linhas à estrutura delitiva desenhada no Código Penal Modelo. Segundo definido em seu § 1.02, o propósito do Código é proibir e prevenir a prática de conduta que injustificável e inescusavelmente infligir ou ameaçar dano substancial a interesses públicos ou individuais.[36] Pode-se encontrar aí o esboço de conceito de crime delineado no Código Penal Modelo, que inclui a prática de alguma conduta – danosa ou perigosa a interesses públicos ou individuais – praticada sem o amparo de alguma causa de justificação ou exculpação.[37] A análise de interesse para esta obra reside na conduta, que possui elementos objetivos e subjetivos necessários à sua configuração.[38]

O Código estipula em seu § 1.13[39] três elementos objetivos: (i) conduta,[40] que, em sentido estrito,[41] refere-se à descrição objetiva da ação ou omissão que

culpabilidade. Sobre culpabilidade no Brasil, ver, por todos, TANGERINO, Davi de Paiva Costa. *Culpabilidade*. Rio de Janeiro: Elsevier, 2011; RODRIGUES, Cristiano. *Teorias da culpabilidade*. Rio de Janeiro: Lumen Juris, 2004. Como será visto adiante, a expressão *culpability* empregada pelo Código Penal Modelo nos Estados Unidos se refere aos elementos subjetivos dos crimes. Isso se dá, em grande medida, pelo fato de o contato tido entre os autores do Código Modelo com a doutrina alemã ter sido eminentemente com autores causalistas, como Hermann Mannheim, cujo texto *Mens rea in German and English criminal law*, no qual apresenta os elementos dolo e culpa não como elementos subjetivos do tipo, mas como elementos da *Schuldlehre* (teoria da culpabilidade) (MANNHEIM, Hermann. Mens rea in German and English criminal law. *Journal of Comparative Legislation and International Law*, 3. série, v.17, p.83, 1935) foi citado por Wechsler (WECHSLER, Herbert; MICHAEL, Jerome. A rationale of the law of homicide: I. *Columbia Law Review*, v.37, p.750, maio 1937; MICHAEL, Jerome; WECHSLER, Herbert. A rationale of the law of homicide: II. *Columbia Law Review*, v.37, p.1.283, dez. 1937). Sobre as teorias do delito e sua influência pelo causalismo, ver TAVARES, Juarez. *Teorias do delito: variações e tendências*. São Paulo: RT, 1980. p.25.

36. "*The general purposes of the provisions governing the definition of offenses are to forbid and prevent conduct that unjustifiably and inexcusably inflicts or threatens substantial harm to individual or public interests*". (AMERICAN LAW INSTITUTE. *Model Penal Code*. Filadélfia: American Law Institute, 1962. § 1.02(1)(a)).

37. DUBBER, Markus D. *An introduction to the Model Penal Code*. 2.ed. New York: Oxford, 2015. p.21-25. Em nota de rodapé, Dubber aponta à similaridade com o conceito analítico tripartido de crime existente na tradição *civil law*, desenvolvido no direito penal alemão.

38. DUBBER, Markus D. *An introduction to the Model Penal Code*. 2.ed. New York: Oxford, 2015. p.39.

39. AMERICAN LAW INSTITUTE. *Model Penal Code*. Filadélfia: American Law Institute, 1962. § 1.13(9): "*In this Code, unless a different meaning plainly is required* [...] *'element of an offense' means (i) such conduct or (ii) such attendant circumstances or (iii) such a result of conduct as is included in the description of the forbidden conduct in the definition of the offense; or establishes the required kind of culpability; or negatives an excuse or justification for such conduct; or negatives a defense under the statute of limitations; or establishes jurisdiction or venue.*"

40. No original, *conduct*.

41. DUBBER, Markus D. *An introduction to the Model Penal Code*. 2.ed. New York: Oxford, 2015. p.36, NR 30.

deve ser praticada pelo autor do fato; (ii) circunstâncias concomitantes,[42] consistentes em fatos ou situações relevantes para a definição de determinada conduta como crime, podendo haver crimes que não exigem a presença de circunstâncias concomitantes para a comissão; e (iii) resultado,[43] tratando-se do produto da conduta praticada pelo autor, também não exigido para todas as espécies delitivas, havendo nos Estados Unidos a definição de crimes sem resultado.[44] Os Comentários ao Código Penal Modelo feitos pelo American Law Institute trazem esclarecimento exemplificativo de tais definições:

> As "circunstâncias" do delito se referem à situação objetiva que a lei determina que devam existir para além da ação do réu ou qualquer resultado que a ação possa causar. Os elementos "durante a noite" no crime de arrombamento,[45] "propriedade de terceiro" no furto, "mulher que não sua esposa" no estupro e "habitação" no incêndio são exemplos. "Conduta" refere-se a "invadir" no crime de arrombamento, "subtrair" no furto, "conjunção carnal" no estupro e "queimar" no incêndio. Resultados, é claro, incluem a "morte" no homicídio. Embora esses termos não sejam categorias herméticas, elas têm servido como dispositivos analíticos úteis no desenvolvimento do Código.[46]

Com relação aos elementos subjetivos, definidos pelo Código como requisitos mínimos de *culpability*, são enumerados quatro[47] no § 2.02:[48]

---

42. No original, *attendant circumstances*.

43. No original, *result*.

44. DUBBER, Markus D. *An introduction to the Model Penal Code*. 2.ed. New York: Oxford, 2015. p.36.

45. *Burglary* – assim como *murder* (ver acima p.68, nota 22) – também é um delito antigo originário na antiga tradição inglesa, sem correspondência no direito brasileiro. Refere-se à invasão de algum local, não necessariamente um domicílio ou local de trabalho, com a intenção de cometer um crime grave (*felony*) em seu interior, tornando-o diferente do crime de *breaking and entering*, semelhante ao crime de violação de domicílio. Para uma discussão acadêmica sobre o crime de *burglary*, ver RATIONALE of the law of burglary, A. *Columbia Law Review*, v.51, n.8, p.1.009, dez. 1951.

46. WECHSLER, Herbert (Org.). *Model Penal Code and Commentaries*: Official Draft and Revised Comments. Part I: General Provisions (§§ 3.01 to 5.07). Philadelphia: The American Law Institute, 1985. v.2. p.301. NR 9 (tradução livre do autor – ver texto original em <http://lucchesi.link/cegueira>).

47. O § 2.05 do Código traz uma quinta categoria "subjetiva", chamada *strict liability*, que permite responsabilidade objetiva para infrações menores (no original, *violations*), sujeitas apenas a multa ou outras punições de natureza civil, tais como o confisco. Para uma explicação detalhada das infrações que admitem responsabilidade objetiva, ver WECHSLER, Herbert (Org.). *Model Penal Code and Commentaries*: Official Draft and Revised Comments. Part I: General Provisions (§§ 1.01 to 2.13). Philadelphia: The American Law Institute, 1985. v.1. p.281-295. Em verdade, trata-se de infrações que no direito brasileiro seriam meramente administrativas, para as quais em geral não se questiona a existência de dolo ou culpa, como infrações de trânsito. Segundo os autores do Código Penal Modelo, o § 2.05 limita a incidência

purpose, *knowledge*, *recklessness* e *negligence*.[49]

O elemento *purpose*, definido no § 2.02(2)(a) do Código Penal Modelo,[50] se refere ao objetivo consciente do autor quando pratica o fato, podendo estar relacionado tanto à natureza da conduta quanto ao resultado esperado que ela produza. A definição do elemento *purpose*, no entanto, traz certa perplexidade ao tratar de sua presença com relação às circunstâncias concomitantes, tratando não de objetivo consciente, mas de ciência, crença ou esperança de sua existência. O problema reside na análise combinatória feita pelos redatores do Código entre os elementos objetivos e os subjetivos da conduta; tais juristas visaram definir com certo grau de precisão que tipo de atitude mental deveria ter o autor do fato com relação a cada elemento objetivo previsto na lei, trocando *clareza* por *completude*.[51] Com isso, havendo um crime que exige *purpose*, a natureza da conduta praticada e/ou o resultado decorrente de sua prática deve(m) ser o objetivo consciente do autor; com relação às circunstâncias concomitantes, basta que se tenha ciência de sua existência, ou se acredite ou se espere que existam, contanto que aja o autor propositadamente.

Em segundo lugar, o § 2.02(2)(b) do Código Penal Modelo[52] define o elemento *knowledge*, que se refere à ciência que o autor do fato tem com relação à natureza da conduta praticada e à existência de eventuais circunstâncias conco-

da responsabilidade objetiva, até então aplicada mesmo para delitos que comportavam penas de prisão.

48. AMERICAN LAW INSTITUTE. *Model Penal Code*. Filadelfia: American Law Institute, 1962. § 2.02(1): "*Minimum Requirements of Culpability. Except as provided in Section 2.05, a person is not guilty of an offense unless he acted purposely, knowingly, recklessly or negligently, as the law may require, with respect to each material element of the offense.*"

49. Em tradução livre, propósito, conhecimento, imprudência e negligência. Mais uma vez, para evitar confusões, os termos serão empregados nesta obra em seu idioma originário, exceto quando forem usados em seu sentido comum, não como elementos de *mens rea* definidos pelo *common law* ou pela lei.

50. AMERICAN LAW INSTITUTE. *Model Penal Code*. Filadelfia: American Law Institute, 1962. § 2.02(2)(a): "*A person acts purposely with respect to a material element of an offense when: (i) if the element involves the nature of his conduct or a result thereof, it is his conscious object to engage in conduct of that nature or to cause such a result; and (ii) if the element involves the attendant circumstances, he is aware of the existence of such circumstances or he believes or hopes that they exist.*"

51. DUBBER, Markus D. *An introduction to the Model Penal Code*. 2.ed. New York: Oxford, 2015. p.45. Acerca da análise combinatória entre os elementos objetivos e subjetivos dos crimes previstos no Código Penal Modelo, vejam-se os Comentários oficiais publicados pelo American Law Institute (WECHSLER, Herbert (Org.). *Model Penal Code and Commentaries*: Official Draft and Revised Comments. Part I: General Provisions (§§ 1.01 to 2.13). Philadelphia: The American Law Institute, 1985. v.1. p.229).

52. AMERICAN LAW INSTITUTE. *Model Penal Code*. Filadelfia: American Law Institute, 1962. § 2.02(2)(b): "*A person acts knowingly with respect to a material element of an offense when: (i) if the element involves the nature of his conduct or the attendant circumstances, he is aware that his conduct is of that nature or that such circumstances exist;*

mitantes previstas como indispensáveis à configuração do crime. Com relação ao resultado da conduta praticada, os autores do Código entenderam não ser possível falar em *ciência* (*awareness*), pois isso implicaria clarividência por parte do autor. Por tal motivo, com relação ao resultado, o autor que age com *knowledge* deve ter ciência de que a sua conduta quase com certeza ("praticamente certo") acarretará aquele resultado previsto em lei. O elemento *knowledge* é central para o objeto desta obra, e será aprofundado na próxima Seção.

Na sequência, o Código estabelece o que se entende por *recklessness* em seu § 2.02(2)(c),[53] segundo o qual o autor pode ser considerado *reckless*[54] quando sua ação ou omissão desviar gravemente um padrão de conduta que seria observado por uma pessoa comprometida com a observância das normas legais. Tal desvio estaria presente na hipótese em que o autor, ciente da existência de um risco substancial e injustificável ao interesse público ou individual protegido pela norma, conscientemente desconsidere a possibilidade de produção de um resultado criminoso e/ou a possibilidade de existência de circunstâncias concomitantes que tornariam criminosa sua ação ou omissão. Os autores do Código não previram o que seria *recklessness* com relação à conduta, pois isso seria incompatível com a exigência de que a ação ou a omissão seja voluntária.[55] Por isso, o autor deve sempre ter ciência da natureza de sua conduta, ainda que a pratique com *recklessness* ou *negligence*.[56]

Por fim, com relação ao elemento *negligence*, o § 2.02(5)(d) do Código Modelo[57] o define de maneira semelhante a *recklessness*, todavia estabelece um dever de cuidado, e não um dever de conduta, que deve ser observado por uma pessoa razoável, e não uma pessoa cumpridora da lei. Essa diferença em si já

and (ii) if the element involves a result of his conduct, he is aware that it is practically certain that his conduct will cause such a result."

53. AMERICAN LAW INSTITUTE. *Model Penal Code*. Filadelfia: American Law Institute, 1962. § 2.02(2)(c): "*A person acts recklessly with respect to a material element of an offense when he consciously disregards a substantial and unjustifiable risk that the material element exists or will result from his conduct. The risk must be of such a nature and degree that, considering the nature and purpose of the actor's conduct and the circumstances known to him, its disregard involves a gross deviation from the standard of conduct that a law-abiding person would observe in the actor's situation.*"

54. Em tradução livre, *imprudente*.

55. DUBBER, Markus D. *An introduction to the Model Penal Code*. 2.ed. New York: Oxford, 2015. p.56.

56. DUBBER, Markus D. *An introduction to the Model Penal Code*. 2.ed. New York: Oxford, 2015. p.57.

57. AMERICAN LAW INSTITUTE. *Model Penal Code*. Filadelfia: American Law Institute, 1962. § 2.02(2)(d): "*A person acts negligently with respect to a material element of an offense when he should be aware of a substantial and unjustifiable risk that the material element exists or will result from his conduct. The risk must be of such a nature and degree that the actor's failure to perceive it, considering the nature and purpose of his conduct and the circumstances known to him, involves a gross deviation from the standard of care that a reasonable person would observe in the actor's situation.*"

é reveladora da distinção entre uma conduta *reckless* e uma conduta *negligent*. Nesta, é estabelecido um dever geral de cuidado que deve ser observado por todas as pessoas, enquanto naquela aspira-se a um padrão de conduta exigido de pessoas que possam ser consideradas cumpridoras das leis. Há, aí, uma valoração essencial do autor da conduta e de seu papel social, que justifica a aplicação diferenciada de sanções penais, seguindo-se a filosofia tratamentalista de Wechlsler e dos demais membros da Comissão de elaboração do Código Penal Modelo.[58] Ademais, ao contrário da *recklessness*, em que o autor tem ciência do risco da existência de circunstâncias concomitantes ou da possibilidade de produção de um resultado, na *negligence* o autor deveria ter ciência do risco, mas não o percebe. A punição de crimes praticados com *negligence* é excepcional no Código Penal Modelo, sendo reservada apenas a três delitos: homicídio, agressão física com uma arma letal e o crime de dano empregando fogo, explosivo ou outro meio perigoso.[59]

É preciso ter cuidado na análise comparada para não enxergar fáceis paralelos entre os elementos da *culpability* e as categorias de imputação objetiva utilizadas na tradição jurídico-penal brasileira, de forte influência germânica. O penalista argentino Luis Jiménez de Asúa, por exemplo, erroneamente aponta correspondência entre *purpose* e dolo direto, entre *knowledge* e dolo eventual, entre *recklessness* e culpa consciente e entre *negligence* e culpa inconsciente.[60] Tais equiparações não são possíveis, primeiro porque se está tratando de sistemas de imputação de todo distintos, desenvolvidos ao longo de processos históricos diferentes, e, segundo e principalmente, porque o conteúdo dessas categorias de imputação não correspondem umas às outras.[61]

Não se pode chamar de dolo direto – principal categoria de imputação da tradição jurídico-penal germânica – uma categoria de imputação que apresenta hipóteses restritas de aplicação. Enquanto no Brasil o dolo direto é o elemento subjetivo essencial da maioria esmagadora de delitos – sendo excepecional a punição sem dolo, baseada em categorias inferiores imputação[62] –, no Código

---

58. DUBBER, Markus D. *An introduction to the Model Penal Code*. 2.ed. New York: Oxford, 2015. p.9-10.

59. DUBBER, Markus D. *An introduction to the Model Penal Code*. 2.ed. New York: Oxford, 2015. p.63.Tais crimes estão previstos nos §§ 210.4, 211.1(1)(b) e 220.3(1)(a) do Código Penal Modelo, sendo este último, *criminal mischief*, semelhante aos crimes contra a incolumidade pública previstos nos arts. 250 a 259 do CP brasileiro (incêndio, explosão etc.).

60. JIMÉNEZ DE ASÚA, Luis. *Tratado de Derecho Penal*. 3.ed. Buenos Aires: Losada, 1964. t.I. p.669.

61. DUBBER, Markus D. Comparative criminal law. In: REIMANN, Mathias; ZIMMERMANN, Reinhard. *The Oxford handbook of comparative law*. Oxford: Oxford University Press, 2006. p.1320. Acredita-se que Dubber tenha se equivocado quanto ao elemento subjetivo da aceitação condicional do resultado na tradição *civil law*, pois tal requisito faz-se presente no dolo eventual, e não na culpa consciente. Sobre a aceitação do resultado no direito penal americano, ver MICHAELS, Alan C. Acceptance: the missing mental state. *Southern California Law Review*, v.71, n.5, p.953, 1998.

62. Ver art. 18, parágrafo único, do CP.

Penal Modelo dos Estados Unidos são raros os crimes que exigem *purpose* para a punibilidade da conduta.[63] Da mesma forma, *recklessness* aparenta ser uma categoria intermediária entre dolo eventual e culpa consciente, podendo abarcar situações de fato que estariam inseridas em ambas as categorias sempre que o autor agir sabendo do risco criado por sua conduta, ainda que não exija a atitude de aceitação do resultado pelo autor, como faz o dolo eventual.

Embora o Código Penal Modelo, movido pela obsessão de definir a maior parte dos conceitos encontrados no seu texto, possa ser visto como assistemático e confuso,[64] representa considerável avanço com relação ao que existia no *common law* inglês ou americano, eis que fornece algum contorno para os elementos subjetivos dos crimes.[65] No entanto, nos estados que não adotaram um modelo de *culpability* baseado no Código Penal Modelo, assim como o Código Federal, que manteve desde sua reforma em 1948 sua estrutura assistemática e sem definição precisa de seus elementos subjetivos, não há igual clareza. É importante reforçar que a divisão feita entre *purpose*, *knowledge*, *recklessness* e *negligence* nos termos acima delineados somente existe nos estados que efetivamente reformaram a sua legislação penal com base no Código Penal Modelo. Tais definições não se aplicam para outros sistemas jurídico-penais americanos.

No sistema jurídico-penal federal, por exemplo, permanece muito da indefinição percebida pelos autores do Código Penal Modelo quanto aos estados mentais necessários para a configuração de crimes. Embora o Título 18 do Código dos Estados Unidos – referente à consolidação das leis federais de matéria penal – contenha um capítulo referente às "Disposições Gerais", contendo 27 parágrafos,[66]

---

63. Markus Dubber (*An introduction to the Model Penal Code*. 2.ed. New York: Oxford, 2015. p.55-56) e Herbert Wechsler (On culpability and crime: the treatment of *mens rea* in the Model Penal Code. *The Annals of the American Academy of Political and Social Science*, v.339, p.28-29, jan. 1962) anotam que *knowledge* ou *recklessness* são suficientes para a maior parte dos crimes, havendo poucos crimes que exigem *purpose*. O exemplo sempre lembrado é o crime de lesa-pátria (traição; no original, *treason*), que exige o propósito de auxiliar o inimigo em detrimento à pátria. Para o homicídio, por outro lado, basta a prova de que o autor sabia que sua conduta causaria a morte de outra pessoa. Essa distinção será explorada com maior adiante.

64. "A codificação, em conseqüência [*sic*], revela a precária evolução doutrinária. Do *Model Penal Code* pode dizer-se que é um projeto de Código Penal sem Ciência do Direito Penal. A ausência de clara visão conceitual acerca dos principais institutos conduz à elaboração casuística, com a necessidade de numerosas definições." (FRAGOSO, Heleno Claudio. Notas sobre o direito penal anglo-americano. *Direito penal e direitos humanos*. Rio de Janeiro, Forense, 1977. p.89).

65. WHARTON, Francis. *Criminal Law*. 15.ed. editado por Charles E. Torcia. Deerfield: Clark Boardman Callaghan, 1993. v.1. p.165-166.

66. No original, *sections*, representados pelo símbolo "§". Trata-se da unidade básica de articulação da maior parte das leis americanas, e cada parágrafo pode conter diversos subparágrafos e outras subdivisões, tornando a redação das lei bastante extensa. Evita-se o uso da palavra "seção", pois segundo a técnica legislativa brasileira adotada na Lei Complementar n. 95, de 26 de fevereiro de 1998, uma seção corresponde a um grupo de artigos.

não há uma disposição geral sequer quanto aos elementos subjetivos ou à *mens rea* exigida. Não houve pelo legislador federal a mesma preocupação com padronização tida pelos autores do Código Penal Modelo. Como anotou a Comissão Nacional para a Reforma das Leis Criminais Federais, em 1970, a ausência de disposições gerais quanto aos elementos subjetivos dos crimes faz com que cada crime definido na legislação federal tivesse a sua própria definição de *mens rea*, levando cada juízo ou tribunal federal a interpretar a lei, chegando-se, por vezes, a resultados díspares.[67] Segundo aponta Peter Low, os crimes definidos pelo Título 18 do Código contêm mais de 78 combinações de palavras para formar o elemento subjetivo exigido para a configuração do crime.[68]

A Suprema Corte dos Estados Unidos em poucas oportunidades se posicionou quanto aos requisitos mentais exigidos pelos crimes federais. Na decisão citada com maior frequência no caso *United States v. Morissette*,[69] considerada a primeira vez em que a Suprema Corte analisou os requisitos de *mens rea* com alguma profundidade,[70] a Corte decidiu que uma disposição legal tratando de *knowledge* exige que o autor não apenas tenha conhecimento da natureza de sua conduta como também das circunstâncias de fato que tornam aquela conduta criminosa, ainda que desconheça a norma incriminadora.[71] Tal decisão, porém, está longe de constituir uma posição definitiva sobre o conteúdo do elemento *knowledge* e seu significado quando empregado por outros dispositivos da lei penal federal.[72]

Em outros dois casos, a Suprema Corte adotou a definição de *conhecimento* proposta pelo § 2.02(7) do Código Penal Modelo. No caso *Leary v. United States*, há uma nota de rodapé indicando que, para definir *conhecimento*, a Corte tem empregado como linha geral a definição proposta no Código Modelo, embora nenhum precedente específico seja citado.[73] Da mesma forma, no caso *Turner v. United States* há uma breve referência em nota de rodapé, citando o caso *Leary*, para justificar a adoção da definição de conhecimento dada pelo Código Penal Modelo.[74] Em que pese a brevidade dessas passagens, e a maneira incidental

---

67. ESTADOS UNIDOS DA AMÉRICA. *Working Papers of the National Commission on Reform of Federal Criminal Laws*. Washington, 1970. p.119-120 *Apud* LOW, Peter W. *Federal Criminal Law*. 2.ed. Nova York: Foundation Press, 2003. p.17; ESTADOS UNIDOS DA AMÉRICA. National Commission on Reform of Federal Criminal Laws. *Study Draft of a New Federal Criminal Code*. Washington, 1970. p. xxvii *Apud* LOW, Peter W. *Federal Criminal Law*. 2.ed. Nova York: Foundation Press, 2003. p.16.

68. LOW, Peter W. *Federal Criminal Law*. 2.ed. Nova York: Foundation Press, 2003. p.17.

69. United States v. Morissete, *342 U.S. 246* (1952).

70. MENS rea in federal criminal law. *Harvard Law Review*, v.111, n.8, p.2.403, 1998.

71. United States v. Morissete, *342 U.S. 246, 270-271* (1952).

72. MENS rea in federal criminal law. *Harvard Law Review*, v.111, n.8, p.2.404, 1998.

73. Leary v. United States, *395 U.S. 46* (1969), NR 93.

74. Turner v. United States, *396 U.S. 416* (1970) NR 29.

como reconheceram a aplicabilidade do Código Penal Modelo, tais decisões são citadas como relevantes por abrirem as portas não apenas para o uso do Código Modelo no direito penal federal, como também para o uso da cegueira deliberada.[75]

Embora a Suprema Corte e outros tribunais federais americanos tenham proferido outras decisões sobre os elementos de *mens rea* exigidos pelos crimes federais,[76] não há um consenso quanto à interpretação dessas regras ou à padronização desses elementos. A abordagem federal da *mens rea* tem sido caso a caso, criando dificuldades imensas para a análise doutrinária desses elementos.

Para os fins desta obra, essa dificuldade de análise da *mens rea* para os crimes federais cria um dilema para este autor, pois as decisões citadas no Capítulo 1 são provenientes de tribunais federais, em especial o caso *United States v. Jewell*,[77] tido como paradigma na aplicação da cegueira deliberada e citado por cerca de trezentas decisões de tribunais federais nos Estados Unidos.[78] Não havendo uma definição precisa do que possa ser considerado ou não *knowledge*, torna-se difícil a comparação desse elemento com as matrizes de análise do pensamento jurídico-penal brasileiro.

Por não haver uma definição geral dos elementos da *mens rea*, e em especial do *knowledge*, será necessário recorrer às definições estabelecidas pelo Código Penal Modelo como parâmetro de análise, pois ainda que não tenham sido acolhidas pelo Legislativo americano, há indicativo por parte da Suprema Corte de aplicabilidade ao direito penal federal. Em complemento à análise baseada no Código Modelo, também serão utilizadas as definições específicas de *knowledge* aplicadas aos crimes do Título 18 do Código Federal, caso existam, e eventuais interpretações feitas pelos tribunais federais.

Feitas essas considerações preliminares sobre os requisitos subjetivos nos Estados Unidos, é possível iniciar a análise aprofundada do elemento *knowledge* para que se possa analisar sistematicamente a aplicação da cegueira deliberada no

---

75. "Leary *opened the door for the federal courts' use of willful-blindness instructions.*" (FROM, Justin C. Avoiding Not-So-Harmless Errors: The Appropriate Standards for Appellate Review of Willful-Blindness Jury Instructions. *Iowa Law Review*, v.97, p.283, 2011).

76. Para uma relação detalhada, com comentários às decisões, ver BROWN, Darryl K. Federal mens rea interpretation and the limits of culpability's relevance. *Law and Contemporary Problems*, v.75, p.109-131, 2012; MENS rea in federal criminal law. *Harvard Law Review*, v.111, n.8, p.2.402, 1998.

77. United States v. Jewell, *532 F.2d 697* (9th Cir., 1976).

78. Consulta pelo autor ao sistema eletrônico LexisNexis em 5 jan. 2017 durante período de pesquisa no Instituto Max Planck para Direito Penal Estrangeiro e Internacional, em Friburgo em Brisgóvia, Alemanha. Não é possível gerar caminho eletrônico para a consulta, pois o acesso ao sistema é restrito, devendo ser inserida senha pessoal pelo usuário.

seu sistema de origem, o que é essencial para a análise comparada do transplante dessa categoria ao direito brasileiro pela jurisprudência pátria.

2.1.2 O elemento knowledge *na matriz jurídica americana*

Como noticiado no Capítulo 1, a cegueira deliberada surge como substituto do elemento *knowledge*. Tratando-se, portanto, de conceito essencial para a compreensão da temática central desta obra, é necessário aprofundar o elemento *knowledge*, distinguindo-o dos demais elementos, para que se possa compreender quando e onde tais casos podem se inserir na dogmática penal brasileira no tocante à análise do transplante jurídico da cegueira deliberada para a ordem jurídica pátria.

Conforme definido na Seção anterior, *knowledge* constitui, segundo sua definição no Código Penal Modelo, o conhecimento pelo autor do fato referente à natureza de sua conduta bem como à existência das circunstâncias especiais exigidos pela definição legal do crime. Refere-se também ao conhecimento pelo autor de que o resultado previsto na norma penal será praticamente certo caso pratique aquela conduta naquelas dadas circunstâncias.

Mesmo na estrutura criada pelo Código Penal Modelo, e adotada por diversos estados americanos,[79] ainda há zonas cinzentas entre *knowledge* e outros elementos de *culpability*. Entre *knowledge* e *purpose*, a fronteira delineada é estreita, devido ao fato de ambos os elementos serem englobados pela categoria "*intent*",[80] utilizada no *common law* com relação à *mens rea*.[81] A distinção residiria no objetivo consciente proposto pelo autor do fato, existente apenas no *purpose* e não no *knowledge*. Para os autores do Código Modelo, ainda que se trate de uma distinção sem maiores consequências práticas, há algum sentido em distinguir entre os casos em que o autor esteja simplesmente ciente de que sua conduta seja de dada natureza e aqueles em que o resultado proibido é resultado praticamente certo de sua conduta, especialmente para o fim de estabelecer a punibilidade por crimes tentados.[82] Por outro lado, na definição proposta pelo § 2.02(2)(b) do Código Modelo, para que se configure *knowledge* com relação ao resultado, é preciso que o autor tenha ciência de que é praticamente certo que sua conduta dará causa ao resultado criminoso, portanto a distinção traçada pelos

---

79. Ver uma relação dos estados, com os respectivos ajustes promovidos em cada lei penal a esse respeito, atualizada até 1985, em WECHSLER, Herbert (Org.). *Model Penal Code and Commentaries*: Official Draft and Revised Comments. Part I: General Provisions (§§ 1.01 to 2.13). Philadelphia: The American Law Institute, 1985. v.1. p.235, NR 11.

80. Em tradução livre, intenção.

81. PERKINS, Rollin M. A rationale of mens rea. *Harvard Law Review*, v.52, n.6, p.911, 1939.

82. WECHSLER, Herbert (Org.). *Model Penal Code and Commentaries: Official Draft and Revised Comments.* Part I: General Provisions (§§ 1.01 to 2.13). Philadelphia: The American Law Institute, 1985. v.1. p.233-234.

Comentários aparenta estar equivocada. A única distinção a ser traçada entre uma conduta praticada com *purpose* e outra praticada com *knowledge* é o maior comprometimento daquele autor com a prática da conduta delitiva ou da provocação do resultado criminoso. Não há como se negar, no entanto, que as condutas praticadas com o elemento *knowledge*, diante de sua proximidade com o *purpose*, contêm não apenas carga intelectual como também volitiva.[83]

Some-se a essa tênue distinção aquela traçada também entre *knowledge* e *recklessness*. Os Comentários ao Código Penal Modelo propõem que as categorias se opõem na medida em que *recklessness* envolve a criação consciente de riscos, ao passo que *knowledge* se refere à consciência quanto à quase certeza de que o resultado ocorrerá. Em ambos os casos tem-se um grau cognitivo. O que varia é o objeto do conhecimento do autor: o risco de produzir um resultado ou a (quase certa) produção do resultado em si.[84] Não escapa a atenção dos comentaristas o fato de em ambos os casos estar tratando com graus de probabilidade, e não com certeza.[85] É difícil, nesse sentido, enxergar com nitidez a diferença entre saber que algo é praticamente certo e saber da existência de um risco substancial de que esse mesmo algo ocorra, sem que se possa recorrer à intenção ou à vontade do sujeito como critério distintivo.[86]

Acrescentando um grau adicional de complexidade, é preciso relembrar que o Código Penal Modelo prevê a possibilidade de *knowledge* ou de *recklessness* também com relação à presença de circunstâncias concomitantes necessárias para a configuração do crime. Pareceria bastante simples afirmar que há *knowledge* quando o autor está ciente da presença de tais circunstâncias e há *recklessness* quando age sabendo do risco que as circunstâncias existam – isto é, desconhece com grau de certeza –, mas sabe da possibilidade de sua presença. Nos Comentários, porém, afirma-se que *knowledge* com relação às circunstâncias concomi-

---

83. Essa visão é compartilhada por Glanville Williams (*The mental element in crime*. Jerusalem: Magnes Press, 1965. p.23-25), que critica as conclusões expostas nos Comentários ao Código Penal Modelo, afirmando não ser possível que uma pessoa possa ter a intenção de cometer um crime na maior parte dos casos em que tiver ciência de que o resultado é praticamente certo, mas não nas exceções colocadas nos Comentários referentes ao crime de lesa-majestade (no original, *treason*), um dos poucos a exigir a presença de *purpose*, bem como nos casos de tentativas.

84. WECHSLER, Herbert (Org.). *Model Penal Code and Commentaries: Official Draft and Revised Comments*. Part I: General Provisions (§§ 1.01 to 2.13). Philadelphia: The American Law Institute, 1985. v.1. p.236.

85. WECHSLER, Herbert (Org.). *Model Penal Code and Commentaries: Official Draft and Revised Comments*. Part I: General Provisions (§§ 1.01 to 2.13). Philadelphia: The American Law Institute, 1985. v.1. p.236, NR 13.

86. Frise-se que para o Código Penal Modelo, a intenção (ou o propósito) do autor somente existe quando age com *purpose*, prevendo o Código hipóteses em que o autor dá causa ao resultado sabendo que ele ocorrerá, ainda que não seja o seu objetivo consciente. A vontade do autor não seria, portanto, um critério para diferenciar as duas categorias.

tantes não exige certeza absoluta.[87] Há, ainda, um dispositivo especial previsto no § 2.02(7) do Código Penal Modelo[88] que estabelece que há *knowledge* com relação a fatos – isto é, a circunstâncias concomitantes – quando o autor tem ciência da "alta probabilidade" de sua existência, exceto nos casos em que o autor acreditar que aqueles fatos não existam. A justificativa fornecida nos Comentário para a inserção desse dispositivo seria para lidar com as situações de cegueira deliberada apontadas pela doutrina inglesa.[89] Os comentaristas registram sua preocupação quanto à configuração de *knowledge* ou de *recklessness* diante dessas situações de fato, mas argumentam que a distinção deveria residir no momento de ocorrência do fato em questão: caso se trate de um fato já ocorrido do qual o autor não tem certeza de sua existência, apenas ciência de uma alta probabilidade de que tenha ocorrido, age com *knowledge*; caso se trate de evento futuro, produto de sua conduta, age com *recklessness*.[90] Ainda que se trate de posição devidamente fundamentada, não deixa de ser uma distinção arbitrária, restando a inquestionável proximidade entre os conceitos de *knowledge* e *recklessness*.[91]

É importante observar, ademais, que *recklessness* – e não *purpose* ou *knowledge* – é o requisito subjetivo padrão para o cometimento de delitos no sistema do Código Penal Modelo. Segundo disposto no § 2.02(3) do Código,[92] caso o crime previsto na parte especial do Código não especifique qual é o elemento subjetivo exigido, o requisito de *culpability* estará satisfeito caso o autor aja com *purpose*, *knowledge* ou *recklessness*. Considerando-se que o § 2.02(5) do Código Modelo[93] dispõe que há responsabilidade penal sempre que o autor agir em um

---

87. WECHSLER, Herbert (Org.). *Model Penal Code and Commentaries: Official Draft and Revised Comments*. Part I: General Provisions (§§ 1.01 to 2.13). Philadelphia: The American Law Institute, 1985. v.1. p.236, NR 13.

88. AMERICAN LAW INSTITUTE. *Model Penal Code*. Filadelfia: American Law Institute, 1962. § 2.02(7): "*When knowledge of the existence of a particular fact is an element of an offense, such knowledge is established if a person is aware of a high probability of its existence, unless he actually believes that it does not exist.*"

89. A cegueira deliberada e sua relação com o § 2.02(7) do Código Penal Modelo será analisada com a devida atenção no Subcapítulo 2.2. adiante (p.117 e seguintes).

90. WECHSLER, Herbert (Org.). *Model Penal Code and Commentaries: Official Draft and Revised Comments*. Part I: General Provisions (§§ 1.01 to 2.13). Philadelphia: The American Law Institute, 1985. v.1. p.248.

91. O Tribunal Recursal do Distrito Leste do Estado de Missouri já observou que a definição feita pelo Código Penal Modelo mais se assemelha a *recklessness* que a *knowledge* (State v. Nations, *676 S.W.2d 282, 284* (Mo. Ct. App. 1984)).

92. AMERICAN LAW INSTITUTE. *Model Penal Code*. Filadelfia: American Law Institute, 1962. § 2.02(3): "*Culpability Required Unless Otherwise Provided. When the culpability sufficient to establish a material element of an offense is not prescribed by law, such element is established if a person acts purposely, knowingly or recklessly with respect thereto.*"

93. AMERICAN LAW INSTITUTE. *Model Penal Code*. Filadelfia: American Law Institute, 1962. § 2.02(5): "*Substitutes for Negligence, Recklessness and Knowledge. When the law provides that negligence suffices to establish an element of an offense, such element also is established if a person acts purposely, knowingly or recklessly. When recklessness*

estado mental mais culpável que o exigido pelo delito – em outras palavras, nos crimes em que o Código exigir *recklessness*, o requisito subjetivo estará satisfeito também por *knowledge* ou por *purpose* –, o § 2.02(3) equivale a dizer que basta que o autor pratique a conduta delitiva com *recklessness* sempre que o Código não estabelecer outro elemento subjetivo mais rigoroso ou mais brando.

Assim como ocorre no direito penal brasileiro,[94] também no Código Penal Modelo só há responsabilidade penal baseada em *negligence* quando esta efetivamente estiver prevista. Por outro lado, a exigência de *purpose* também é excepcional. Isso quer dizer que no sistema do Código Modelo a responsabilidade penal de regra exige apenas algum elemento subjetivo intermediário, não se satisfazendo na maior parte das vezes com o cometimento inadvertido de crimes, mas também não se exigindo que o autor aja com o propósito consciente de causar resultados criminosos. Trata-se de um sistema peculiar, com distinções marcadas entre ele mesmo e os sistemas jurídico-penais da tradição *civil law*.

De qualquer modo, havendo uma gama de crimes que exigem *knowledge* para a sua configuração, não se satisfazendo com apenas *recklessness*, trata-se de uma distinção importante a ser feita, ainda que a linha que os diferencie esteja bastante ofuscada.

Considere-se que o Código Penal Modelo dispõe que aqueles casos em que o *common law* ou a lei exigirem que uma conduta seja praticada deliberadamente[95] devem ser tratados como casos exigindo o elemento *knowledge*.[96] Ainda que os autores do Código Modelo tivessem verdadeira ojeriza ao termo *willfulness*, havendo críticas contundentes ao uso da expressão por notáveis juristas da época,[97] acreditou-se ser um importante dispositivo interpretativo, para auxiliar

suffices to establish an element, such element also is established if a person acts purposely or knowingly. When acting knowingly suffices to establish an element, such element also is established if a person acts purposely."

94. Ver art. 18, parágrafo único, do CP brasileiro ("Salvo os casos expressos em lei, ninguém pode ser punido por fato previsto como crime, senão quando o pratica dolosamente"). Há disposição semelhante no § 15 do Código Penal alemão ("*Strafbar ist nur vorsätzliches Handeln, wenn nicht das Gesetz fahrlässiges Handeln ausdrücklich mit Strafe bedroht.*" Tradução livre: "Somente são puníveis condutas dolosas quando a lei não cominar penas a condutas culposas." (ALEMANHA. Strafgesetzbuch. *Bundesgesetzblatt*, v.1, p.3.322, 13 nov. 1998. § 15).

95. No original *willfully*, que pode ser traduzido literalmente como voluntarioso, intencional ou deliberado. Para os fins desta obra, o termo *willful* (ou *wilfull*, no inglês britânico) será traduzido como "deliberado", até mesmo para seguir o padrão colocado pelos autores que tratam por "cegueira deliberada" o termo "*willful blindness*".

96. AMERICAN LAW INSTITUTE. *Model Penal Code*. Filadélfia: American Law Institute, 1962. § 2.02(8). Observe-se que o Código Modelo usa a grafia original inglesa de *willful*. Para se evitar confusões, exceto onde o termo estiver sendo transcrito a partir de sua fonte original, *willful* e seus derivados serão sempre escritos em sua grafia americana.

97. A ata das reuniões de trabalho referentes à elaboração do Código Penal Modelo trazem curioso diálogo entre Herbert Wechsler e o juiz Learned Hand, à época já aposentado como

na aplicação do direito sem promover rupturas profundas com a tradição jurídica local e o teor das decisões judiciais existentes.[98] Já no direito inglês havia dificuldade em precisar o que exatamente poderia ser considerado deliberado, podendo-se compreender tal elemento como consciência de todos os elementos objetivos do crime – em esquema semelhante ao proposto pelo Código Modelo dos Estados Unidos – ou uma categoria aberta que concede liberdade aos tribunais para construir o real significado de *willful*.[99] *Conhecimento* em matéria penal na tradição jurídica anglo-americana possui carga volitiva. Isso se acentua quando se busca relacionar *knowledge* e *willfulness*, visto que, em seu sentido textual, *willful* significa literalmente algo voluntarioso, mais que voluntário, provido de vontade, intenção ou deliberação. O estabelecimento pelos autores do Código Modelo de que o requisito de *willfulness* deve ser interpretado como se *knowledge* fosse apenas reforça a carga volitiva de *knowledge*.

A maneira como os requisitos subjetivos dos crimes são propostos no Código Penal Modelo denota preocupação não com a conceituação dos elementos em si, mas com o estabelecimento de graus ou patamares de deliberação escalonados. Tomando-se os dois extremos do espectro, *purpose*, enquanto maior grau de comprometimento do autor com o resultado, estaria reservado apenas para os casos que exigem fiel demonstração de comportamento propositado pelo autor, ao passo que *negligence*, enquanto criação inconsciente de risco pelo autor, seria suficiente para a responsabilidade penal apenas quando a inobservância de um padrão elevado de cuidado gerar a criação de riscos intoleráveis. No meio deste espectro, estariam dois estágios intermediários. *Recklessness*, por um lado, significa a criação consciente de riscos. Já para *knowledge* não há uma definição mais rígida, exceto no que diz respeito ao conhecimento que é exigido pelo autor a respeito da situação de fato em que atua, e a previsibilidade do resultado de sua ação ou de sua omissão como algo praticamente certo. Pode-se argumentar o seguinte em relação ao sistema do Código Penal Modelo: as normas incrimi-

o primeiro Presidente do Segundo Circuito do Tribunal Federal de Recursos dos Estados Unidos. Neste, o juiz Hand questiona a utilização do termo "*wilfully*", afirmando ser uma palavra terrível e uma das mais problemáticas em uma lei, ao que Wechsler afirma que nunca a usaria no Código, apenas tendo a empregado para delitos fora dele, prometendo ao fim que nunca a utilizará na definição de qualquer delito no Código (AMERICAN LAW INSTITUTE. *ALI Proceedings*, 1955. p.160 *Apud* WECHSLER, Herbert (Org.). *Model Penal Code and Commentaries*: Official Draft and Revised Comments. Part I: General Provisions (§§ 1.01 to 2.13). Philadelphia: The American Law Institute, 1985. v.1. p.249, NR 47). Para a íntegra do diálogo travado entre Hand e Wechsler, ver em <http://lucchesi.link/cegueira>.

98. WECHSLER, Herbert (Org.). *Model Penal Code and Commentaries*: Official Draft and Revised Comments. Part I: General Provisions (§§ 1.01 to 2.13). Philadelphia: The American Law Institute, 1985. v.1. p.248-250.

99. WILLIAMS, Glanville. *Criminal Law: the general part*. 2.ed. Londres: Stevens & Sons Ltd., 1961. p.148. Em nota de rodapé, o autor cita caso julgado em tribunal inglês estabelecendo que para o caso, *willful* significava que o autor tinha conhecimento do que estava fazendo, pretendia fazer o que fez e era um "agente livre" (no original, *free agent*).

nadoras que exigem *knowledge* exigem mais que a criação consciente de um risco, desconsiderando-se um dever de conduta imposto às pessoas que se digam "cumpridoras da lei"; ao mesmo tempo, não se exige demonstração efetiva de que aquele resultado ocorrido ou em risco de ocorrer tenha sido intentado pelo autor, embora possa até ter sido o seu propósito. *Knowledge* – assim como *willfulness*, de acordo com o § 2.02(8) – situa-se em algum lugar em meio às demais categorias, com um conteúdo indefinido, podendo englobar um vasto universo de situações de fato, mas atua como uma limitação à incidência da responsabilidade criminal: para que algo seja praticado com *knowledge*, não basta que tenha sido praticado com *recklessness*, exigindo-se algo a mais – embora não se precise extamente quê.

Se no Código Penal Modelo, com sua fixação em fornecer definições para as categorias básicas do direito penal, é difícil precisar o que se pode entender por *knowledge*, no direito penal federal americano definir *knowledge* é tarefa hercúlea. Como dito, o Código Federal americano não contém conceitos dos elementos de *mens rea*; estes encontram-se esparsos nas normas incriminadoras, por vezes definindo o que se entende por *knowledge*, e por outras apenas dispondo que determinada conduta deve ser praticada "*knowingly*"[100] ou "*with knowledge that...*".[101-102]

Há casos esparsos nos tribunais federais lidando com o elemento *knowledge* e seu alcance. No caso *United States v. Jones*,[103] o Tribunal Federal de Recursos do Quarto Circuito analisou se *knowledge* exigido na redação de um crime federal se aplicava apenas à conduta em si ou também às demais circunstâncias do crime quando o termo *knowingly* estava grafado adjacente apenas ao verbo na definição do crime.[104] O tribunal entendeu que, na ausência de alguma evidência legislativa nesse sentido, *knowledge*, quando expressada pelo advérbio *knowingly*, refere-se apenas à natureza da conduta, e não a outras circunstâncias de fato exigidas para a configuração do crime, pois advérbios modificam apenas verbos e não o seu objeto.[105] O mesmo tribunal decidiu de maneira semelhante também no caso

100. Em tradução livre, *com conhecimento*.

101. Em tradução livre, *sabendo que...*

102. LOW, Peter W. *Federal Criminal Law*. 2.ed. Nova York: Foundation Press, 2003. p.196.

103. United States v. Jones, *366 F.3d 705* (4th Cir., 2004).

104. Tratava-se de crime previsto no § 2423(a) do Título 18 do Código Federal, prevendo pena de até 10 anos para quem traficar pessoas com a finalidade de prostituição, sendo que a norma incriminadora estabelece como conduta delitiva conscientemente transportar um indivíduo que ainda não completou 18 anos de idade ("*A person who knowingly transports an individual who has not attained the age of 18 years* ..."). Enquanto a defesa argumentava que o réu deveria ter tido conhecimento também da idade da vítima, a acusação alegava que a norma não exigia prova de conhecimento da idade da maneira como redigida, apenas que ele soubesse estar "transportando um indivíduo".

105. BROWN, Darryl K. Federal mens rea interpretation and the limits of culpability's relevance. *Law and Contemporary Problems*, v.75, p.114-115, 2012.

United States v. Montejo.[106] A Suprema Corte dos Estados Unidos, por outro lado, decidiu a questão em sentido contrário, ainda que não tenha fundamentado a decisão a esse respeito para além de meras considerações de ordem gramatical.[107] Em que pese o fato de a decisão unânime proferida pela Suprema Corte no caso *Flores-Figueroa* esteja em consonância com a racionalidade do Código Penal Modelo, cujo § 2.02(4) dispõe que a previsão de um elemento subjetivo para um elemento do crime se aplica aos demais casos não haja disposição em contrário,[108] o precedente tem encontrado resistência em outros tribunais, sob o argumento de que se aplica apenas àquele crime federal específico, embora nada no texto do voto do relator *Justice* Stephen Breyer tenha limitado a decisão nesses termos.[109]

Veja-se, assim, que os tribunais federais, incluindo aí a Suprema Corte, têm encontrado muita dificuldade em estabelecer o que se entende por *knowledge* e qual o seu alcance. Normas como aquelas previstas na parte geral do Código Penal Modelo seriam de grande utilidade ao sistema federal.

Olhando-se para os casos em que os tribunais federais têm se socorrido da noção de *willful blindness* como substituto de *knowledge*,[110] é importante verificar como esse elemento está definido nesses casos, para que se possa analisar se o recurso à *willful blindness* é ou não adequado. Tomando-se por exemplo o caso *Jewell*, verifica-se que o crime imputado ao autor está previsto nos §§ 841 e 960 do Título 21 do Código Federal.[111] Ambos os dispositivos contêm diversas subseções e subcláusulas, mas todas as disposições incriminatórias contêm a expressão "*knowingly or intentionally*" antes dos verbos proibidos. As normas em si não contêm qualquer definição do que possa ser entendido por *knowingly*, *knowledge*, *intentionally* ou *intent*, no entanto o Juiz Federal do Distrito Sul da Califórnia, ao instruir os jurados a respeito do significado de *knowingly* no caso de *Jewell*, afirmou:

> Uma ação é praticada *knowingly* se ela é realizada voluntariamente e intencionalmente e não devido a erro ou acidente ou alguma outra razão

---

106. United States v. Montejo, *442 F.3d 213* (4th Cir., 2006).

107. Flores-Figueroa v. United States, *556 U.S. 650* (2009).

108. AMERICAN LAW INSTITUTE. *Model Penal Code*. Filadélfia: American Law Institute, 1962. § 2.02(4).

109. Ver, por exemplo, State v. Hunter, *164 Wn. App. 1045* (2011). Ver também United States v. Washington, *743 F.3d 942-943* (4th Cir., 2014).

110. Limitar-se-á nesse momento a referir-se às duas principais decisões mencionadas no Capítulo 1, *Jewell* e *Campbell*.

111. Ainda que o Título 18 possa ser considerado uma espécie de "código penal" federal, ele não contém todas as normas incriminatórias do direito federal americano. O Título 21 compreende a todas as leis federais referentes a comidas e drogas (no original, *food and drugs*), não apenas drogas ilegais como também fármacos e outras substâncias, controladas ou não. O § 841 dispõe sobre uma categoria e crimes envolvendo a produção e/ou a distribuição de drogas ilegais e o § 960 incrimina o tráfico transnacional.

> inocente. O propósito de acrescentar a palavra "*knowingly*" foi garantir que ninguém seria condenado por ações realizadas devido a alguma omissão ou falha em agir devida a erro, acidente ou alguma outra razão inocente.[112]

Vê-se, assim, que não há uma definição clara e precisa do que seja *knowingly* com relação aos crimes federais de tráfico de drogas – apenas alguns parâmetros que podem ser seguidos pelos tribunais em suas decisões. Tal recurso à casuística, porém, pode levar a resultados dissonantes.

Em outro grupo de casos envolvendo lavagem de dinheiro, como no caso *Campbell*,[113] há incidência do § 1956 do Título 18 do Código dos Estados Unidos a quem, sabendo que algum bem envolvido em uma transação financeira é proveniente de alguma espécie de atividade ilícita, conduz ou tenta conduzir tal transação financeira.[114] Neste crime, ao contrário do tráfico de drogas, há uma subseção específica referente às definições, sendo que o § 1956(c)(1) estabelece que:

> Da maneira como usada neste parágrafo, a expressão "sabendo que o bem envolvido em uma transação financeira constitui produto de alguma espécie de atividade ilícita" significa que a pessoa sabia que o bem envolvido na transação constituía proveito de alguma forma, ainda que não necessariamente qual forma, de atividade que constitui um crime sob a lei estadual, federal ou estrangeira, independente de tal atividade estar especificada no item (7) deste subparágrafo. [115]

Embora nesse caso haja alguma definição, ela é pouco esclarecedora com relação ao elemento *knowledge*, dizendo pouco para além de que o autor deve saber da existência de uma circunstância concomitante à sua conduta, isto é, da procedência ilícita de determinado bem, ainda que se desconheça exatamente qual é a origem ilícita. Até que ponto uma pessoa pode de fato *saber* que a origem de determinado bem é criminosa sem saber exatamente qual crime foi praticado é importante reflexão que deve ser feita, mas que será mais bem explorada na seção pertinente.[116] O que se deve frisar nesta oportunidade é que, mesmo nos crimes que de alguma forma definem *knowledge*, ainda assim não há alguma definição

---

112. United States v. Jewell, *532 F.2d 697, 699* (9th Cir., 1976) (tradução livre do autor – ver texto original em <http://lucchesi.link/cegueira>).

113. United States v. Campbell, *977 F.2d 854* (4th Cir., 1992).

114. ESTADOS UNIDOS DA AMÉRICA. *United States Code*, Título 18, § 1956(a) (1986). Ver a íntegra do dispositivo e sua respectiva tradução no comentário à NR 28 em <http://lucchesi.link/cegueira>).

115. ESTADOS UNIDOS DA AMÉRICA. *United States Code*, Título 18, § 1956(c)(1) (1986) (tradução livre do autor – ver texto original em <http://lucchesi.link/cegueira>).

116. Ver a Seção 3.1.2. p.140.

satisfatória, estreme de dúvida quanto a seu real conteúdo. Na legislação penal federal americana, o pouco material que pode ser utilizado para análise dessa questão é a linguagem simples da lei e alguma interpretação feita pelos tribunais.

Feitas essas pertinentes observações preliminares sobre o direito penal anglo -americano, seus requisitos subjetivos para a configuração de crimes e a definição do elemento *knowledge*, essencial para a construção da noção de *cegueira deliberada*, pode-se finalmente adentrar o estudo dessa categoria no direito penal americano.

2.2 A origem da cegueira deliberada na Inglaterra e seu desenvolvimento nos Estados Unidos da América

2.2.1 Antecedentes históricos: R. v. Sleep (1861) e Spurr v. United States (1899)

Considerando-se que o desenvolvimento do conteúdo da *mens rea*, seu conceito e seus elementos remontam ao início remoto da *common law*, antecedendo mesmo os mais tradicionais textos da literatura jurídica inglesa, pode-se dizer que o estabelecimento de um entendimento a respeito da *cegueira deliberada* é relativamente recente na tradição jurídica anglo-americana.

Diversos autores apontam a decisão proferida pela Corte para o Julgamento de Casos Relativos à Coroa do Reino Unido no caso *R. v Sleep* em 1861,[117] como a primeira oportunidade em que alguma instância judicial reconheceu que não seria necessário demonstrar conhecimento efetivo de dado fato ou situação para que se pudesse concluir que o autor agiu com conhecimento.[118] Embora a corte inglesa não tenha decidido expressamente quanto à matéria, o contexto da decisão permite concluir que o componente intelectual exigido para a configuração de responsabilidade penal pelo autor estaria preenchido com algo menos que conhecimento concreto da situação de fato.[119]

É preciso olhar para os fatos apresentados no caso para se compreender o contexto da decisão. O réu William Sleep foi acusado com base na Lei de Desvio de Provisões Públicas, de 1697, de portar provisões navais – parafusos

---

117. R. v Sleep, *169 ER 1296* (1861).

118. EDWARDS, John Llewlyn Jones. *Mens rea in statutory offences*. Londres: Macmillan, 1955. p.195. No mesmo sentido, ver ROIPHE, Rebecca. The ethics of willful ignorance. *Georgetown Journal of Legal Ethics*, v.24, p.192-193, 2011; ROBBINS, Ira P. The ostrich instruction: deliberate ignorance as a criminal mens rea. *Journal of Criminal Law & Criminology*, v.81, p.196, 1990; CHARLOW, Robin. Wilful ignorance and criminal culpability. *Texas Law Review*, v.70, p.1.409-1.410, 1992.

119. EDWARDS, John Llewlyn Jones. *Mens rea in statutory offences*. Londres: Macmillan, 1955. p.196.

de cobre para uso naval – marcadas com a seta larga,[120] símbolo utilizado pelo Conselho de Equipamento Militar do Reino Unido[121] para indicar propriedade das Forças Armadas de Sua Majestade. Sleep era comerciante de metais e caldeireiro, e entregou ao capitão de uma embarcação um barril para ser transportado de Plimude, em Devon, a Helston, na Cornualha. Antes de o navio zarpar para seu destino, dois oficiais da polícia do porto de Devon apreenderam o barril, encontrando 150 parafusos de cobre pesando pouco menos de um quilograma cada, embalados individualmente com palha e rebarbas de madeira. Cerca de 23 parafusos[122] estavam marcados com a seta larga, embora muitos estivessem enferrujados ou tivessem sido aquecidos em forja e martelados. Sleep alegou não saber que as peças estavam marcadas, embora tivesse reconhecido ter embalado todas pessoalmente, uma a uma, para evitar que os parafusos batessem um nos outros e abrissem a tampa do barril, bem como disse não saber de quem havia comprado os parafusos.[123]

Sleep foi condenado pelo júri, pois se entendeu que estava portando cobre marcado com a seta larga, e que, embora o júri tenha entendido não haver provas suficientes para concluir que ele sabia que alguma parte daquele cobre estava marcada, ele tinha meios razoáveis de saber das marcas. Sleep recorreu à Corte para o Julgamento de Casos Relativos à Coroa do Reino Unido, que analisou estar contido ao alcance da lei incriminadora o porte[124] inadvertido de provisões marcadas.[125]

A Corte se debateu com a decisão do júri, visto que os jurados decidiram que Sleep não sabia que as peças de cobre estavam marcadas – não havendo, assim, conhecimento presumido, como havia sido arguido pela acusação.[126] A Corte reconheceu que a Lei de Desvio de Provisões Públicas, de 1697, exigiu expressamente a presença de algum elemento de *mens rea* para a configuração do crime imputado, pois há hipóteses em que portar ou possuir bens públicos é desprovido de relevância penal, sendo contrário aos princípios do direito inglês punir tais condutas.[127] Com isso, tendo em vista a decisão do júri quanto à ausência de conhecimento por Sleep, a Corte entendeu por bem reformar a decisão conde-

---

120. No original, *broad arrow*.

121. No original, *Board of Ordnance*.

122. A decisão menciona haver um pouco mais de cinquenta libras, não se especificando um número certo de peças.

123. R. v Sleep, *169 ER 1296, 1296-1297* (1861).

124. Alguns dos juízes argumentaram que Sleep não estava de fato portando (no original, *possessing*) as provisões quando da abordagem. De qualquer forma, como não se tratava de matéria alegada pelas partes – bem como atendo-se à decisão do júri em resposta ao primeiro quesito –, essa questão foi desconsiderada.

125. R. v Sleep, *169 ER 1296, 1297-1298* (1861).

126. R. v Sleep, *169 ER 1296, 1300* (1861).

127. R. v Sleep, *169 ER 1296, 1301* (1861).

natória, embora o *Chief Justice* Cockburn tenha manifestado discordância com o entendimento do júri.[128]

Ainda que a decisão da Corte no caso *R. v Sleep* tenha se atido às conclusões do júri, entendendo com base nelas que Sleep deveria ser absolvido por desconhecer a existência da marca real nas provisões, os juízes Crompton[129] e Willes[130] consideraram que a decisão da Corte não se aplicaria aos casos em que os olhos do acusado estivessem voluntariosa e deliberadamente fechados à verdade. Esses dois votos, sem qualquer impacto sobre a decisão proferida pela Corte,[131] são consideradas a origem das discussões sobre a cegueira deliberada na Inglaterra.

Deve-se observar que os juízes Crompton e Willes não trouxeram qualquer fundamento para as suas manifestações, não sendo possível avaliar seu fundamento teórico ou jurisprudencial. Como, no entanto, tais votos têm sido considerados a primeira vez em que alguma instância judicial reputou preenchido o requisito de *mens rea* mesmo quando o autor não tem conhecimento pleno dos fatos, há de se concluir ter havido algum esforço criativo por parte dos magistrados a esse respeito. Nascem aí as discussões quanto à cegueira deliberada.[132]

---

128. R. v Sleep, *169 ER 1296, 1301* (1861).

129. R. v Sleep, *169 ER 1296, 1301-1302* (1861).

130. R. v Sleep, *169 ER 1296, 1302* (1861). Edwards, por outro lado, traz a citação com alguma diferença.Ver: EDWARDS, John Llewlyn Jones. *Mens rea in statutory offences*. Londres: Macmillan, 1955. p.196. Isso talvez se dê pela fonte consultada por Edwards, não o repositório de jurisprudência "*English Reports*", consultado nesta obra, mas o repositório "*Law Journal Magistrate's Cases*", em seu volume 30, página 170, ao qual este autor não obteve acesso durante a pesquisa. Tal diferença no teor das citação talvez ocorra devido à (falta de) fidelidade das edições dos "*English Reports*" – em que são republicados textos de outros repositórios de jurisprudência mais antigos – com o texto original das decisões, como relata Glanville Williams (*Learning the law*. 16.ed. editado por A. T. H. Smith. Londres: Sweet & Maxwell, 2016. p.36-39).

131. Pode-se considerar tais manifestações como *obiter dicta*, e não *ratio decidendi* do caso *Sleep*. Ver WILLIAMS, Glanville. *Learning the law*. 16.ed. Editado por A. T. H. Smith. Londres: Sweet & Maxwell, 2016. p.107. Sobre *obter dictum* no Brasil, ver PUGLIESE, William Soares. *Precedentes e a civil law brasileira*: interpretação e aplicação do novo Código de Processo Civil. São Paulo: RT, 2016. p.79: "A *ratio decidendi* refere-se às premissas necessárias à decisão. Já os argumentos ditos de passagem, que não se revelam vitais para a manutenção do julgado, são denominados *obter dicta*."

132. Glanville Williams (*Criminal Law: the general part*. 2.ed. Londres: Stevens & Sons Ltd., 1961), ao analisar a cegueira deliberada, curiosamente não cita o caso *Sleep* (p.157-159), embora sua obra contenha citações de *Sleep* ao tratar de *recklessness* quanto a circunstâncias desconhecidas (p.153, NR 12), de delitos exigindo *mens rea* quanto a circunstâncias concomitantes (p.171) e de crimes de porte (p.227). Ao tratar de cegueira deliberada, William cita quatro casos, todos anteriores a 1861 (R. v William Giles, *168 ER 1227* (1858); R. v Lewin Clifford, *175 ER 84* (1845); R. v William Butcher, *169 ER 1145* (1858)), embora nenhum trate especificamente da matéria anunciada por Williams (*Criminal Law: the general part*. 2.ed. Londres: Stevens & Sons Ltd., 1961. p.157).

Na Inglaterra, após a decisão de 1861, diversos casos passaram a aceitar a atribuição de responsabilidade penal a título de conivência[133] ou "conhecimento de segundo grau".[134] Nesses casos, diz-se que o autor do fato fecha seus olhos para um meio evidente para se obter conhecimento, dessa forma deliberadamente evitando investigar situações para evitar descobrir fatos que ele prefere não saber.[135] Segundo Edwards, a noção de conivência ou conhecimento implícito[136] teve maior desenvolvimento no direito de família inglês, especificamente em matéria de culpa no divórcio envolvendo adultério,[137] ainda que não tenha sido essa explicitamente a sua origem no direito penal inglês. No início, o maior desenvolvimento dessa matéria no direito penal se deu na atribuição de conivência de patrões com a conduta de seus empregados, gerando responsabilidade penal indireta.[138] Com esse grupo de casos, o uso de conivência para fundamentar responsabilidade penal se assentou na jurisprudência inglesa, sendo aceita como substituto para o conhecimento efetivo da situação sob diversas denominações: "fechamento deliberado dos olhos", "cegueira deliberada", "propositadamente abster-se de verificar" e "deliberadamente abster-se de saber".[139] Ainda que se enxergue semelhança entre tais situações e *recklessness*,[140] no direito inglês, como visto, não há maior repercussão para a formação da *mens rea*, visto não haver – ao menos na época de desenvolvimento do conceito – limites rígidos para a formação de juízo condenatório baseado em estados mentais, como há nos sistemas que adotaram a lógica do Código Penal Modelo. A preocupação do direito inglês era encontrar algum estado mental culpável que permitisse cumprir a fórmula *actus non facit reum nisi mens sit rea.*

Buscando encontrar algum limite para a incidência de *willful blindness*, Williams aponta importantes critérios para o reconhecimento dessas situações.[141] Citando os casos *The Zamora*,[142] *Havard*[143] e *R. v Court*,[144] o autor afirma que não basta que o autor represente o fato como possível, mas como provável, acima da medida de probabilidade, devendo haver algo que desperte a desconfiança do

---

133. No original, *connivance.*

134. O estabelecimento de diferentes graus para o conhecimento foi feito pela primeira vez no caso *Taylor's Central Garages (Exeter) v Roper* (*115 JP 449* (1951)).

135. Evans v Dell, *1 All ER 353* (1937).

136. No original, *constructive knowledge.*

137. Ver EDWARDS, John Llewlyn Jones. *Mens rea in statutory offences.* Londres: Macmillan, 1955. p.190 e 195, NR 3.

138. EDWARDS, John Llewlyn Jones. Idem, p.196-199.

139. EDWARDS, John Llewlyn Jones. Idem, p.199-200.

140. EDWARDS, John Llewlyn Jones. Idem, p.202-203.

141. WILLIAMS, Glanville. *Criminal Law: the general part.* 2.ed. Londres: Stevens & Sons Ltd., 1961. p.157-159.

142. The Zamora No. 2 [1921], *1 A.C. 812* (1921).

143. Arthur James Havard, *11 Cr App R 812* (1916).

144. R. v Court, *1954 CLR 623* (1954).

autor.[145] Para Williams, os tribunais ingleses por vezes se esquecem do escopo limitado da *willful blindness*, cuja aplicação deve ser restrita aos casos em que o autor suspeitou do fato, percebeu a sua probabilidade, mas se absteve de confirmá-lo, pois pretendia poder negá-lo no futuro.[146]

Já nos Estados Unidos da América, diz-se que a cegueira deliberada teria sua origem no caso *Spurr v. United States*,[147] julgado pela Suprema Corte dos Estados Unidos em 1899.[148]

Naquele caso, o recorrente Marcus Antonius Spurr, presidente do Commercial National Bank of Nashville, Tennessee, foi acusado de praticar *misdemeanor* consistente em certificar cheques sem provisão suficiente de fundos emitidos por Dobbins e Dazey, comerciantes e exportadores de algodão, e correntistas do banco presidido por Spurr. No sistema bancário dos Estados Unidos, é possível que os bancos aponham certificados em cheques para atestar que possuem provisão suficiente de fundos, podendo ser aceitos sem receio no comércio, semelhante à emissão de cheques administrativos no Brasil. Por meio desse procedimento, o banco certificante garante a liquidez do emitente, assegurando eventual insuficiência e responsabilizando-se pelo pagamento integral ao beneficiário. Tal procedimento era regulado por lei federal, que incriminava qualquer violação deliberada na norma regulatória, cominando pena de multa no valor de até cinco mil dólares e pena de até cinco anos de prisão.[149]

Naquele caso, restou comprovado que, entre 9 de dezembro de 1892 e 13 de fevereiro de 1893, Dobbins e Dazey não tinham saldo suficiente em sua conta para cobrir o montante de US$ 95.641,95[150] pago nos quatro cheques emitidos nesse período. Tal fato era conhecido pelo caixa do banco Porterfiled e todos os seus subordinados, mas desconhecido por Spurr e pelos demais diretores do banco, pois Porterfield havia mentido acerca da real situação das contas de Dobbins e

---

145. WILLIAMS, Glanville. *Criminal Law: the general part*. 2.ed. Londres: Stevens & Sons Ltd., 1961. p.158.

146. WILLIAMS, Glanville. Idem,1. p.159.

147. Spurr v. United States, *174 U.S. 728* (1899).

148. ROBBINS, Ira P. The ostrich instruction: deliberate ignorance as a criminal mens rea. *Journal of Criminal Law & Criminology*, v.81, p.197-198, 1990; CHARLOW, Robin. Wilful ignorance and criminal culpability. *Texas Law Review*, v.70, p.1.404, 1992; KAENEL, Frans J. von. Willful blindness: a permissible substitute for actual knowledge under the money laundering control act? *Washington University Law Quarterly*, v.71, p.1.200, 1993; GORMAN, Daniel Eric. Global-Tech Appliances, Inc. v. SEB S.A.: Invoking the doctrine of willful blindness to bring those who lack knowledge of induced infringement within § 271(b)'s prohibition. *Tulane Journal of Technology and Intellectual Property*, v.14, p.400, 2011; FROM, Justin C. Avoiding Not-So-Harmless Errors: The Appropriate Standards for Appellate Review of Willful-Blindness Jury Instructions. *Iowa Law Review*, v.97, p.282, 2011; ROIPHE, Rebecca. The ethics of willful ignorance. *Georgetown Journal of Legal Etichs*, v.24, p.193, 2011.

149. Spurr v. United States, *174 U.S. 728, 728-733* (1899).

150. Montante que, devidamente atualizado, excederia US$ 2 milhões em 2017.

Dazey em seus relatórios à controladoria do banco.[151] Assim, tendo sido apresentados os cheques para certificação, Spurr apôs sua assinatura, tendo garantido a solvência de Dobbins e Dazey.[152]

Spurr respondeu a processo criminal perante a Justiça Federal do Distrito Médio do Tennessee, sendo condenado pelo júri federal pela certificação deliberada do cheque sem fundos. Ocorre que, naquele julgamento, o juiz federal, questionado pelo júri quanto ao direito aplicável à certificação dos cheques sem fundos, informou-os apenas quanto à normativa geral vedando tal prática,[153] responsabilizando o banco e seus administradores. O juiz omitiu em sua instrução a leitura integral da norma incriminadora,[154] que exigia que a violação da norma administrativa deveria ser deliberada para que houvesse relevância penal. Spurr recorreu sucessivamente ao Sexto Circuito do *United States Court of Appeals*, onde teve seu recurso julgado improcedente, e à Suprema Corte dos Estados Unidos.[155]

A decisão proferida pela Suprema Corte se baseou em grande parte em transcrição de extenso trecho do caso *Potter v. United States*,[156] decidindo que o magistrado não poderia ter deixado de ler ambas as normas – tanto a normativa geral acerca da certificação de cheques quanto a norma incriminadora contendo a expressão "deliberadamente" – quando questionado pelo júri a respeito da regra aplicável ao fato. A Corte aponta, de toda forma, que anteriormente à formulação da pergunta, o júri já havia se reunido para deliberação, sendo que antes disso haviam sido instruídos nos seguintes termos:

> Se vocês decidirem a partir das provas que a conta de Dobbins e Dazzey, com base nos livros bancários, estava continuamente no vermelho durante o período coberto pelas datas dos cheques certificados pelo réu e que o réu estava de fato ignorante de tal insuficiência de recursos; e que ele certificou os diversos cheques mencionados na inicial acusatória acreditando àquele tempo que havia depósito feito por Dobbins e Dazey durante os dias em que tais cheques foram certificados sendo suficiente ou mais que suficiente para cobrir o montante de tais cheques, além do saldo negativo já existente, então ele não é culpado e vocês devem absolvê-lo, exceto se tal ignorância acerca do saldo negativo era deliberada, conforme exposto no restante das instru-

---

151. Spurr v. United States, *174 U.S. 728, 730-731* (1899).

152. A insolvência de Dobbins e Dazey acabou levando o Commercial National Bank de Nashville à falência. Ver NATIONAL bank suspends; it was heavily involved by the failure of Dobbins & Dazey, A. *The New York Times*, 25 mar. 1893. Disponível em: <https://goo.gl/3JcEnA>. Acesso em: 11 jan. 2017; PUT trust in Dazey. *Chicago Tribune*, 27 mar. 1983, p. 4. Disponível em: <https://goo.gl/rzz557>. Acesso em: 11 jan. 2017.

153. Spurr v. United States, *174 U.S. 728* (1899).

154. Spurr v. United States, *174 U.S. 728* (1899).

155. Spurr v. United States, *174 U.S. 728, 732-733* (1899).

156. Potter v. United States, *155 U.S. 438, 445-447* (1894).

ções deste tribunal. A esse respeito, vocês devem manter em mente o que eu já instruí vocês, que se essa era uma conta geral e não especial de Dobbins e Dazey, então a transação que sobreveio era aplicável primeira à liquidação do saldo negativo previamente existente antes que pudesse ser dito haver quaisquer recursos na conta de Dobbins e Dazey para a liquidação dos cheques.

Se as provas falharem em satisfazer suas mentes claramente e para além de uma dúvida razoável, que o réu de fato sabia, ao tempo em que certificou os cheques mencionados na inicial acusatória, que Dobbins e Dazey não tinham em depósito junto ao banco recursos suficientes para cobrir os cheques certificados, então vocês devem absolvê-lo, exceto se vocês estiverem convencidos pelas provas para além de uma dúvida razoável que ele deliberadamente, planejadamente e agindo de má fé – estas palavras querem dizer substancialmente a mesma coisa – fechou seus olhos ao fato e propositadamente absteve-se de questionar ou investigar com o propósito de evitar conhecer.

[...] Em geral, se o acusado agiu de boa fé em fazer tais certificações, acreditando que o estado da conta de Dobbins e Dazey assim o justificava, ele não é culpado pelo crime imputado. Mera negligência ou falta de cuidado desacompanhados de má fé não o tornariam culpado.[157]

A Suprema Corte não emitiu qualquer juízo a respeito de tais instruções, tendo apenas relatado o que havia sido dito aos jurados antes do pedido de esclarecimento.[158] Da maneira como colocado pelos membros da Corte, a transcrição das instruções originais dadas aos jurados não configura sua concordância, expressa ou tácita, com os seus termos. A transcrição se deu apenas para ilustrar o fundamento da decisão: que o magistrado federal havia errado em não permitir o esclarecimento integral do conteúdo da norma incriminadora aos jurados, até porque já havia mencionado anteriormente a incidência da expressão "deliberadamente".

A despeito disso, não são poucos os autores americanos que defendem posição contrária. Von Kaenel e Gorman entendem que a Suprema Corte endossou o teor das instruções dadas em primeira instância ao transcrevê-las em sua decisão.[159] Roiphe, por outro lado, afirma que a Corte reconheceu a correção do uso da

157. Spurr v. United States, *174 U.S. 728, 738-739* (1899) (tradução livre do autor – ver texto original em <http://lucchesi.link/cegueira>).

158. Spurr v. United States, *174 U.S. 728, 737-738* (1899).

159. KAENEL, Frans J. von. Willful blindness: a permissible substitute for actual knowledge under the money laundering control act? *Washington University Law Quarterly*, v.71, p.1.220, 1993. NR 65; GORMAN, Daniel Eric. Global-Tech Appliances, Inc. v. SEB S.A.: Invoking the doctrine of willful blindness to bring those who lack knowledge of induced infringement within § 271(b)'s prohibition. *Tulane Journal of Technology and Intellectual Property*, v.14, p.400, 2011.

cegueira deliberada como substituto para o requisito de *mens rea*.[160] Já Charlow defende que a Suprema Corte aprovou a instrução referente à cegueira deliberada.[161] De todo modo, também não é correto dizer que a Suprema Corte rejeitou as instruções originárias dadas pelo magistrado federal, como faz From.[162] Em realidade, como reconhece Robbins, tratou-se de apenas uma observação feita pelo *Chief Justice* Fuller, autor do voto, sem qualquer influência na decisão proferida.[163] Discorda-se, porém, de Robbins quando este afirma que a Corte sinalizou sua aprovação da ignorância deliberada naquela decisão.

É importante destacar que a própria Suprema Corte tem dificuldade em analisar a extensão e o alcance de sua decisão no caso *Spurr*. No caso *Global-Tech Appliances, Inc. v. SEB S.A.*,[164] julgado em 2011, ao analisar a quebra de patente em processo de natureza cível, a Corte, em voto lavrado pelo *Justice* Alito e seguido por sete dos oito demais membros da Corte, entendeu que indiferença deliberada a um risco conhecido de que pudesse haver registro de patente de um produto industrial desenvolvido satisfaria o elemento *knowledge* exigido pela lei federal, tendo se remetido à cegueira deliberada enquanto categoria "bem estabelecida no direito penal".[165] De acordo com o voto, a Suprema Corte teria endossado uma concepção similar à cegueira deliberada no caso *Spurr*.[166] O trecho transcrito pelo *Justice* Alito, no entanto, não se refere a *knowledge*, e sim a um "desígnio maligno".[167]

Em seu voto dissidente no caso *Global-Tech*, *Justice* Kennedy corretamente pontuou que no caso *Spurr* não houve decisão alguma pela Corte equiparando cegueira deliberada e *knowledge*, apenas uma breve consideração que a intenção ilícita do autor poderia ser inferida pelas circunstâncias.[168]

Vê-se, assim, que a origem da cegueira deliberada, seja no direito inglês ou no direito americano, é incerta. Não há como se negar, porém, sua difusão, principalmente nos tribunais federais americanos, como observou *Justice* Alito no caso *Global-Tech*.[169] No entanto, há dissonância entre os tribunais federais na

---

160. ROIPHE, Rebecca. The ethics of willful ignorance. *Georgetown Journal of Legal Etichs*, v.24, p.193, 2011.

161. CHARLOW, Robin. Wilful ignorance and criminal culpability. *Texas Law Review*, v.70, p.1.353, 1992. NR 7.

162. FROM, Justin C. Avoiding Not-So-Harmless Errors: The Appropriate Standards for Appellate Review of Willful-Blindness Jury Instructions. *Iowa Law Review*, v.97, p.282, 2011.

163. ROBBINS, Ira P. The ostrich instruction: deliberate ignorance as a criminal mens rea. *Journal of Criminal Law & Criminology*, v.81, p.198, 1990.

164. Global-Tech Appliances, Inc. *v. SEB S.A.*, *563 U.S. 754* (2011).

165. Global-Tech Appliances, Inc. *v. SEB S.A.*, *563 U.S. 754, 766* (2011).

166. Global-Tech Appliances, Inc. *v. SEB S.A.*, *563 U.S. 754, 766-767* (2011).

167. No original, *evil design*. Ver Spurr v. United States, *174 U.S. 728, 735* (1899).

168. Global-Tech Appliances, Inc. *v. SEB S.A.*, *563 U.S. 754, 773-774* (2011).

169. Global-Tech Appliances, Inc. *v. SEB S.A.*, *563 U.S. 754, 755-756* (2011).

aplicação da cegueira deliberada,[170] sendo necessário analisar como as principais decisões foram expressadas e vêm sendo aplicadas naquele país.

2.2.2 *Desenvolvimento das instruções de avestruz na jurisprudência dos tribunais federais dos Estados Unidos: United States v. Jewell (1976) e além*

A *willful blindness* teve sua principal aplicação no sistema jurídico-penal federal nos Estados Unidos da América, em especial no caso *United States v. Jewell*,[171] julgado em composição integral pelo Nono Circuito do *United States Court of Appeals* em 1976. Embora esse não tenha sido o primeiro caso em que um tribunal federal americano analisou e aplicou o conceito de *willful blindness* em um julgamento,[172] o caso se tornou paradigmático não apenas por incluir a análise de diversos casos anteriores julgados por outros tribunais federais, como também por ter sido decidido em composição integral,[173] visando retificar uma decisão anterior no caso *United States v. Davis*[174] – em que o Nono Circuito decidiu que bastava para a prática do crime de tráfico de drogas previsto no § 841(a)(1) do Título 21 do Código dos Estados Unidos que o autor agisse com propósito de praticar a ação proibida pelo dispositivo legal – de modo a pacificar o entendimento quanto aos requisitos subjetivos do crime de tráfico de drogas.[175] Tendo havido a análise pelos treze integrantes daquele tribunal, considerando a extensa jurisprudência produzida sobre o tema nos anos anteriores, o caso *Jewell* é emblemático, sendo considerado um marco fundamental na análise da *willful blindness*.

O recorrente Charles Demore Jewell foi acusado de tráfico internacional de drogas, pois foi preso na fronteira entre os Estados Unidos e o México condu-

170. Global-Tech Appliances, Inc. *v. SEB S.A.*, *563 U.S. 754, 756* (2011).

171. United States v. Jewell, *532 F.2d 697* (9th Cir., 1976).

172. Na decisão são citados precedentes de outro tribunais. Do Segundo Circuito: Griego v. United States. *298 F.2d 845* (2d Cir., 2006); United States v. Llanes, *374 F.2d 712* (2d Cir., 1967); United States v. Squires, *440 F.2d 859* (2d Cir., 1971).; United States v. Sarantos, *455 F.2d 877* (2d Cir., 1972).; United States v. Jacobs, *475 F.2d 270* (2d Cir., 1973); United States v. Joly, *493 F.2d 672* (2d Cir., 1974); United States v. Olivares-Vega, *495 F.2d 827* (2d Cir., 1974); United States v. Bright, *517 F.2d 584* (2d Cir., 1975); e United States v. Dozier, *522 F.2d 224* (2d Cir., 1975). Do Sexto Circuito: United States v. Thomas, *484 F.2d 909* (6th Cir., 1973). Do Sétimo Circuito: United States v. Grizaffi, *471 F.2d 69* (7th Cir., 1972); e United States v. Joyce, *499 F.2d 9* (7th Cir., 1972).

173. De acordo com a Regra 35(a) das Regras Federais para o Processo Recursal (*Federal Rules of Appellate Procedure*), os tribunais federais podem excepcionalmente ampliar o quórum regular de julgamento – composto ordinariamente por três juízes – para a composição integral da corte ("*en banc*", no original) quando for necessário para assegurar ou manter a uniformidade das decisões do tribunal ou quando o caso envolver alguma matéria de importância excepcional.

174. United States v. Davis, *501 F.2d 1344* (1974).

175. United States v. Jewell, *532 F.2d 697* (9th Cir., 1976).

zindo um veículo contendo compartimento secreto no porta-malas em que foram encontradas 110 libras[176] de maconha, no valor estimado de US$ 6.250,00.[177] Interrogado pelas autoridades federais, Jewell disse ter viajado de Los Angeles a Tijuana, no México, com um amigo em um carro alugado. Lá foram abordados por um desconhecido que lhes ofereceu maconha e ofereceu pagar-lhes US$ 100,00 para levar um carro até os Estados Unidos, veículo que deveria ser deixado em determinado endereço com o documento e as chaves dentro do cinzeiro. Jewell aceitou a proposta, mas seu amigo não, tendo este levado o veículo alugado de volta a Los Angeles enquanto Jewell conduziu o outro veículo a pedido do desconhecido. Jewell disse ter desconfiado que poderia haver algo errado ou ilegal no carro, tendo olhado debaixo dos assentos, dentro do compartimento porta-luvas e dentro do porta-malas, não tendo encontrado nada e se dado por satisfeito, acreditando que, se houvesse algo, esse algo também não seria encontrado pelas autoridades. Questionado sobre o compartimento secreto no porta-malas, Jewell disse ter visto um "vazio" no porta-malas, mas não sabia o que era. O agente aduaneiro responsável por parar Jewell testemunhou ter perguntado a ele quando teria instalado o compartimento, tendo Jewell respondido que o compartimento já estava no carro quando o recebeu.

No julgamento pelo júri em primeira instância, Jewell foi condenado pelos crimes de tráfico de drogas previstos nos §§ 841(a)(1) e 952(a), ambas do Título 21 do Código dos Estados Unidos.[178] Antes de os jurados se retirarem para deliberar sobre o veredito, o juiz deu-lhes instruções sobre como analisar as questões de direito discutidas durante o julgamento, dentre elas uma instrução sobre o significado da expressão "*knowingly*" e outra sobre a extensão do conjunto probatório que deveria ser demonstrado pela acusação para que o acusado pudesse ser condenado. Quanto ao elemento subjetivo, a instrução foi que "[u]ma ação é praticada com conhecimento se ela é praticada voluntariamente e intencionalmente e não devido a erro ou acidente ou outra razão inocente"[179] e que "[o] propósito de acrescentar a palavra *knowingly* foi para assegurar que ninguém seria condenado por ações praticadas com base em uma omissão ou falha em agir decorrente

---

176. Aproximadamente 50 quilogramas.

177. O equivalente, ao tempo de redação desta obra, a aproximadamente US$ 27.000,00 ou a aproximadamente R$ 80.000,00.

178. ESTADOS UNIDOS DA AMÉRICA. *United States Code*, Título 21, § 841(a)(1) (1970): "*Except as authorized by this subchapter, it shall be unlawful for any person knowingly or intentionally* [...] *to manufacture, distribute, or dispense, or possess with intent to manufacture, distribute, or dispense, a controlled substance*"; ESTADOS UNIDOS DA AMÉRICA. *United States Code*, Título 21, § 952(a) (1970): "*It shall be unlawful to import into the customs territory of the United States from any place outside thereof (but within the United States), or to import into the United States from any place outside thereof, any controlled substance in schedule I or II of subchapter I, or any narcotic drug in schedule III, IV, or V of subchapter I, or ephedrine, pseudoephedrine, or phenylpropanolamine.*"

179. United States v. Jewell, *532 F.2d 697* (9th Cir., 1976).

de erro ou acidente ou outra razão inocente".[180] Quanto à culpa do acusado, os jurados foram assim instruídos:

> A Acusação pode cumprir seu ônus probatório provando, para além de uma dúvida razoável, que se o acusado não estava realmente consciente de que havia maconha no veículo que ele conduzia quando entrou nos Estados Unidos a sua ignorância àquele respeito foi somente e integralmente um resultado do seu propósito consciente de desprezar a natureza daquilo que estava dentro veículo, com um propósito consciente de evitar conhecer a verdade.[181]

A defesa de Jewell havia solicitado ao juízo a inclusão de uma instrução aos jurados que determinasse que somente seria possível uma condenação caso restasse demonstrado que o acusado sabia estar em posse de maconha. A instrução proposta, no entanto, foi rejeitada, pois se entendeu que ela sugeria um grau de certeza do conhecimento pelo autor.

Analisando o recurso de Jewell, o Nono Circuito do *United States Court of Appeals* decidiu que o elemento subjetivo exigido pelo crime de tráfico de drogas previsto no § 841(a)(1) imputado ao recorrente compreende não apenas o conhecimento da natureza da conduta de possuir ou portar a substância controlada como também intenção de produzir, distribuir os ministrar a substância.[182] Com relação ao conhecimento, o Tribunal restringiu a interpretação anterior no caso *Davis* apenas à regra que a acusação não é obrigada a comprovar que o acusado realmente sabia a exata natureza da substância com que estava lidando.[183]

Com base nessa premissa, o Tribunal entendeu que as instruções dadas aos jurados foram adequadas, remetendo ao posicionamento da doutrina clássica americana e inglesa de Perkins, Edwards e Williams,[184] segundo os quais é possível identificar conhecimento nos casos em que o autor deliberadamente fecha os seus olhos à verdade. O voto majoritário, ademais, remete ao § 2.02(7) do Código Penal Modelo, que define conhecimento a partir da consciência de uma elevada probabilidade da existência de um elemento, observando que os Comentários ao Código apontam que a regra foi incluída para abarcar as situações denominadas de "*willful blindness*" pelos autores ingleses.[185] O voto firmado pelo *Circuit Judge*

---

180. United States v. Jewell, *532 F.2d 697* (9th Cir., 1976).

181. United States v. Jewell, *532 F.2d 697* (9th Cir., 1976) (tradução livre do autor – ver texto original em <http://lucchesi.link/cegueira>).

182. United States v. Jewell, *532 F.2d 697* (9th Cir., 1976).

183. United States v. Jewell, *532 F.2d 697* (9th Cir., 1976).

184. Tais autores foram citados na Seção 2.2.1, p.86.

185. WECHSLER, Herbert (Org.). *Model Penal Code and Commentaries: Official Draft and Revised Comments*. Part I: General Provisions (§§ 1.01 to 2.13). Philadelphia: The American Law Institute, 1985. v.1. p.248.

Browning, também remete a decisões da Suprema Corte dos Estados Unidos, nos casos *Leary v. United States*[186] e *Turner v. United States*,[187-188] em que a Corte adotou a definição de conhecimento proposta pelo Código Penal Modelo, apesar de sua inaplicabilidade à legislação federal americana – muito embora tais decisões não tratem de instruções aos jurados. O Tribunal cita, no entanto, diversas decisões de tribunais federais americanos que julgaram adequadas instruções semelhantes, reconhecendo que *conhecimento* não é apenas "conhecimento real" ou "efetivo",[189] podendo incluir também situações em que o conhecimento real somente não existiu porque o autor conscientemente evitou adquiri-lo.

Após a fundamentação jurídica da decisão, ressaltando o amparo doutrinário e jurisprudencial da instrução de cegueira deliberada dada pela instância originária, o voto majoritário traz ainda argumentação político-criminal, fundada no histórico legislativo da lei que introduziu os dispositivos incriminados na legislação federal.[190] Segundo o Tribunal, a interpretação restritiva da expressão "com conhecimento" defendida pelo recorrente não se coadunava com o propósito legislativo de lidar de maneira mais efetiva com a crescente ameaça do abuso das drogas nos Estados Unidos.[191] Argumenta a decisão que uma interpretação exigindo a demonstração de conhecimento real tornaria a ignorância deliberada pelo autor do fato uma defesa contra a imputação, o que certamente se tornaria útil para os traficantes de drogas, que poderiam sempre argumentar que nada sabiam, desenvolvendo uma estratégia pelo desconhecimento propositado.[192]

Com isso, decidindo que a norma incriminadora não exige conhecimento real, mas sim a consciência de uma elevada probabilidade da presença de alguma substância ilícita no conteúdo transportado pelo autor, o Nono Circuito do *United Sates Court of Appeals* julgou improcedente o recurso de Jewell, reconhecendo a aptidão da instrução dada pelo juízo recorrido.

Em que pese o fato de o Tribunal observar que a instrução dada aos jurados preencheu os requisitos mínimos para permitir uma condenação, em nota de rodapé ao texto observa-se que a instrução não era perfeita. O juízo se limitou a afirmar que a acusação deveria comprovar para além de uma dúvida razoável que, se o acusado não estava realmente consciente, sua ignorância àquele respeito foi somente e integralmente um resultado do seu propósito consciente de evitar

---

186. Leary v. United States, *395 U.S. 6* (1969).

187. Turner v. United States, *396 U.S. 398* (1970).

188. Deve-se observar que na decisão no caso *Jewell* o Tribunal do Nono Circuito não menciona a decisão da Suprema Corte no caso *Spurr* (Spurr v. United States, *174 U.S. 728* (1899)), comumente apontada como o precedente em que a Suprema Corte reconhece a aplicação da cegueira deliberada. Ver acima Seção 2.2.1, p.86.

189. No original, *actual knowledge*.

190. *Drug Control Act*, ou Lei de Controle das Drogas, de 1970.

191. United States v. Jewell, *532 F.2d 697* (9th Cir., 1976).

192. United States v. Jewell, *532 F.2d 697* (9th Cir., 1976).

conhecer a verdade.[193] O voto majoritário observou que a instrução seria mais adequada se dissesse diretamente que o conhecimento exigido é estabelecido se o acusado estiver ciente de uma elevada probabilidade da existência do fato em questão, exceto se ele realmente acreditar que o fato não existe.[194] Como, no entanto, não houve recurso por Jewell nesse sentido, o Tribunal entendeu por bem não reformar a decisão por esse motivo. Deve-se observar, de qualquer modo, que os elementos destacados pela instrução que o voto majoritário considerou ser exemplar traz requisitos exigidos pelo § 2.02(7) do Código Penal Modelo, que, como visto detalhadamente na Seção 2.1.1 acima,[195] não se aplica diretamente ao sistema penal federal americano.

Ainda que a decisão tenha trazido diversos fundamentos, em especial a doutrina clássica que poderia, por si, complementar o significado de conhecimento para o *common law* – e, por consequência, ao direito penal federal –, o Tribunal deu maior peso ao conteúdo do conhecimento expressado no Código Penal Modelo.

Apesar de o voto do *Circuit Judge* Browning ter conduzido a ampla maioria do Tribunal do Nono Circuito, sendo acompanhado por oito dos treze votantes, foi proferido voto dissidente pelo então *Circuit Judge* Anthony M. Kennedy – que viria a ser nomeado *Justice* da Suprema Corte dos Estados Unidos doze anos mais tarde pelo presidente Ronald Reagan.

Em seu voto dissidente, em que foi acompanhado por outros três membros do Tribunal, Kennedy não disputou a decisão proferida no voto majoritário referente ao conhecimento de que substância estava sendo portada. Isto é, não seria necessário para a condenação que a acusação demonstrasse que o acusado soubesse estar portando maconha, cocaína ou outra droga. Bastaria demonstrar que o autor tinha conhecimento da natureza ilícita da substância e a intenção de produzir, distribuir ou ministrá-la. A discussão colocada pelo voto dissidente referiu-se ao conteúdo da expressão *conhecimento*.

Primeiramente, Kennedy observou haver contradição entre a instrução dada aos jurados com relação ao *conhecimento* – isto é, de que houve um propósito consciente pelo autor de evitar conhecer a verdade – e o segundo elemento subjetivo para a configuração do crime de tráfico de drogas, consistente na intenção de produzir, distribuir ou ministrar a droga. Segundo observou o voto dissidente, somente seria possível pretender distribuir, por exemplo, uma substância que se sabe portar.[196]

---

193. United States v. Jewell, *532 F.2d 697* (9th Cir., 1976).
194. United States v. Jewell, *532 F.2d 697* (9th Cir., 1976).
195. Ver p.65.
196. United States v. Jewell, *532 F.2d 697* (9th Cir., 1976).

Com relação à questão específica da cegueira deliberada, Kennedy observou que a definição de conhecimento dada pelo Código Penal Modelo não se confunde com o conceito de *willful blindness*. Segundo o voto dissidente, o princípio da cegueira deliberada reconhecido pela doutrina inglesa se aplica a situações de suspeita pelo autor, que acredita ou desconfia da existência de alguma atividade ou circunstância criminosa, mas evita uma confirmação.[197] Essa confirmação seria geralmente visual, revelando uma predisposição à visão como sentido primário para a aquisição do *conhecimento*.[198] Kennedy apontou, no entanto, que a doutrina clássica inglesa não trata a *willful blindness* como *conhecimento*, e sim como um estado mental distinto do *conhecimento*, ainda que igualmente merecedor de sanção penal, portanto equiparável em termos de punibilidade.[199]

Deve-se observar, no entanto, que a conclusão pela incongruência entre *conhecimento* e *willful blindness* não está clara dos trechos citados por Kennedy no voto, sendo necessária consulta ao texto integral das obras citadas. Kennedy mencionou os mesmos autores citados pelo voto majoritário, Williams e Edwards.[200] Segundo Williams, há apenas uma exceção bastante restrita ao conhecimento real, aplicável quando a suspeita do autor é despertada, mas ele deliberadamente se omite de investigar os fatos porque deseja se manter em estado de ignorância, sendo possível, nesses casos, considerá-lo como tendo *conhecimento*.[201] Assim, aplicando-se a lógica do autor, se alguém pode ser considerado como tendo *conhecimento*, então não possui *conhecimento*. Trata-se de uma equiparação. Há, inclusive, trecho posterior na obra de Williams que afirma haver "equivalência" entre *conhecimento* e *willful blindness*.[202] Se há relação de equivalência entre dois conceitos, significa logicamente que um não é o mesmo que o outro. Da mesma forma, Edwards afirma que cegueira deliberada – ou "conivência", como propõe – é "tão culpável quanto conhecimento real".[203] Novamente, se há relação de equivalência entre a reprovabilidade de um e de outro conceito, não há identidade entre eles.

---

197. United States v. Jewell, *532 F.2d 697* (9th Cir., 1976).

198. United States v. Jewell, *532 F.2d 697* (9th Cir., 1976).

199. United States v. Jewell, *532 F.2d 697* (9th Cir., 1976).

200. O voto citou também Rollin M. Perkins, no entanto a citação diz respeito ao engano comumente provocado pela expressão "conhecimento real", que sugere a possibilidade de se obter certeza absoluta sobre algum fato, sendo que as pessoas comumente – senão sempre – agem com base em informações incompletas (PERKINS, Rollin M. *Criminal law*. 2.ed. Mineola: Foundation Press, 1969).

201. WILLIAMS, Glanville. *Criminal Law: the general part.* 2.ed. Londres: Stevens & Sons Ltd., 1961. p.157. Kennedy citou apenas um breve trecho desta citação em seu voto ("*To the requirement of actual knowledge there is one strictly limited exception*").

202. WILLIAMS, Glanville. *Criminal Law: the general part.* 2.ed. Londres: Stevens & Sons Ltd., 1961. p.159.

203. EDWARDS, John Llewlyn Jones. *Mens rea in statutory offences*. Londres: Macmillan, 1955. p.199.

Por outro lado, Kennedy observou que o § 2.02(7) do Código Penal Modelo contém uma definição de *conhecimento*, e não um substituto para esse elemento subjetivo, ao contrário de *cegueira deliberada*, de acordo com o entendimento manifestado no voto dissidente.[204] Nesse sentido, dizer simultaneamente que a instrução dada aos jurados no julgamento originário aplicou a *willful blindness* e seguiu a baliza para definição de *conhecimento* proposta pelo Código Penal Modelo seria uma contradição em termos.

Kennedy apontou no voto dissidente, ademais, que o escopo da cegueira deliberada é incerto, pois não há consenso quanto ao seu alcance. Não se sabe se a cegueira deliberada contempla situações de desprezo imprudente à existência do fato ou situações de omissão frente a um dever geral de informação. Também não há consenso quanto à adoção de um critério objetivo de análise, usando como parâmetro o "homem médio", ou se deve ser dada alguma importância à crença subjetiva do autor.[205]

Assim, o voto dissidente defendeu a necessidade de se definir o que se estava aplicando ao proferir a instrução. Ou se aplica o princípio do *common law* da *willful blindness*, ou se acolhe a definição de *conhecimento* fornecida pelo Código Penal Modelo. Segundo Kennedy, no entanto, não havendo identidade – e sim equiparação – entre *conhecimento* e *cegueira deliberada*, uma vez que a norma incriminadora exige o *conhecimento* como requisito subjetivo, não seria possível a sua substituição por outro elemento, ainda que considerado equivalente.[206] Por outro lado, caso fosse adotada para o sistema penal federal a definição de *conhecimento* proposta no Código Penal Modelo, deveriam estar presentes os requisitos estipulados no § 2.02(7), isto é, ciência de uma elevada probabilidade da existência do fato e uma crença objetiva pelo autor da existência do fato.[207] Neste caso, a instrução analisada conteria três defeitos insanáveis: primeiro, não exige demonstração da ciência por Jewell da elevada probabilidade de que houvesse uma substância ilícita no veículo;[208] segundo, não adverte que Jewell não poderia ser condenado caso realmente acreditasse que não havia alguma substância ilícita no veículo;[209] e, terceiro, a instrução afirma que Jewell poderia ser condenado mesmo que não estivesse consciente da presença de alguma substância ilícita, o que é errado, pois a ignorância somente se torna penalmente relevante caso os

---

204. United States v. Jewell, *532 F.2d 697* (9th Cir., 1976).
205. United States v. Jewell, *532 F.2d 697* (9th Cir., 1976).
206. United States v. Jewell, *532 F.2d 697* (9th Cir., 1976).
207. United States v. Jewell, *532 F.2d 697* (9th Cir., 1976).
208. United States v. Jewell, *532 F.2d 697* (9th Cir., 1976).
209. United States v. Jewell, *532 F.2d 697* (9th Cir., 1976). O voto dissidente citou o caso *United States v. Bright* (*517 F.2d 584* (2d Cir., 1975)) como precedente em que o Tribunal Federal de Recursos do Segundo Circuito anulou uma instrução aos jurados que não continha essa advertência referente à crença subjetiva pelo acusado quanto à existência ou não do fato, conforme exigido pelo § 2.02(7) do Código Penal Modelo.

requisitos legais previstos no § 2.02(7) do Código Penal Modelo estejam presentes.[210]

Da análise do voto de Kennedy, percebe-se que os demais membros do Tribunal do Nono Circuito não se opuseram ao uso de um estado de consciência inferior ao conhecimento real e efetivo para permitir a configuração do elemento "conhecimento" exigido pelos crimes de tráfico de drogas imputados a Jewell. Opuseram-se, no entanto, à forma como a regra relativa à definição do grau de conhecimento necessária foi transmitida aos jurados que participaram do julgamento em primeira instância.

De um lado, a posição majoritária do Tribunal entendeu ser possível condenar alguém que não tivesse um grau absoluto de certeza quanto à presença de drogas no veículo que conduzia, bastando que fosse demonstrado que sua ignorância àquele respeito foi produto de um propósito consciente pelo autor de evitar conhecer a verdade, deixando de verificar o conteúdo do veículo. Por outro lado, a posição minoritária, embora também concordasse com a possibilidade de condenar sem que houvesse demonstração de certeza absoluta por parte do autor, entendeu que seria necessária a demonstração de dois elementos adicionais: a ciência de uma elevada probabilidade da existência de drogas no carro e a ausência de uma crença subjetiva por parte do autor de que as drogas realmente não estavam presentes.

Observe-se que os dois elementos adicionais exigidos pelo voto minoritário estivam presentes no caso. O histórico trazido no voto deixa claro que o indivíduo que abordou Jewell ofereceu vender-lhe maconha antes de contratá-lo para transportar o veículo em circunstâncias suspeitas. Ademais, Jewell reconheceu durante a abordagem pelo agente aduaneiro que suspeitava da possibilidade de existir drogas no carro, mas se deu por satisfeito com uma busca superficial no porta-luvas, embaixo dos assentos e no porta-malas. Havia, ainda, indícios de que Jewell sabia da existência do compartimento secreto.[211] Desta forma, pode-se dizer que tinha ciência da elevada probabilidade de que estaria transportando drogas, bem como – diante de sua suspeita inicial – não se pode dizer que ele acreditava não haver drogas no carro. Ocorre, porém, que como tais elementos não foram inseridos na instrução aos jurados, o voto minoritário entendeu que a condenação foi inválida.

O voto majoritário chegou a enfrentar essa questão, afirmando que a inclusão desses dois elementos exigidos pelo § 2.02(7) do Código Penal Modelo não foi impugnada pelo recorrente no recurso. Ademais, o voto majoritário entendeu que tais elementos estavam implícitos na instrução, não havendo fundamento suficiente para reformar a decisão com base em erro material. Reconheceu-se, no entanto, como dito, que a instrução não era exemplar.

---

210. United States v. Jewell, *532 F.2d 697* (9th Cir., 1976).
211. United States v. Jewell, *532 F.2d 697* (9th Cir., 1976).

O que se extrai do julgamento do caso *Jewell* é que os tribunais federais americanos aceitam a complementação da definição de conhecimento nos crimes federais por regras estranhas à legislação federal americana – como é o caso dos comentários doutrinários ao direito inglês e as regras de interpretação do Código Penal Modelo, que não são adotadas pelo legislador, embora tenha tido oportunidade para tanto.

Em que pesem as objeções feitas no voto minoritário e os defeitos contidos na instrução dada aos jurados em primeira instância, o caso *Jewell* logo tornou-se referência nos Estados Unidos no que diz respeito à cegueira deliberada, sendo citado e seguido em diversas decisões,[212] ao ponto de tornar-se sinônimo com a regra relativa à cegueira deliberada nos Estados Unidos.[213]

Três décadas depois, o Nono Circuito do *United States Court of Appeals* revisitou o caso *Jewell* ao julgar o recurso no caso *United States v. Heredia*,[214] novamente em composição integral, visto que muitas decisões posteriores ao caso *Jewell* contribuíram para criar um "matagal irritante de precedentes", tornando-se necessário limpar a vegetação que o cerca, para esclarecer o núcleo da regra estipulada naquele julgamento.[215] Segundo o Tribunal, a decisão central no caso *Jewell* foi que a definição de conhecimento contida na legislação federal americana significa não apenas conhecimento real, como também o estado mental daquele que somente não possui conhecimento real porque conscientemente o evitou, isto é, daquele que não sabe porque não quis saber. Apesar de o escopo da decisão ser bastante direto, na visão do Nono Circuito, o precedente gerou um corpo confuso de decisões.[216] Apesar disso, o Tribunal entendeu não ser o caso de superar o caso *Jewell*, principalmente por se encontrar firmemente enraizado na jurisprudência dos tribunais federais americanos,[217] optando por restringir os efeitos de decisões posteriores. Com isso, o Tribunal manteve seu entendimento quanto ao conteúdo e alcance do elemento subjetivo *knowledge*, porém afastou dois importantes limites adicionais judicialmente impostos aos casos envolvendo instruções de cegueira deliberada.

A primeira parte da decisão diz respeito à motivação pelo autor do fato para colocar-se ou manter-se em um estado de ignorância. De acordo com o recurso,

---

212. United States v. Heredia, *483 F.3d 913, 918* (9th Cir., 2007).Vários casos de todos os tribunais federais recursais são citados na nota de rodapé n. 11 ao voto (p.921).

213. O principal vocabulário jurídico americano, o Black's Law Dictionary (GARNER, Bryan A. (Ed.). *Black's Law Dictionary*. 9.ed. St. Paul: West, 2009), contém o verbete "*Jewell instruction*" (p. 912) como sinônimo de "*conscious-avoidance instruction*" (p.935), "*deliberate-indifference instruction*" (p.935), "*ostrich instruction*" (p.935) e "*willful-blindness instruction*" (p.936).

214. United States v. Heredia, *483 F.3d 913* (9th Cir., 2007).

215. United States v. Heredia, *483 F.3d 913, 919* (9th Cir., 2007).

216. United States v. Heredia, *483 F.3d 913, 918* (9th Cir., 2007).

217. United States v. Heredia, *483 F.3d 913, 918* (9th Cir., 2007).

as decisões do próprio Tribunal do Nono Circuito eram inconsistentes quanto à exigência de um elemento motivacional nas instruções, isto é, se seria necessário para a responsabilidade a título de cegueira deliberada que o acusado tivesse deliberadamente deixado de conhecer a verdade movido pela intenção de criar para si uma defesa caso viesse a ser processado criminalmente.[218] Embora tal motivação tenha sido suscitada pelo voto majoritário no caso *Jewell*, esse elemento não foi apontado como componente obrigatório de uma instrução de cegueira deliberada. Outros casos, porém, colocaram a motivação como requisito indispensável para a validade de tais instruções.[219] Segundo o voto majoritário no caso *Heredia*, porém, a expressão "deliberadamente" contida na instrução seria suficiente para justificar a responsabilidade da recorrente, pois eliminaria casos de ignorância provocados por coação, circunstâncias emergenciais[220] ou outro vício da vontade, que excluiria a possibilidade de escolha significativa pelo autor.[221] Seria suficiente, portanto, uma instrução com dois elementos: primeiro, a ciência pelo autor de uma elevada probabilidade de existência da circunstância elementar do crime e, segundo, uma omissão deliberada pelo autor em conhecer a verdade. Ao dar uma instrução ao júri, o juiz pode discricionariamente acrescentar elementos adicionais à instrução; no entanto, tais elementos não são necessários, tendo o Tribunal do Nono Circuito superado todos os precedentes firmados em casos que decidiram pela necessidade de algum elemento adicional.[222]

A segunda parte da decisão diz respeito ao *standard* necessário para a revisão das instruções de cegueira deliberada dadas em primeira instância. De acordo com o voto majoritário no caso *Heredia*, há duas maneiras de rever a forma como o juízo dá uma instrução aos jurados: verificar se o conteúdo da instrução corresponde à regra jurídica, o que é feito mediante análise do conjunto probatório produzido no julgamento,[223] ou analisar se a instrução apresentada possui relevância aos fatos ou ainda influenciaria indevidamente os jurados, verificando se houve eventual abuso de discricionariedade pelo juízo.[224-225] O Tribunal apontou, porém, que

---

218. United States v. Heredia, *483 F.3d 913, 919* (9th Cir., 2007).

219. United States v. Baron, *94 F.3d 1312* (9th Cir.,1996); United States v. Kelm, *827 F.2d 1319* (9th Cir., 1987); United States v. Pac. Hide & Fur Depot, Inc., *768 F.2d 1096* (9th Cir., 1985); United States v. Garzon, *688 F.2d 607* (9th Cir., 1982); United States v. Puche, *350 F.3d 1137* (11th Cir., 2003); United States v. Willis, *277 F.3d 1026* (8th Cir., 2002); United States v. Delreal-Ordones, *213 F.3d 1263* (10th Cir., 2000).

220. *Exigent circumstances*, no original. Ver GARNER, Bryan A. (Ed.). *Black's Law Dictionary*. 9.ed. St. Paul: West, 2009. p.277.

221. United States v. Heredia, *483 F.3d 913, 919* (9th Cir., 2007).

222. United States v. Heredia, *483 F.3d 913, 919* (9th Cir., 2007).

223. *De novo judicial review*, no original, de alguma forma semelhante ao recurso com efeito devolutivo no sistema processual brasileiro. Ver GARNER, Bryan A. (Ed.). *Black's Law Dictionary*. 9.ed. St. Paul: West, 2009. p.924.

224. *Abuse of discretion*, no original.

225. United States v. Heredia, *483 F.3d 913, 921* (9th Cir., 2007).

desde a sua decisão no caso *United States v. Asuncion*,[226] muitos casos têm revisto toda a decisão pelo juízo de dar uma instrução de cegueira deliberada aos jurados pelo *standard de novo*, reanalisando todas as provas dos autos para verificar a pertinência da instrução, o que foge à regra de revisão das instruções aos jurados em geral, fazendo com que as decisões em grau de recurso se baseassem mais nos fatos do caso que nas questões jurídicas.[227] Assim, o Tribunal do Nono Circuito, por decisão unânime, decidiu por superar o precedente originado no caso *Asuncion*, de modo que a decisão pelo juízo de primeira instância em dar uma instrução de cegueira deliberada aos jurados somente pode ser revista caso configure um abuso de discricionariedade.[228]

Com relação ao *standard* adequado para revisão de instruções a título de abuso de discricionariedade, o Tribunal entendeu que o juízo de primeira instância deve analisar o pedido por determinada instrução aos jurados à luz da interpretação mais favorável das provas à parte requerente.[229] Em tal análise, se houver elementos suficientes para sustentar a tese defendida, não haverá abuso de discricionariedade ao dar a instrução. Isso se aplica também quando a mesma parte esteja sustentando teses alternativas, ainda que as teses possam ser conflitantes. Nesse caso, se a interpretação mais favorável das provas em cada caso sustentar independentemente cada uma das teses, poderão ser dadas ambas as instruções.[230] Em casos envolvendo instruções sobre *conhecimento*, não há abuso de discricionariedade se o juízo de primeira instância instruir os jurados tanto sobre os elementos necessários para a configuração de *conhecimento real* quanto para a configuração de *conhecimento mediante cegueira deliberada*, desde que cada tese esteja sustentada pelas provas do caso.[231] Portanto, ainda que a tese principal sustentada pela acusação seja pela presença de conhecimento real sobre os fatos, se for possível que os jurados concluam com base nas provas que o acusado tinha ciência de uma elevada probabilidade da existência da circunstância elementar do crime e desconhecia a sua existência por uma decisão deliberada em se manter ignorante, é possível instruir os jurados também sobre cegueira deliberada, não havendo risco, segundo o voto majoritário, de condenar com base em algum elemento mental inferior, como imprudência ou negligência.[232]

---

226. United States v. Asuncion, *973 F.2d 769* (9th Cir., 1992).

227. É importante observar que nos julgamentos pelo júri na tradição *common law*, em especial nos Estados Unidos, as questões de fato são decididas exclusivamente pelos jurados, enquanto aos juízes cabe decidir sobre questões de direito. Essa distinção é aprofundada na Seção 2.3.1, p.119.

228. Embora o caso *Heredia* tenha sido decidido por maioria, havendo um voto concorrente e um dissenso, todos os julgadores concordaram quanto ao *standard* apropriado para revisão da decisão em dar a instrução.

229. United States v. Heredia, *483 F.3d 913, 922* (9th Cir., 2007).

230. United States v. Heredia, *483 F.3d 913, 922* (9th Cir., 2007).

231. United States v. Heredia, *483 F.3d 913, 922* (9th Cir., 2007).

232. United States v. Heredia, *483 F.3d 913, 923-924* (9th Cir., 2007).

Por fim, o voto majoritário no caso *Heredia* mencionou casos anteriores julgados pelo Nono Circuito que ressaltam a excepcionalidade das situações de cegueira deliberada[233] e como tais alertas poderiam ser interpretadas como uma presunção de impropriedade de instruções aos jurados dessa natureza. O Tribunal entendeu, no entanto, que a preocupação expressada nesses votos anteriores era indevida, e não poderia ser interpretada como uma restrição adicional às instruções de cegueira deliberada, além das hipóteses de abuso de discricionariedade pelo juízo, tendo superado esses trechos específicos das decisões.[234]

Houve um voto concorrente ao voto majoritário, em que se concordou com a manutenção da condenação,[235] mas não com o abandono da necessidade de incluir nas instruções de cegueira deliberada um componente adicional referente à motivação, pois sem motivação não haveria conhecimento, nos termos exigidos para a configuração do crime.[236]

Já o voto dissidente, acompanhado por três dos quinze integrantes do quórum de julgamento, fez duras críticas à aplicação de cegueira deliberada nos casos em que a lei federal exige *conhecimento*. Para o voto minoritário, quando a lei dispõe sobre *conhecimento*, não está tratando de "ciência de elevada probabilidade". Não há, portanto, como equiparar esses conceitos jurisprudencialmente, mesmo que seja este um precedente reiterado há décadas nas cortes federais.[237] Cabe ao Legislativo definir crimes, e não ao Judiciário, segundo o dissenso. Não podem as cortes, portanto, complementar as circunstâncias elementares dos crimes.[238] Argumentou o voto minoritário que a legislação federal utiliza comumente a fórmula "sabe ou possui motivo razoável para acreditar"[239] quando se refere a casos em que se busca criminalizar tanto o conhecimento real como a ciência de elevada probabilidade. Assim, votou-se por superar o precedente firmado no caso *Jewell*, deixando ao Legislativo que criminalizasse especificamente a cegueira deliberada na espécie delitiva imputada.

---

233. Ver, por todos, United States v. Baron, *94 F.3d 1318* (9th Cir.,1996), NR 3; United States v. Sanchez-Robles, *927 F.2d 1073* (9th Cir., 1991); United States v. Alvarado, *817 F.2d 584* (9th Cir., 1987); United States v. Garzon, *688 F.2d 609* (9th Cir., 1982); United States v. Murrieta-Bejarano, *552 F.2d 1325* (9th Cir., 1977).

234. United States v. Heredia, *483 F.3d 913, 924* (9th Cir., 2007), NR 16.

235. United States v. Heredia, *483 F.3d 913, 924* (9th Cir., 2007).

236. United States v. Heredia, *483 F.3d 913, 928* (9th Cir., 2007).

237. United States v. Heredia, *483 F.3d 913, 931* (9th Cir., 2007). O voto minoritário aqui aparentemente confunde a demonstração de ciência de uma alta probabilidade de estar portando droga com a demonstração de uma alta probabilidade de ciência do porte. A distinção é mais significativa que aparenta. É diferente dizer que o autor sabia da alta probabilidade de estar portando uma substância ilícita de dizer que é muito provável que o autor soubesse estar portando substância ilícita. Apesar da validade das críticas feitas à fórmula, apenas a primeira expressão permite condenação fundada em cegueira deliberada no direito penal federal americano.

238. United States v. Heredia, *483 F.3d 913, 932* (9th Cir., 2007).

239. "*Knows or has reasonable cause to believe*", no original.

A decisão do Nono Circuito do *United States Court of Appeals* no caso *Heredia* é relevante, pois complementa e de alguma forma pacifica o entendimento sobre as instruções de cegueira deliberada proferidas com base no caso *Jewell*. Tendo sido a mesma corte que proferiu aquela célebre decisão, seu entendimento tem peso nessa matéria, ainda que sua observância pelos demais tribunais federais não seja obrigatória. Somente uma decisão da Suprema Corte seria capaz de uniformizar o entendimento dos tribunais federais.

Sob o aspecto hierárquico, a mais relevante das decisões recentes sobre cegueira deliberada foi proferida justamente pela Suprema Corte dos Estados Unidos da América no já citado caso *Global-Tech Appliances, Inc. v. SEB S.A.*, curiosamente em um caso envolvendo não a prática de crime, mas uma disputa de propriedade intelectual sobre o design de uma fritadeira de imersão.[240] Em um dos argumentos utilizados pela empresa recorrente, sustentou-se que não poderia ser processada por quebra de patente com base em sua indiferença deliberada ao risco conhecido de existência de registro de patente. A Suprema Corte entendeu, no entanto, que, com base no princípio da cegueira deliberada, seria possível decidir pela violação de propriedade intelectual. Para fundamentar sua decisão, a Suprema Corte, por ampla maioria de oito votos contra um, referiu-se ao fato de a cegueira deliberada estar firmemente estabelecida no direito penal americano, citando para tanto John Llewelyn Jones Edwards[241] e o caso *Jewell*.[242]

Como mencionado acima, o voto majoritário no caso *Global-Tech* afirma incorretamente que a Suprema Corte endossou um conceito semelhante à cegueira deliberada no caso *Spurr*,[243] além de ter aprovado o uso das definições do Código Penal Modelo para complementar a definição de conhecimento no direito penal federal nos casos *Turner* e *Leary*.[244] Com isso, concluiu que, dada a longa história da cegueira deliberada e sua ampla aceitação nos tribunais federais, não haveria motivo para não aplicar esse mesmo princípio também nos casos cíveis.[245]

A maior relevância desse julgamento para os casos criminais federais, no entanto, esteve na definição pela Suprema Corte dos critérios comumente utilizados para definir cegueira deliberada: a crença subjetiva pelo autor de elevada probabilidade da existência do fato e a prática deliberada de condutas visando evitar conhecimento do fato.[246] Para tanto, cita decisões de cada Tribunal Federal de Recursos, demonstrando adesão a esses requisitos em todo o país, com a

---

240. Global-Tech Appliances, Inc. *v. SEB S.A., 563 U.S. 754* (2011).

241. EDWARDS, John Llewlyn Jones. The Criminal Degrees of Knowledge. *Modern Law Review*, v.17, p.294, 1954.

242. Global-Tech Appliances, Inc. *v. SEB S.A., 563 U.S. 754, 766* (2011).

243. Ver Seção 2.2.1, p.86.

244. Ver Seção 2.1.1, p.65.

245. Global-Tech Appliances, Inc. *v. SEB S.A., 563 U.S. 754, 768* (2011).

246. Global-Tech Appliances, Inc. *v. SEB S.A., 563 U.S. 754, 769* (2011).

exceção do Tribunal do Distrito da Columbia.[247] Com isso, seria possível evitar a condenação de acusados com base em negligência ou imprudência, pois a partir dos critérios delineados, poderia quase ser dito que o acusado tinha conhecimento.[248]

No julgamento do caso *Global-Tech*, *Justice* Kennedy – que fora juiz do Tribunal Federal de Recursos do Nono Circuito de 1975 a 1988, tendo participado das principais discussões sobre cegueira deliberada naquela corte, inclusive compondo o quórum no caso *Jewell* – redigiu vigoroso dissenso contra a adoção da cegueira deliberada como fundamento. Kennedy volta a afirmar, como o fizera no caso *Jewell*, que *cegueira deliberada* não se confunde com *conhecimento*, não sendo possível ampliar as prescrições legislativas por analogia.[249] Em seu dissenso, apontou não ser óbvia a conclusão de que aquele que se encontra em situação de cegueira deliberada seria tão merecedor de reprovação quanto aquele que conhece a circunstância ilícita; defendeu tratar-se de questão político-criminal que deve ser definida pelo Legislativo.[250] Ademais, apontou que a Suprema Corte jamais decidiu que cegueira deliberada pudesse substituir um requisito legal de conhecimento para a definição de um crime, não havendo obrigatoriedade alguma em seguir as decisões das instâncias inferiores.[251]

Defende-se na presente obra que a alusão da Suprema Corte à aceitação da cegueira deliberada em matéria penal foi tão somente *obter dictum* na sua solução do caso relativo à propriedade intelectual. Até o momento, a Suprema Corte jamais aceitou[252] julgar um recurso em caso criminal versando sobre a proprie-

---

247. United States v. Pérez-Meléndez, *499 F.3d 31* (1st Cir., 2010); United States v. Svoboda, *347 F.3d 471* (2d Cir., 2003); United States v. Stadtmauer, *620 F.3d 238* (3d Cir., 2010); United States v. Schnabel, *939 F2d. 197* (4th Cir., 1991); United States v. Freeman, *434 F.3d 369* (5th Cir., 2005); United States v. Holloway, *731 F.2d 378* (6th Cir., 1984); United States v. Draves, *103 F.3d 1328* (7th Cir., 1997); United States v. Florez, *483 F.3d 1042* (8th Cir., 2004); United States v. Heredia, *483 F.3d 913* (9th Cir., 2007); United States v. Glick, *610 F.2d 639* (10th Cir., 1983); United States v. Perez-Tosta, *36 F.3d 1552* (11th Cir., 1994). Em sentido contrário, United States v. Alston-Graves, *435 F.3d 331* (D.C. Cir., 2006).

248. Global-Tech Appliances, Inc. *v. SEB S.A.*, *563 U.S. 754, 769* (2011).

249. Global-Tech Appliances, Inc. *v. SEB S.A.*, *563 U.S. 754, 772* (2011).

250. Global-Tech Appliances, Inc. *v. SEB S.A.*, *563 U.S. 754, 773* (2011). No processo penal americano, como o depoimento pessoal do acusado não é ato processual obrigatório, como é o interrogatório no processo penal brasileiro, caso faça afirmação falsa ou negue ou cale a verdade em seu depoimento pessoal, violando o juramento de dizer a verdade, pode ser responsabilizado pelo crime de perjúrio (*perjury*), semelhante ao crime de falso testemunho.

251. Global-Tech Appliances, Inc. *v. SEB S.A.*, *563 U.S. 754, 773-774* (2011).

252. Sobre o *writ of certiorari* e a maneira como a Suprema Corte dos Estados Unidos da América decide sobre os casos que serão por ela julgados, ver LUCCHESI, Guilherme Brenner; PUGLIESE, William Soares. Justiciabilidade nos Estados Unidos da América: Limites à obtenção de uma decisão pela Suprema Corte dos Estados Unidos. In: BUSTAMANTE, Thomas; SAMPAIO, José Adércio Leite; KOKKE, Marcelo; ENRÍQUEZ, Igor de Carvalho (Orgs.). *Precedentes judiciais, judicialização da politica e ativismo judicial: Anais do II*

dade de uma instrução aos jurados de cegueira deliberada.[253] Ainda assim, o caso *Global-Tech* cria importante precedente, que sinaliza como julgaria a composição majoritária da Corte na hipótese de um caso criminal envolvendo a aplicação de cegueira deliberada mediante uma instrução aos jurados ser submetido a julgamento.

Diante desse quadro, aponta-se que a cegueira deliberada é uma categoria amplamente aceita pela jurisprudência das cortes federais dos Estados Unidos como circunstância suficiente para caracterizar o elemento *conhecimento*, aplicando para tanto a regra da Seção 2.02(7) do Código Penal Modelo à legislação federal americana. Tal adoção, no entanto, não é pacífica, encontrando resistência dentro dos próprios tribunais, ainda que tal oposição seja minoritária.

2.2.3 O estado da arte das instruções de cegueira deliberada no trial by jury americano

Como se viu, os debates contemporâneos sobre cegueira deliberada nos Estados Unidos da América versam sobre as instruções dadas aos jurados nos julgamentos em primeira instância na Justiça Federal.[254] Percebe-se que a maior parte da discussão se atém à forma como os jurados são instruídos sobre a regra referente à definição de *conhecimento*, não apenas quanto a seu conteúdo, isto é, se adequadamente expressa a regra de cegueira deliberada adotada pelo tribunal em questão, quanto à sua adequação ao caso concreto, ou seja, se poderia ser dada naqueles dados fatos.

Define-se uma instrução aos jurados como "uma direção ou diretriz que um juiz dá a um júri sobre o direito aplicável ao caso".[255] Ao término de um julgamento perante o júri, os jurados passam a ter conhecimento dos fatos relevantes apresentados pelas partes, cabendo-lhes decidir com base no direito anunciado

Congresso Internacional de Direito Constitucional e Filosofia Política. Belo Horizonte: Initia Via, 2016. v.3. p.115.

253. A relação completa de casos em que a Suprema Corte negou a concessão de *writ of certiorari* pode ser lida em FROM Justin C. Avoiding Not-So-Harmless Errors: The Appropriate Standards for Appellate Review of Willful-Blindness Jury Instructions. *Iowa Law Review*, v.97, p.277, 2011. NR 4.

254. A discussão existe também no direito penal estadual americano, mas não é tão difundida quanto no sistema federal. Evidentemente, nos estados que adotaram no todo ou em parte o Código Penal Modelo, a regra do § 2.02(7) faz-se presente nos julgamentos criminais sem maiores problemas. Em outros estados, a adoção do princípio da cegueira deliberada sem prévia autorização legislativa é bastante questionada. Ver, por todos, State v. Nations, *676 S.W.2d 282* (Mo. Ct. App. 1984).

255. GARNER, Bryan A. (Ed.). *Black's Law Dictionary*. 9.ed. St. Paul: West, 2009. p.935. O vocabulário jurídico citado dá como sinônimas a "*jury instruction*" as expressões "*jury charge*" e "*jury direction*".

pelo juízo.[256] A função das instruções, portanto, é representar a definição dos conceitos jurídicos utilizados pela parte, expressos de forma simples e compreensível.[257]

Historicamente, pela origem popular dos júris na tradição *common law*, em que originariamente os jurados tinham conhecimento pessoal dos fatos julgados,[258] não era necessário instruir o júri sobre o direito, podendo ser feitas perguntas ao juiz em caso de dúvida.[259] Nos Estados Unidos, os jurados também podiam decidir sobre questões de direito, embora fosse claro que os tribunais teriam maior aptidão para descrever e decidir sobre questões não factuais.[260] Com o tempo, no entanto, muitos juízes se insurgiram contra a possibilidade de os jurados decidirem sobre questões jurídicas, como o *Justice* Joseph Story, durante sua presidência do Primeiro Circuito Federal em 1835,[261] que afirmou ser um dos mais sagrados direitos constitucionais das partes a garantia de ser julgado pelo júri quanto aos fatos e pelos juízes quanto à lei e ao direito.[262] Consagrou-se, assim, por meio de atos legislativos e de controle de constitucionalidade pelos tribunais, a noção de que os jurados são os julgadores dos fatos enquanto os juízes são os julgadores do direito.[263] Assim, as questões jurídicas eram transmitidas ao júri mediante instruções.[264]

O controle recursal passou, dessa forma, a ser realizado principalmente sobre a maneira como as questões jurídicas foram transmitidas aos júris por meio de instruções, analisando-se se seria possível os jurados chegarem ao veredito

---

256. FARLEY, R. J. Instructions to Juries: Their Role in the Judicial Process. *Yale Law Journal*, v.42, p.205-206, 1932.

257. FARLEY, R. J. Instructions to Juries: Their Role in the Judicial Process. *Yale Law Journal*, v.42, p.206, 1932.

258. SCHWARZER, William W. Communicating with Juries: Problems and Remedies. *California Law Review*, v.69, p.732, 1981.

259. Sobre a história do tribunal do júri na tradição *common law* e o desenvolvimento das instruções aos jurados, ver SCHWARZER, William W. Communicating with Juries: Problems and Remedies. *California Law Review*, v.69, p.732-737, 1981; FARLEY, R. J. Instructions to Juries: Their Role in the Judicial Process. *Yale Law Journal*, v.42, p.195-205, 1932; TIERSMA, Peter. The Rocky Road to Legal Reform: Improving the Language of Jury Instructions. *Brooklyn Law Review*, v. 66, p.1082-1085, 2001.

260. Georgia v. Brailsford, *3 U.S. 1* (1794).

261. Com base na Lei do Judiciário Federal de 1789, cada Tribunal do Circuito Federal deveria ser presidido por um membro da Suprema Corte. Isso somente veio a ser alterado pela reorganização da Justiça Federal americana em 1891. Ver NEWMYER, R. Kent. Justice Joseph Story on Circuit and a Neglected Phase of American Legal History. *The American Journal of Legal History*, v.14, p.112-135, 1970.

262. FARLEY, R. J. Instructions to Juries: Their Role in the Judicial Process. *Yale Law Journal*, v.42, p.203, 1932.

263. Sparf v. United States, *156 U.S. 82* (1895).

264. SCHWARZER, William W. Communicating with Juries: Problems and Remedies. *California Law Review*, v.69, p.735-736, 1981. Nessa época, como aponta o texto, não era incomum haver mais de um juiz togado presidindo o julgamento perante o tribunal do júri.

proferido com base no direito colocado a eles pelos juízes. Houve, assim, grande influência dos tribunais recursais sobre a maneira como as instruções eram dadas em primeira instância.[265] Por uma necessidade da padronização, os tribunais recursais passaram a definir instruções-padrão a serem seguidas pelos juízos de primeira instância, sob o fundamento de evitar trabalho e tempo aos juízes e às partes na preparação das instruções, evitar instruções argumentativas e parciais preparadas pelas partes, evitar erros na representação das regras aos júris e com isso reduzir o número de recursos e melhorar a compreensão do direito pelos jurados.[266]

Esse movimento atingiu todas as áreas do direito. Para os fins desta obra, serão analisadas as tentativas de padronização das instruções de cegueira deliberada, as chamadas "instruções de avestruz"[267] pelos tribunais federais americanos.

Como ressaltado nos casos *Heredia* e *Global-Tech* acima, todos os circuitos federais já analisaram a questão da cegueira deliberada. A partir de suas decisões, cada um desses tribunais federais pôde desenvolver modelos de instrução aos jurados sobre cegueira deliberada, atendendo aos requisitos desenvolvidos em sua própria jurisprudência. Consultando os sítios eletrônicos oficiais desses tribunais, foi possível acessar a íntegra de suas instruções modelo, disponibilizadas aos juízos de primeira instância para auxiliar na condução dos julgamentos pelo júri. A consulta eletrônica localizou instruções de todos os tribunais federais, exceto dos tribunais do Segundo Circuito,[268] do Quarto Circuito[269] e do Circuito do Distrito da Columbia,[270] cujas instruções modelo não estão disponíveis para consulta pública na internet.

---

265. SCHWARZER, William W. Communicating with Juries: Problems and Remedies. *California Law Review*, v.69, p.736, 1981.

266. SCHWARZER, William W. Communicating with Juries: Problems and Remedies. *California Law Review*, v.69, p.736-737, 1981. Sobre os modelos de instruções aos jurados, ver NIELAND, Robert G. *Pattern Jury Instructions*: A Critical Look at a Modern Movement to Improve the Jury System. Chicago: American Judicature Society, 1979.

267. Segundo o *Circuit Judge* Richard Posner, do Tribunal Federal de Recursos do Nono Circuito (United States v. Giovannetti, *919 F.2d 1228* (7th Cir., 1990)), os avestruzes enterram suas cabeças na areia para para evitar ver ou ouvir coisas ruins, deliberadamente evitando conhecer fatos desagradáveis. Em decisão posterior, porém, o mesmo juiz Posner reconhece a injustiça com os avestruzes, esclarecendo tratar-se a referência de uma lenda e uma "calúnia contra essa ave distinta", já que em algumas situações permanece parada com sua cabeça e pescoço rentes ao solo, de modo que seus tons claros mimetizam com a cor do solo, aparentando à distância que enterrou sua cabeça, sendo tarde demais, porém, para corrigir a injustiça cometida contra os avestruzes (United States v. Black, *530 F.3d 604* (7th Cir., 2008)).

268. Sediado na cidade de Nova York, responsável pelos tribunais federais nos estados de Nova York, Coneticute e Vermont.

269. Sediado em Richmond, responsável pelos tribunais federais nos estados da Virgínia, da Carolina do Norte, da Carolina do Sul, da Marilândia e da Virgínia Ocidental.

270. Sediado em Washington, D.C., responsável apenas pelos recursos oriundos da Justiça Federal do distrito federal dos Estados Unidos.

A instrução modelo de *cegueira deliberada* fornecida pelo Primeiro Circuito do *United States Court of Appeals*[271] é bastante completa, sendo elaborada com base em casos do próprio Primeiro Circuito e também no caso *Global-Tech*, todavia não contempla uma definição de imprudência ou negligência, tampouco explora a crença subjetiva por parte do autor referente à inexistência do fato, componente presente no § 2.02(7) do Código Penal Modelo, ambas falhas comuns à maioria das instruções dos tribunais federais americanos:

> Ao decidir se [acusado/acusada] agiu com conhecimento, os Senhores podem inferir que [acusado/acusada] tinha conhecimento de um fato se os Senhores decidirem que [ele/ela] deliberadamente fechou seus olhos a um fato que ao contrário lhe estaria evidente. Para inferir conhecimento, os Senhores devem decidir que duas coisas foram demonstradas. Primeiro, que [acusado/acusada] estava ciente de uma elevada probabilidade [do fato controvertido]. Segundo, que [acusado/acusada] conscientemente e deliberadamente evitou saber da existência daquele fato. Resta inteiramente aos Senhores determinar se [ele/ela] deliberadamente fechou seus olhos ao fato e, sendo esse o caso, que inferência, se é que alguma, pode ser feita. No entanto, é importante manter em mente que mera negligência, imprudência ou erro em deixar de conhecer o fato não são suficientes. Deve haver um esforço deliberado em manter-se ignorante do fato.[272]

A instrução modelo do Tribunal do Terceiro Circuito[273] é de longe a mais completa em comparação com os outros tribunais federais, representando de maneira completa a regra contida no § 2.02(7) do Código Penal Modelo, além de estabelecer que todos os elementos devem ser demonstrados pela acusação para além de uma dúvida razoável:

> Para decidir que *(nome)* é culpado pelo crime de *(indique o crime)*, os Senhores devem decidir que a acusação comprovou para além de uma dúvida razoável que *(nome)* sabia *(indique o fato ou circunstância sobre o qual se exige conhecimento para caracterizar o crime)*. Quando, como neste caso, conhecimento de um dado fato ou circunstância é uma parte essencial do crime imputado, a acusação pode comprovar que *(nome)* sabia do fato ou circunstância se a prova demonstrar para além de uma dúvida razoável que

---

271. Sediado em Boston, responsável pelos tribunais federais nos estados de Massachusetts, Ilha de Rodes, Maine e Nova Hampshire, além do território de Porto Rico.

272. ESTADOS UNIDOS DA AMÉRICA. United States Court of Appeals, First Circuit. *Pattern Criminal Jury Instructions for the District Courts of the First Circuit.* Disponível em: <https://goo.gl/d2jzZ1>. Acesso em: 15 abr. 2017 (tradução livre do autor – ver texto original em <http://lucchesi.link/cegueira>).

273. Sediado em Filadélfia, responsável pelos tribunais federais nos estados da Pensilvânia, Delaware e Nova Jersey, além do território das Ilhas Virgens Americanas.

> *(nome)* deliberadamente fechou seus olhos para o que ao contrário lhe restaria evidente.
>
> Ninguém pode evitar responsabilidade por um crime ao deliberadamente ignorar o que é evidente. Portanto, os Senhores podem decidir que *(nome)* sabia *(indique o fato ou circunstância sobre o qual se exige conhecimento para caracterizar o crime)* com base em provas demonstrando que (1) *(nome) [realmente]* subjetivamente acreditava haver uma elevada probabilidade de existência *(desse fato)(dessa circunstância)*, e (2) *(nome)* conscientemente tomou medidas deliberadas para evitar conhecer *[fez esforços deliberados para evitar conhecer]* a existência *(desse fato)(dessa circunstância)*.
>
> Os Senhores não podem decidir que *(nome)* sabia *(indique o fato ou circunstância sobre o qual se exige conhecimento para caracterizar o crime)* se os Senhores decidirem que *(o acusado)(a acusada)* realmente acreditava que *(esse fato)(essa circunstância)* não existia. Além disso, os Senhores também não podem decidir que *(nome)* sabia *(indique o fato ou circunstância sobre o qual se exige conhecimento para caracterizar o crime)* se os Senhores decidirem que *(nome)* conscientemente desprezou um risco de existência *(do fato)(da circunstância)*, ou que *(nome)* deveria saber da existência *(do fato) (da circunstância)*, ou que uma pessoa média saberia da elevada probabilidade de existência *(do fato)(da circunstância)*. Não é suficiente que *(nome)* possa ter sido imprudente ou estúpido ou tolo, ou tenha agido por descuido ou acidente. Os Senhores devem decidir que *(nome) [realmente]* subjetivamente acreditava haver uma elevada probabilidade de existência de *(indique o fato ou circunstância sobre o qual se exige conhecimento para caracterizar o crime)*, conscientemente tomou medidas deliberadas para evitar conhecer *[fez esforços deliberados para evitar conhecer]* isso, e que não acreditava realmente que *(o fato)(a circunstância)* não existia.[274]

A instrução do Terceiro Circuito, ainda, é acompanhada por comentários detalhados sobre os casos que admitem aplicação de *cegueira deliberada*, além de um estudo comparado das decisões dos outros tribunais federais.

Por sua vez, a instrução modelo do Quinto Circuito[275] está entre as mais breves, não contendo sequer menção ao requisito de *ciência de elevada probabilidade do fato*, reconhecido pelo próprio tribunal no caso *United States v. Freeman*,[276] além de conter outras falhas comuns das instruções modelos de outros tribunais:

---

274. ESTADOS UNIDOS DA AMÉRICA. United States Court of Appeals, Third Circuit. *Model Criminal Jury Instructions*. Disponível em: <https://goo.gl/rWF5Ra>. Acesso em: 15 abr. 2017 (tradução livre do autor – ver texto original em <http://lucchesi.link/cegueira>).

275. Sediado em Nova Orleans, responsável pelos tribunais federais nos estados da Luisiana, Mississippi e Texas.

276. United States v. Freeman, *434 F.3d 378* (5th Cir., 2005).

> Os Senhores podem decidir que um acusado tem conhecimento de um fato se os Senhores decidirem que o acusado deliberadamente fechou seus olhos para o que ao contrário lhe seria evidente. Quando conhecimento por parte do acusado não pode ser estabelecido por mera demonstração de que o acusado foi negligente, descuidado ou tolo, conhecimento pode ser inferido se o acusado deliberadamente cegou-se à existência de um fato.[277]

A instrução modelo fornecida pelo Tribunal do Sexto Circuito[278] chama atenção por sua linguagem, sendo redigida para uma comunicação oral com o júri, embora contenha a falha comum de ainda assim fazer uso de termos técnicos como *negligência* sem fornecer uma definição:

> (1) A seguir, gostaria de explicar algo sobre a comprovação de conhecimento por um acusado.
>
> (2) Ninguém pode evitar responsabilidade por um crime ao deliberadamente ignorar o que é evidente. Se os Senhores se convencerem que o acusado deliberadamente ignorou uma elevada probabilidade que _____, então os Senhores podem decidir que ele sabia _____.
>
> (3) Para para decidir de tal maneira, os Senhores devem se convencer para além de uma dúvida razoável que o acusado tinha ciência de uma elevada probabilidade que _____, e que o acusado deliberadamente fechou os olhos ao que era óbvio. Descuido, ou negligência ou tolice por sua parte não é o mesmo que conhecimento, e não é suficiente para condenar. Isso, é claro, está a critério dos Senhores para decidir.[279]

O Sétimo Circuito[280] acrescenta a *cegueira deliberada* como componente opcional da instrução modelo sobre *conhecimento*, podendo ser incluída pelo juiz de primeira instância conforme a demanda no caso em julgamento. A instrução contém um equívoco, pois alude a *uma forte suspeita pelo autor* em vez de *ciência de elevada probabilidade*:

---

277. ESTADOS UNIDOS DA AMÉRICA. United States Court of Appeals, Fifth Circuit. *Pattern Jury Instructions (Criminal Cases)*. Disponível em: <https://goo.gl/0VNACM>. Acesso em: 15 abr. 2017 (tradução livre do autor – ver texto original em <http://lucchesi.link/cegueira>).

278. Sediado em Cincinnati, responsável pelos tribunais federais nos estados de Ohio, Kentucky, Michigan e Tennessee.

279. ESTADOS UNIDOS DA AMÉRICA. United States Court of Appeals, Sixth Circuit. *Pattern Criminal Jury Instructions*. Disponível em: <https://goo.gl/Shcew7>. Acesso em: 15 abr. 2017 (tradução livre do autor – ver texto original em <http://lucchesi.link/cegueira>).

280. Sediado em Chicago, responsável pelos tribunais federais nos estados de Ilinóis, Indiana e Wisconsin.

> Uma pessoa age com conhecimento se ela percebe o que está fazendo e está ciente da natureza de sua conduta, e não age com base em desconhecimento, erro ou acidente. [Ao decidir se o acusado agiu com conhecimento, os Senhores podem considerar todas as provas, inclusive o que o acusado fez ou disse.]
>
> [Os senhores pode decidir que o acusado agiu com conhecimento se os Senhores decidirem para além de uma dúvida razoável que ele tinha uma forte suspeita que [indique o fato sobre o qual se discute haver conhecimento, por exemplo, "havia drogas na mala," "a declaração feita à autoridade fazendária foi falsa,"] e que ele deliberadamente evitou a verdade. Os Senhores não podem decidir que o acusado agiu com conhecimento se ele estava meramente equivocado ou foi meramente descuidado em não descobrir a verdade, o se ele deixou de fazer um esforço para descobrir a verdade.][281]

A instrução modelo de *cegueira deliberada* fornecida pelo Oitavo Circuito do *United States Court of Appeals* [282] é bastante completa, tendo como falha, porém, não incluir uma advertência quanto à *insuficiência de demonstração de imprudência*, tampouco uma definição de *negligência*. A instrução contém, porém, uma alusão à parte final da regra do § 2.02(7) do Código Penal Modelo sobre a *ausência de crença subjetiva de inexistência do fato* pelo autor em um parágrafo opcional, que pode ser acrescentado a pedido da parte, caso haja prova suficiente para sua inclusão na instrução:

> Os senhores podem decidir que (o acusado)(a acusada) [(nome)] agiu com conhecimento se os Senhores decidirem para além de uma dúvida razoável que (o acusado)(a acusada) [(nome)] acreditava haver uma elevada probabilidade que (indique o fato sobre o qual se discute haver conhecimento (por exemplo, que "havia drogas em sua mala")) e que [ele] [ela] tomou medidas deliberadas para evitar conhecer aquele fato. O conhecimento pode ser inferir se (o acusado)(a acusada) [(nome)] deliberadamente fechou seus olhos para o que ao contrário lhe seria evidente. Um acusado deliberadamente cego é quem toma medidas deliberadas para evitar confirmar uma elevada probabilidade de transgressão e sobre quem pode quase ser dito que realmente conhecia os fatos relevantes. Os Senhores não podem decidir que (o acusado) (a acusada) agiu "com conhecimento"se os Senhores decidirem que ele/ela foi meramente negligente, descuidado ou equivocado quanto a (indique o fato sobre o qual se discute haver conhecimento (por exemplo, que "havia drogas em sua mala")).

---

281. ESTADOS UNIDOS DA AMÉRICA. United States Court of Appeals, Seventh Circuit. *Pattern Criminal Jury Instructions of the Seventh Circuit*. Disponível em: <https://goo.gl/pjm99V>. Acesso em: 15 abr. 2017 (tradução livre do autor – ver texto original em <http://lucchesi.link/cegueira>).

282. Sediado em St. Louis, responsável pelos tribunais federais nos estados de Missouri, Arkansas, Dakota do Norte, Dakota do Sul, Iowa, Minnesota e Nebraska.

> [Os Senhores não podem decidir que (o acusado)(a acusada) [(nome)] agiu co conhecimento [se os Senhores decidirem que (o acusado)(a acusada) [(nome)] realmente acreditava que (indique o fato sobre o qual se discute haver conhecimento (por exemplo, que "havia drogas em sua mala")).][283]

Apesar de sua brevidade, a instrução modelo do Nono Circuito,[284] onde se desenvolveu com maior profundidade a discussão sobre cegueira deliberada nos Estados Unidos, é bastante precisa, porém não inclui, por força da regra extraída no caso *Heredia*, instruções adicionais sobre *negligência* ou *imprudência*:

> Os Senhores podem decidir que o acusado agiu com conhecimento se os Senhores decidirem para além de uma dúvida razoável que o acusado:
>
> 1. tinha ciência de uma elevada probabilidade que [por exemplo, havia drogas no automóvel do acusado], e
>
> 2. deliberadamente evitou conhecer a verdade.
>
> Os Senhores não podem decidir pela existência de conhecimento, no entanto, se os Senhores decidirem que o acsuado realmente acreditava que [por exemplo, não havia drogas no automóvel do acusado], ou se os Senhores decidirem que ele foi simplesmente descuidado.[285]

O modelo de instrução sobre *cegueira deliberada* do Tribunal do Décimo Circuito[286] está inserido na instrução sobre *conhecimento*, contendo os requisitos mínimos descritos pela Suprema Corte no caso *Global-Tech*, contudo sofre das mesma falhas comuns à maior parte das instruções modelo:

> Quando a expressão "com conhecimento" é utilizada nestas instruções, ela significa que a ação foi praticada voluntariamente e intencionalmente, e

---

283. ESTADOS UNIDOS DA AMÉRICA. United States Court of Appeals, Eighth Circuit. *Manual of Model Criminal Jury Instructions for the District Courts of the Eighth Circuit.* Disponível em: <https://goo.gl/gJJ7ys>, acesso em: 15 abr. 2017 (tradução livre do autor – ver texto original em <http://lucchesi.link/cegueira>).

284. Sediado em São Francisco, é o tribunal de maior alcance territorial nos Estados Unidos, sendo responsável pelos tribunais federais nos seguintes estados: Califórnia, Alasca, Arizona, Havaí, Idaho, Montana, Nevada, Oregon, Washington, além dos territórios de Guam e das Ilhas Marianas Setentrionais.

285. ESTADOS UNIDOS DA AMÉRICA. United States Court of Appeals, Ninth Circuit. *Manual of Model Criminal Jury Instructions for the District Courts of the Ninth Circuit.* Disponível em: <https://goo.gl/lh0QAR>. Acesso em: 15 abr. 2017 (tradução livre do autor – ver texto original em <http://lucchesi.link/cegueira>).

286. Sediado em Denver, responsável pelos tribunais federais nos estados do Colorado, Kansas, Novo México, Oklahoma, Utah e Wyoming.

> não devido a erro ou a acidente. Embora conhecimento por parte do acusado não possa ser estabelecido meramente pela demonstração de que o acusado foi negligente, descuidado ou tolo, o conhecimento pode ser inferido se o acusado deliberadamente cegou-se à existência de um fato. O conhecimento pode ser inferido se o acusado estava ciente de uma elevada probabilidade da existência [*do fato em discussão*], exceto se o acusado não acreditava realmente [*no fato em discussão*].[287]

Por fim, o Décimo Primeiro Circuito do *United States Court of Appeals* [288] também fornece um modelo de instrução ao júri sobre *cegueira deliberada* com linguagem oral, tal qual o Sexto Circuito, porém não inclui instruções sobre a *crença subjetiva de inexistência do fato* ou adverte sobre a *imprudência*:

> Se o conhecimento de um fato pelo Acusado foi uma parte essencial de um crime, é suficiente que o Acusado estivesse ciente da elevada probabilidade de que o fato existiu – exceto se o Acusado realmente acreditava que o fato não existiu.
>
> "Evitação deliberada de conhecimento real" – que é equivalente a conhecimento – ocorre, por exemplo, se um acusado porta um embrulho e acredita que ele contém uma substância controlada, mas deliberadamente evita descobrir que ele contém a substância controlada para que ele ou ela possa negar conhecimento do conteúdo do embrulho.
>
> Então, os Senhores podem decidir que um acusado sabia que portava uma substância controlada se os Senhores determinarem para além de uma dúvida razoável que o acusado (1) realmente sabia da substância controlada, ou (2) tinha toda a possibilidade de saber, mas deliberadamente fechou seus olhos.
>
> Mas devo enfatizar que negligência, descuido ou tolice não é suficiente para comprovar que o Acusado sabia que portava a substância controlada.[289]

Da análise das instruções padrão consultadas, percebe-se a existência de dois requisitos essenciais, delineados no caso *Global-Tech*:[290] primeiro, a ciência

---

287. ESTADOS UNIDOS DA AMÉRICA. United States Court of Appeals, Tenth Circuit. *Criminal Pattern Jury Instructions*. Disponível em: <https://goo.gl/n0f8z7>. Acesso em: 15 abr. 2017 (tradução livre do autor – ver texto original em <http://lucchesi.link/cegueira>).

288. Sediado em Atlanta, responsável pelos tribunais federais nos estados da Geórgia, do Alabama e da Flórida.

289. ESTADOS UNIDOS DA AMÉRICA. United States Court of Appeals, Eleventh Circuit. *Pattern Jury Instructions (Criminal Cases)*. Disponível em: <https://goo.gl/jYMU6J>. Acesso em: 15 abr. 2017 (tradução livre do autor – ver texto original em <http://lucchesi.link/cegueira>).

290. Nos comentários às instruções padrão, a maior parte dos Tribunais (Primeiro, Terceiro, Sexto, Sétimo e Oitavo circuitos) cita a decisão da Suprema Corte no caso *Gloabl-Tech*.

de uma elevada probabilidade de existência do fato ou da circunstância elementar do primeiro e, segundo, uma ação deliberada pelo autor para evitar conhecer ou descobrir a verdade. Tais requisitos aparecem bem delineados na maioria das instruções como regras claras para o estabelecimento do *mens rea* de conhecimento necessário para a condenação, exceto nas instruções do Décimo e do Décimo Primeiro circuitos.

O primeiro requisito da ciência pelo autor não aparece apenas na instrução modelo do Quinto Circuito, a mais incompleta segundo esta análise. Nas instruções do Sétimo e do Oitavo circuitos, ademais, a regra da ciência está expressa de maneira um tanto diferente que no caso *Global-Tech* e no próprio § 2.02(7) do Código Penal Modelo, pois o Sétimo Circuito diz haver uma "forte suspeita" pelo autor e o Oitavo Circuito diz haver "crença" em uma elevada probabilidade, nenhum dos dois sinônimos de *ciência de elevada probabilidade*. Nas demais instruções padrão (Primeiro, Terceiro, Sexto e Nono circuitos) há certa uniformidade quanto a esse requisito.

Já o segundo requisito de uma ação deliberada pelo autor para evitar conhecer ou descobrir a verdade aparece de maneira uniforme no Primeiro, Terceiro, Sétimo, Oitavo, Nono, Décimo e Décimo Primeiro circuitos, havendo pequena divergência apenas no Quinto e no Sexto circuitos, que instruem os jurados sobre a possibilidade de o autor "deliberadamente fechar seus olhos ao que ao contrário lhe seria evidente", o que pode ser interpretado como uma forma de evitar descobrir a verdade, mas não expressa a ideia contida no caso *Global-Tech* precisamente.

Já no dissenso lavrado por Kennedy no caso *Jewell*, este aludia à necessidade de demonstração de que o autor não poderia ser responsabilizado a título de cegueira deliberada caso realmente acreditasse que o fato ou a circunstância elementar não existia, estando essa regra expressa no § 2.02(7) do Código Penal Modelo. Tal regra acabou incorporada às instruções do Terceiro, Nono, Décimo e Décimo Primeiro circuitos, figurando ainda como cláusula opcional da instrução modelo do Oitavo Circuito. Figura, portanto, na maior parte das instruções padrão analisadas. Por outro lado, as instruções do Primeiro, Quinto, Sexto e Sétimo circuitos não contêm cláusula semelhante.

Quanto à distinção entre a configuração do conhecimento mediante cegueira deliberada com outros estados mentais culpáveis definidos na legislação penal, a maior parte dos tribunais (Primeiro, Quinto, Sexto, Oitavo, Décimo e Décimo Primeiro circuitos) afirmam que negligência por parte do autor não é suficiente para caracterizar cegueira deliberada. O Terceiro Circuito possui formulação semelhante, instruindo que não basta que o júri entenda que o autor deveria saber da existência do fato ou da circunstância. O Sétimo e o Nono circuitos não instruem sobre *negligência*. Ademais, tanto o Primeiro quanto o Terceiro circuitos advertem sobra a impossibilidade de condenar caso haja imprudência. Nenhum outro tribunal faz advertência dessa natureza. É importante destacar que apenas o Terceiro Circuito instrui os jurados sobre as definições de *negligência* ("deveria saber que o fato ou a circunstância existia") e de *imprudência* ("conscientemente desprezou um risco de existência do fato ou da circunstância"). Os demais tribunais apenas mencionam *negligência* e *imprudência*, sem explicar o que seriam.

Quanto a outras circunstâncias que afastariam a configuração de cegueira deliberada, que não constituem, porém, um estado mental culpável, verificou-se que oito dos nove tribunais estudados mencionam "descuido"[291] (Terceiro, Quinto, Sexto, Sétimo, Oitavo, Nono, Décimo e Décimo Primeiro circuitos), cinco mencionam "tolice"[292] (Terceiro, Quinto, Sexto, Décimo e Décimo Primeiro circuitos), três mencionam "erro"[293] (Primeiro, Sétimo e Oitavo circuitos), apenas o Terceiro Circuito menciona "acidente" e, por fim, apenas o Sétimo Circuito menciona "deixar de fazer um esforço para descobrir a verdade".[294]

A análise das instruções modelo do Terceiro, Oitavo, Nono e Décimo Primeiro circuitos revelou um elemento adicional, cuja inclusão nas instruções modelo aparenta ser salutar: trata-se da necessidade de demonstração dos demais elementos da instrução de cegueira deliberada pela acusação, para além de uma dúvida razoável. Sendo esse o *standard* probatório necessário para a condenação no processo penal americano,[295] sua inclusão é importante para esclarecer os jurados sobre a necessidade de demonstração contundente de configuração de cegueira deliberada pela acusação, não podendo condenar por mera convicção íntima. É certo que os jurados serão instruídos, provavelmente em outra instrução, sobre a necessidade de comprovação além de dúvida razoável para a condenação, no entanto aparenta ser de fundamental importância ressaltar que o ônus de comprovar os elementos recai sobre a acusação, a fim de evitar que a instrução de cegueira deliberada possa ser interpretada como forma de inverter o ônus da prova em desfavor do acusado.[296]

Conclui-se, portanto, a partir do estudo das instruções padrão dadas hodiernamente pelos tribunais federais de recursos nos Estados Unidos, que a cegueira deliberada somente pode permitir a condenação nos crimes que exigem demonstração de conhecimento pelo autor se (1) houver ciência pelo autor da elevada probabilidade de existência de uma circunstância ou fato elementar do delito, (2) o autor tomou medidas deliberadamente voltadas a evitar comprovar a existência

---

291. *Carelessness*, no original. O Terceiro Circuito menciona "*inadvertence*", que também pode ser traduzido como descuido.

292. *Foolishness*, no original.

293. *Mistake*, no original.

294. "*Failed to make an effort to discover the truth*", no original.

295. Sobre standards probatórios, ver BADARÓ, Gustavo Henrique. *Ônus da prova no processo penal.* São Paulo: RT, 2003; RAMOS, João Gualberto Garcez. *Curso de processo penal norte-americano.* São Paulo: RT, 2006. p.192-193.

296. United States v. Tai, *750 F.3d 315* (3d Cir., 2014).

do fato ou da circunstância e (3) não houver uma crença subjetiva pelo autor de inexistência do fato ou da circunstância. Trata-se a cegueira deliberada, portanto, de um estado mental subjetivo por parte do autor, que deve ser demonstrado pela acusação para além de uma dúvida razoável. Não é possível, assim, condenar com base em cegueira deliberada a partir de critérios objetivos, como o dever de conhecer a existência do fato ou da circunstância a partir do modelo de pessoa média ou pessoa prudente (negligência). Da mesma forma, não é suficiente demonstrar que o autor simplesmente representou o risco e conscientemente o desprezou (imprudência). Além de uma representação e de uma crença subjetivas por parte do autor, é necessária a demonstração de uma atuação concreta voltada à evitação da confirmação ou da descoberta da existência representada como altamente provável. Isso ocorre porque, segundo o Sétimo Circuito do *United States Court of Appeals*, "um esforço mental pelo acusado em controlar sua curiosidade sustentaria uma instrução de avestruz", enquanto "a simples ausência de esforço mental ou de curiosidade pelo acusado não sustentaria uma instrução de avestruz".[297]

2.3 Aproximação da cegueira deliberada no direito penal americano ao direito penal brasileiro: uma comparação possível?

2.3.1 Análise de situações características de cegueira deliberada sob o olhar do direito brasileiro

Para além da definição de um padrão nas instruções dadas hodiernamente nos tribunais federais americanos, a partir do estudo aprofundado das decisões e das orientações dadas pelos próprios tribunais, foi possível identificar casos em que as instruções de cegueira deliberada foram dadas pelos tribunais federais daquele país. A partir dos fatos intrínsecos aos casos, propõe-se uma análise hipotética desses mesmos casos à luz do direito brasileiro a fim de verificar se seria possível sua resolução a partir da aplicação do dolo eventual. Com isso, pode-se aferir se há alguma utilidade no raciocínio jurídico empregado nos Estados Unidos para a resolução de casos brasileiros, colmatando eventual lacuna de punibilidade, ou se trata de construção dispensável diante da existência de fundamentos dogmáticos suficientes para a resolução dos casos.

O Terceiro Circuito, em suas instruções modelo,[298] indica diversos casos característicos de aplicação da cegueira deliberada. O primeiro caso[299] envolveu uma situação peculiar referente à negociação de uma empresa americana com

---

297. United States v. Carrillo, *435 F.3d 780* (7th Cir., 2006).

298. ESTADOS UNIDOS DA AMÉRICA. United States Court of Appeals, Third Circuit. *Model Criminal Jury Instructions*. Disponível em: <https://goo.gl/rWF5Ra>. Acesso em: 15 abr. 2017.

299. United States v. Brodie. *403 F.3d 123* (3d Cir., 2005).

Cuba, em violação à Lei de Negociação com o Inimigo.[300] O presidente da empresa americana foi acusado de conspiração[301] para negociar com uma empresa cubana, sendo elementos do crime conhecimento dos fatos elementares do delito, do propósito ilícito da conspiração e da lei vedando tais negociações. O acusado negou conhecer tais circunstâncias, pois disse acreditar que as negociações com Cuba estariam sendo realizadas legalmente a partir de empresas canadenses e inglesas, e não a partir da empresa americana. Como havia prova de que o acusado reconhecera a probabilidade de que a entidade americana estivesse envolvida nas negociações com Cuba – era costumeiro utilizar códigos para referir-se a Cuba, como, por exemplo "Caribe", sem que o acusado, conhecedor da proibição de negociação com Cuba, tivesse se questionado em qual território caribenho seria realizada a negociação –, o juiz de primeira instância autorizou uma instrução de cegueira deliberada ao júri, o que foi julgado apropriado pelo Tribunal. Como este caso envolve circunstâncias peculiares do direito americano, desde a punição por uma conspiração até o crime em si, a análise do caso à luz do direito brasileiro deve considerar a hipotética existência de crime tipificando a realização de determinada negociação empresarial. Com isso, a responsabilidade do dirigente empresarial dependeria não apenas da sua desconfiança quanto à natureza da negociação empresarial, como também de alguma ação ou omissão imputável ao próprio dirigente, que ultrapassasse sua mera posição de controle sobre o comportamento de terceiros. A análise referente à responsabilização por omissão imprópria será mais bem colocada no caso de sonegação de tributos adiante, em que a responsabilidade dentro da estrutura empresarial é mais clara diante da existência de deveres análogos na legislação pátria.

O Terceiro Circuito Federal indicou ter julgado dois casos envolvendo tráfico de drogas. No primeiro caso,[302] o acusado pagou quatrocentos dólares e passagens aéreas a dois empregados para que retirassem no aeroporto de Pittsburgh uma peça de artesanato em madeira enviada do Brasil, avaliada em sessenta dólares, contendo cocaína. No segundo caso,[303] o acusado viajou de avião do território de Porto Rico à Filadélfia com apenas uma pequena mala de bordo. Ao aterrissar na Filadélfia, porém, coletou duas malas grandes que não havia despachado,

---

300. No original, *Trading with Enemy Act*. Trata-se de Lei Federal publicada em 6 de outubro de 2017, incorporada como anexo ao Código dos Estados Unidos. (Disponível em: <https://goo.gl/cDQrAL>. Acesso em: 14 maio 2017).

301. O crime de *conspiracy* nos Estados Unidos possui características específicas, estando em posição intermediária entre a punição de atos preparatórios em conjunto com a associação crime nosa ou a formação de uma organização criminosa. Sobre as especificidades do crime de *conspiracy*, ver WECHSLER, Herbert; JONES, William Kenneth; KORN, Harold L. The treatment of inchoate crimes in the Model Penal Code of the American Law Institute: Attempt, solicitation, and conspiracy. Part Two. *Columbia Law Review*, v.61, n.6, p.957, jun. 1961; ARENS, Richard. Conspiracy revisited. *Buffalo Law Review*, v.3, n.2, p.242, 1954.

302. United States v. Caminos, *770 F.2d 361* (3d Cir., 1985).

303. United States v. Caraballo-Rodriguez, *786 F.3d 418* (3d Cir., 2013).

nas quais foram encontradas drogas. Apesar de o acusado ter negado conhecer o conteúdo das malas retiradas na Filadélfia, foram apresentados no julgamento os registros telefônicos do acusado, bem como depoimentos de um comparsa do acusado, que confessou ter adotado procedimento idêntico no mesmo dia, e de um especialista em tráfico internacional de drogas envolvendo mensageiros. Em ambos os casos, foi dada aos jurados uma instrução sobre cegueira deliberada permitindo a condenação mesmo que os acusados não tivessem conhecimento de fato do conteúdo da peça de artesanato em madeira ou das malas retiradas no aeroporto. Estivessem os casos sob julgamento com base no direito brasileiro, a principal questão a ser discutida seria a prova do dolo por ambos os autores – o empresário no primeiro caso e o viajante no segundo caso. É certo que em ambos os casos as circunstâncias são peculiares. O valor despendido para a retirada da peça de artesanato foi muito superior ao seu valor. Ademais, a coleta das malas não despachadas pelo viajante também é suspeita. Houvesse prova nos autos de que o empresário e o viajante soubessem, respectivamente, que o artesanato e as malas continham drogas, certamente não haveria motivo para tratar de dolo eventual ou em cegueira deliberada. A questão a ser colocada no direito brasileiro é qual o substrato probatório necessário para assegurar uma condenação baseada em dolo direto em tais casos. Em outras palavras, definir qual o grau de conhecimento necessário para a configuração do dolo. Aparenta haver, no entanto, uma distinção clara entre os dois casos. No primeiro, o empresário contrata indivíduos para retirar o artesanato. Já no segundo, o acusado aparentemente foi contratado para coletar as malas. Com isso, uma alegação de desconhecimento das drogas pelo acusado apresenta mais verossimilhança no segundo caso que no primeiro, dadas as circunstâncias narradas. O resultado da análise hipotética, assim, demanda reflexões adicionais, após outras considerações sobre o sistema de imputação subjetiva no CP brasileiro.

Outro caso importante julgado pelo Terceiro Circuito do *United States Court of Appeals* diz respeito à prestação de declarações fraudulentas às autoridades fazendárias, ocasionando a sonegação do pagamento de tributos.[304] O acusado era vice-presidente de grupo empresarial imobiliário, com formação em contabilidade e direito, sendo responsável por supervisionar as operações financeiras do grupo, tendo conhecimento de como eram caracterizadas as despesas de capital, contribuições de caridade, despesas com presentes e entretenimento e despesas "não imobiliárias" nos livros e nas demonstrações financeiras. Embora as declarações tributárias fossem feitas com contadores, há prova de que o acusado não revisava as declarações tampouco fazia perguntas a respeito da caracterização das variadas despesas deduzíveis, embora devesse desconfiar delas. Neste caso, pode-se caracterizar uma posição de garantidor do acusado a partir de seu dever de vigilância sobre os seus subordinados responsáveis pelas declarações tributárias das empresas

---

304. United States v. Stadtmauer. *620 F.3d 238* (3d Cir., 2010).

do grupo econômico, a partir das regras legais e estatutárias aplicáveis.[305] Nesse caso, diante do dever de vigilância, pode-se caracterizar responsabilidade diante da relevância jurídico-penal da omissão, pois aí há um dever de saber e fiscalizar a correção das declarações feitas às autoridades fazendárias. Neste caso, porém, sua responsabilidade depende do grau de comprometimento com o resultado. Como não há controle do autor por omissão sobre o curso causal dos eventos, há sempre apenas uma probabilidade. Para que possa se tratar de dolo – exigido no Brasil para os crimes contra a ordem tributária – é imprescindível que a atuação positiva devida pelo autor omissivo fosse necessária para evitar o resultado com um grau próximo de certeza. Ao contrário dos crimes comissivos, não basta nesses casos que o autor apenas não se importe com a produção do resultado.[306] O limite entre o dolo e a culpa – e, com isso, entre a possibilidade e a impossibilidade de responsabilização criminal – neste caso aparece com maior clareza, não havendo sentido em recorrer nessa situação particular à construção da cegueira deliberada.

Situação semelhante ocorre em outro caso julgado pelo Terceiro Circuito, referente ao descarte indevido de resíduos nocivos ao meio-ambiente, em desacordo com as normas ambientais.[307] Neste caso, o proprietário da empresa foi responsabilizado por colocar-se em estado de cegueira deliberada ao saber da existência do material nocivo ao meio-ambiente no interior de um depósito da empresa e ter ordenado a um empregado incauto que "encontrasse alguém para limpar o depósito". Nesse caso, tem-se novamente situação de omissão imprópria do acusado na fiscalização de seu subordinado, de modo a verificar se as normas ambientais seriam cumpridas no descarte do material nocivo. Pode estar caracterizada, ademais, situação de autoria mediata pelo proprietário, que utiliza o subordinado como instrumento colocando-o em erro, tendo assim o domínio da vontade.[308]

Por fim, o Terceiro Circuito enumera caso de lavagem de dinheiro,[309] no qual a operadora de uma casa de câmbio foi condenada por simular remessas de valores ao exterior para ocultar a origem de recursos oriundos do tráfico de

---

305. Ver ESTELITTA, Heloisa. *Responsabilidade penal de dirigentes de empresas por omissão: Estudo sobre a responsabilidade omissiva imprópria de dirigentes de sociedades anônimas, limitadas e encarregados de cumprimento por crimes praticados por membros da empresa.* São Paulo: Marcial Pons, 2017. p.85 e seguintes.

306. TAVARES, Juarez. *Teoria dos crimes omissivos.* São Paulo: Marcial Pons, 2012. p.396.

307. United States v. Wasserson, *418 F.3d 348* (3d Cir., 2005).

308. Ver no Brasil GRECO, Luís; ASSIS, Augusto. O que significa a teoria do domínio do fato para a criminalidade de empresa. In: GRECO, Luís; LEITE, Alaor; TEIXEIRA, Adriano; ASSIS, Augusto. *Autoria como domínio do fato: estudos introdutórios sobre o concurso de pessoas no direito penal brasileiro.* São Paulo: Marcial Pons, 2014. p.98 e seguintes. Para um estudo mais aprofundado, ver ROXIN, Claus. *Täterschaft und Tatherrschaft.* 8.ed. Berlin: De Gruyter Recht, 2006. p.141 e seguintes.

309. United States v. Wert-Ruiz, *228 F.3d 250* (3d Cir., 2000).

drogas. Foi apurado no caso que a acusada utilizava o código "*tarjetas*"[310] para se referir ao dinheiro utilizado nas transações, entregue em grandes quantidades dentro de bolsas de academia, sendo tais circunstâncias utilizadas como prova de que as transações eram suspeitas, motivo pelo qual foi dada uma instrução de cegueira deliberada ao júri, que condenou a acusada por lavagem de dinheiro. Analisando-se o caso sob a ótica do direito brasileiro, seria necessário verificar, primeiro, se há tipicidade no crime de lavagem de dinheiro mediante a operação de remessa ao exterior, ou cometeria, em vez disso, crime de evasão de divisas.[311] Com relação à tipicidade subjetiva, ainda que as circunstâncias fossem suspeitas, não se desconsidera a preocupação delineada por Moro, citado no capítulo anterior, de que não é papel do lavador profissional de dinheiro interrogar seus clientes a respeito da origem do dinheiro.[312] Contudo, o grau de conhecimento exigido para a configuração do dolo – até mesmo do dolo direto – não depende de comprovação empírica do fato antecedente da lavagem de dinheiro. Aliás, não é papel do dolo eventual servir como alternativa ao dolo direto em situações de insuficiência de provas. Assim como nos dois casos narrados de tráfico de drogas, a análise deste caso à luz do direito brasileiro depende do aprofundamento de considerações sobre o dolo no direito penal pátrio. Pontua-se desde logo, de qualquer modo, que não se concorda com o recurso artificial ao dolo eventual em razão do não cumprimento do ônus da prova pela acusação.

Percebe-se, diante da análise preliminar realizada neste tópico, que o direito penal brasileiro possui ferramentas próprias aptas a lidar com muitas das situações que fazem com que os tribunais americanos precisem recorrer à cegueira deliberada. Em vista do desenvolvimento da dogmática penal nos sistemas jurídicos continentais, há aparentemente poucas lacunas de punibilidade a serem colmatadas.

2.3.2 Conclusões parciais: divergência do papel desempenhado pela cegueira deliberada no sistema jurídico-penal americano do papel a ser desempenhado no Brasil

Após a extensa e aprofundada análise não apenas do desenvolvimento e aplicação da cegueira deliberada nos tribunais dos Estados Unidos da América, como do próprio desenvolvimento das categorias de *imputação subjetiva* nos principais sistemas jurídicos da tradição *common law*, pode-se perceber que a

---

310. "Cartões", em espanhol.

311. A questão é controvertida. Ver, a respeito, BALTAZAR JUNIOR, José Paulo. *Crimes federais*. 10.ed. São Paulo: Saraiva, 2015. p.1107.

312. MORO, Sergio Fernando. Sobre o elemento subjetivo no crime de lavagem. In: BALTAZAR JUNIOR, José Paulo; MORO, Sergio Fernando (Org.). *Lavagem de dinheiro: comentários à lei pelos juízes das varas especializadas em homenagem ao Ministro Gilson Dipp*. Porto Alegre: Livraria do Advogado, 2007. p.101.

realidade jurídica daquela tradição em muito difere da realidade do sistema jurídico-penal brasileiro. Trabalha-se com categorias de imputação absolutamente distintas, com matrizes jurídico-filosóficas diferentes. Ainda que possa ser fundamentada a *mens rea* em alguma noção romana primitiva, esta não se confunde ou mesmo se compara com as categorias jurídicas do dolo e da culpa desenvolvidas em paralelo nos sistemas jurídico-penais de bases continentais. Parte-se de noções peculiares ao se estudar conceitos específicos como *purpose*, *knowledge*, *recklessness* e *negligence*, que não podem ser simplesmente sobrepostas às categorias de dolo direto de primeiro grau, dolo direto de segundo grau, dolo eventual e culpa inconsciente. Há pontos de tangência entre tais noções, no entanto não há correspondência. Tal leitura não passaria de grosseira simplificação de conceitos, predisposta a encontrar pontos de comunicação na análise comparada dos sistemas. Quando se parte da premissa de que serão encontradas equivalências, a probabilidade de encontrar equivalências aumenta. Alan Watson, ao comentar os perigos do direito comparado, observa que muitas vezes o comparatista, movido pelo desejo de encontrar padrões comuns aos ordenamentos jurídicos, acaba deturpando grosseiramente a representação dos fatos, agindo como o anatomista comparatista que afirma que "leões e formigas são similares e estão em um nível comparável de desenvolvimento, pois ambos são de sangue quente, têm seis patas e são sempre alados".[313] É de fundamental importância que não se contamine o trabalho de pesquisa comparada com expectativas de tal natureza, sob pena de – parafraseando António Manuel Hespanha[314] –, ao projetar sobre a *common law* as categorias jurídicas da *civil law*, fazer da pesquisa comparada um processo escatológico de preparação das conclusões já traçadas de antemão.

Não é correto, portanto, afirmar levianamente que *purpose*, tal como definida no Código Penal Modelo dos Estados Unidos, corresponde ao dolo direto de primeiro grau, e que *knowledge* corresponde ao dolo direto de segundo grau.[315] Da mesma forma, *recklessness* não é dolo eventual ou culpa consciente, tampouco uma categoria intermediária entre ambos. O direito penal americano não conhece o dolo eventual ou a culpa consciente, não havendo como desenvolver uma

---

313. No original: "*At times it is as if a comparative anatomist were to say that lions and ants are similar and are at a comparable level of development since both are warmblooded, have six legs and are always winged.*" (WATSON, Alan. *Legal transplants: An approach to comparative law*. 2.ed. Athens: University of Georgia, 1993. p.12).

314. HESPANHA, António Manuel. *Justiça e litigiosidade: história e prospectiva*. Lisboa: Calouste Gulbenkian, 1993. p.51.

315. Ver, por todos, JIMÉNEZ DE ASÚA, Luis. *Tratado de Derecho Penal*. 3.ed. Buenos Aires: Losada, 1964. t.I. p.669. No Brasil, ao analisar a cegueira deliberada, Spencer Toth Sydow comete o mesmo equívoco: "As figuras de '*purposely*' and [*sic*] '*knowlingly*' são equivalentes à nossa figura de dolo direto e dolo indireto, respectivamente." (SYDOW, Spencer Toth. *A teoria da cegueira deliberada*. Belo Horizonte: D'Plácido, 2016. p.75, nota 85). Ver WATSON, Alan. *Legal transplants: An approach to comparative law*. 2.ed. Athens: University of Georgia, 1993. p.10-11.

categoria intermediária entre tais conceitos, que possa ser simplesmente transplantada ao direito penal continental como alguma espécie de resolução da recorrente discussão sobre o limite entre dolo e culpa.[316] O que se chama de *culpa grave* ou *leviandade*[317] não se confunde com *recklessness*; trata-se de categorias de conteúdos e alcances distintos. *Recklessness* é uma categoria bem definida no Código Penal Modelo americano, que exige para sua configuração diversos elementos, estando fundada no conhecimento do risco pelo autor. Segundo Markus Dubber e Tatjana Hörnle, o fundamento da *leviandade* é diverso, bastando que o risco criado pelo autor seja substancial ou que o bem jurídico protegido seja de especial importância, de modo que a sua aplicação deve-se à criação do risco pelo autor, e não necessariamente à consciência de criação de tal risco.[318]

Assim sendo, não se pode simplesmente querer transplantar ao Brasil – ou a qualquer outro sistema jurídico de matrizes distintas – a cegueira deliberada sem verificar se o papel a ser desempenhado corresponde àquele desempenhado no seu sistema jurídico originário. É preciso que se atue com algum método ao realizar esforços de direito comparado.

A disciplina do direito comparado[319] identifica importante fonte de desenvolvimento jurídico nos chamados "transplantes jurídicos", metáfora que identifica o processo de transposição orgânica de dispositivos legais de um ordenamento jurídico para o outro.[320] Assim como em um transplante de órgãos, normas jurídicas não podem ser carregadas de um contexto legal para o outro sem os devidos cuidados em manter o destinatário intacto, pois é necessária cuidadosa implantação e cultivo em seu novo habitat.[321] A esse método foram feitas importantes críticas[322] que apontam à necessidade de adaptação do dispositivo legal ao novo

---

316. Ver a esse respeito BUSATO, Paulo César. Apresentação. In: *Dolo e direito penal: modernas tendências*. 2.ed. São Paulo: Atlas, 2014. p.viii.

317. A tradução do termo alemão *Leichtfertigkeit* como "leviandade" é proposta por Luís Greco (Algumas observações introdutórias à "distinção entre dolo e culpa", de Ingeborg Puppe. In: PUPPE, Ingeborg. *A distinção entre dolo e culpa*. Trad. Luís Greco. Barueri: Manole, 2004. p.13-14. nota 5).

318. DUBBER, Markus D.; HÖRNLE, Tatjana. *Criminal Law: A comparative approach*. Oxford: Oxford University, 2014. p.247.

319. Acerca do estudo do direito comparado enquanto método ou disciplina jurídica própria, ver WATSON, Alan. *Legal transplants: An approach to comparative law*. 2.ed. Athens: University of Georgia, 1993. p.1-3.

320. Em sentido contrário, Paulo César Busato tece contundentes críticas à fascinação pela chamada "importação dogmática". (BUSATO, Paulo César. *Fundamentos para um direito penal democrático*. 4.ed. São Paulo: Atlas, 2013. p.5-6).

321. TEUBNER, Gunther. Legal irritants: Good faith in British law or how unifying law ends up in new divergences. *Modern Law Review*, London, v.61, p.12, 1998.

322. Ver, por todos, TEUBNER, Gunther. Legal irritants: Good faith in British law or how unifying law ends up in new divergences. *Modern Law Review*, London, v.61, p.11, 1998; LANGER, Máximo. From legal transplants to legal translations: the globalization of plea bargaining and the Americanization thesis in criminal procedure. *Harvard International Law Journal*. Cambridge, v.45, n.1, p.30-31, inverno de 2004.

ordenamento, de modo que este frequentemente imporá àquele novas funções, muitas vezes não condizentes com aquelas desempenhadas em sua origem. Muitas vezes, o "transplante" pode produzir "irritações" – isto é, desencadear uma série de efeitos colaterais inesperados pelo jurista, que perturba a sintonia interna do sistema, o qual não se adapta à inserção do elemento alienígena.[323]

Tais críticas não levam necessariamente à conclusão de que é impossível a importação bem sucedida de normas jurídicas estrangeiras ao ordenamento jurídico nacional.[324] Todavia, é importante que nesse processo sejam observadas as transformações que podem sofrer o dispositivo ou a categoria ao ser realocada de um sistema para o outro, mantendo o foco particularmente sobre o texto a ser traduzido.[325] É neste sentido que surge a metáfora da "tradução jurídica", preocupada com aspectos sintáticos e semânticos da norma ou do enunciado dogmático em sua origem e seu destino.[326] Por meio de adaptações textuais é possível capturar as transformações a que é submetida uma ideia ou conceito nas suas relações com o sistema jurídico destinatário após a sua tradução originária.[327] Existem várias abordagens à forma de se efetuar a tradução de textos e ideias, podendo-se pautar pela literalidade estrita, pela composição de texto autônomo, mas fiel às ideias originais, ou pela variação material do texto original, de modo a reduzir a fidelidade, a fim de compor um texto sólido no idioma para o qual se traduz.[328] Dessa forma, a depender do método empregado, é possível trazer ao ordenamento jurídico nacional conceitos e ideias de todo impertinentes ou inaplicáveis, pelo desejo de ser fiel à origem, ou, ao contrário, deturpar institutos jurídicos na (vã) tentativa de os inserir em seu novo contexto legal.

Entende-se, assim, não ser possível a adoção indiscriminada de institutos jurídicos estrangeiros, pois é necessário observar as vicissitudes dos ordenamentos jurídicos originário e destinatário, a fim de perquirir a compatibilidade da norma (ou conceito) "transplantada" ou "traduzida" com o sistema em que se pretende a inserir.[329]

Retomando-se a análise da cegueira deliberada em seu sistema originário a partir da observação da função desempenhada no direito penal americano, vê-se com certo ceticismo a adequação desse instituto ao ordenamento jurídico brasi-

323. TEUBNER, Gunther. Legal irritants: Good faith in British law or how unifying law ends up in new divergences. *Modern Law Review*, London, v.61, p.12, 1998.

324. LANGER, Máximo. From legal transplants to legal translations: the globalization of plea bargaining and the Americanization thesis in criminal procedure. *Harvard International Law Journal*. Cambridge, v.45, n.1, p.32, inverno de 2004.

325. LANGER, Máximo. Idem, v.45, n.1, p.32-33, inverno de 2004.

326. LANGER, Máximo. Idem, v.45, n.1, p.32-33, inverno de 2004.

327. LANGER, Máximo. Idem, v.45, n.1, p.34, inverno de 2004.

328. LANGER, Máximo. Idem, v.45, n.1, p.33, inverno de 2004.

329. BUSATO, Paulo César. *Fundamentos para um direito penal democrático*. 4.ed. São Paulo: Atlas, 2013. p.9.

leiro. Isso ocorre porque esteve desde sempre situada como um substituto para o elemento subjetivo *knowledge* nos crimes que exigem do autor conhecimento a respeito de alguma circunstância elementar do delito. Como colocado acima, o elemento *knowledge*, nos sistemas influenciados pelo Código Penal Modelo americano, é um requisito adicional imposto pela legislação com relação ao elemento padrão de responsabilidade subjetiva, a *recklessness*. Significa dizer que no direito penal americano, em geral, toda vez que o legislador não inclui na definição de crime algum modo de responsabilidade subjetivo, presume-se que o autor será responsabilizado se agir no mínimo com *recklessness*. Isto é, se o autor conscientemente ignorar algum risco substancial e injustificável de que alguma circunstância elementar do delito exista ou resultará de sua conduta. Alguns crimes podem exigir mais: que o autor – em vez de ignorar o risco existente ou criado – aja sabendo da presença de alguma elementar do crime ou sabendo que o resultado criminoso de sua conduta é praticamente certo. A cegueira deliberada em tais sistemas serve para permitir que o autor possa ser condenado mesmo quando tal conhecimento a respeito da certeza do resultado, da natureza de sua conduta ou da presença de alguma circunstância elementar concomitante não esteja plenamente configurada. Vale dizer, aplicando-se a cegueira deliberada, os tribunais podem condenar um indivíduo nos crimes que exigem conhecimento mesmo que tal indivíduo não tenha conhecimento dele.

Desde seu remoto surgimento no direito inglês, a noção de que pudesse ser imputada a um autor a prática de um delito que exige conhecimento como elemento subjetivo mesmo que o autor não tivesse conhecimento de fato sofreu transformações até que viesse a ser estabelecida de forma mais ou menos estável. Essas transformações se deram no campo processual, com o constante resgate de decisões anteriores e reiterada aplicação até se estabelecer uma regra não positivada. Convencionou-se denominar essa regra "cegueira deliberada". Devido à inexistência de uma fonte central e unificadora do direito penal americano, não é possível se estabelecer um enunciado único e preciso do que pode se entender por cegueira deliberada. Há, no entanto, elementos comuns encontrados nas decisões dos principais tribunais americanos que permitem extrair alguma síntese de sua aplicação: a partir das sucessivas aplicações dessa regra e a remissão – por vezes imprópria – ao Código Penal Modelo, pode-se afirmar que *uma pessoa age com cegueira deliberada quando tem ciência da elevada probabilidade de existência de uma circunstância ou fato elementar do delito, toma medidas deliberadamente voltadas a evitar comprovar a existência do fato ou da circunstância e não acredita na inexistência do fato ou da circunstância*. Quando os três elementos enunciados estão presentes é possível condenar o autor por um crime que exige *knowledge*, mesmo que ele não tenha conhecimento do fato ou da circunstância elementar do delito. Isso é cegueira deliberada nos Estados Unidos da América.

Não é incomum ver tal regra ser tratada como alguma espécie de "teoria"[330] ou uma "doutrina"[331] desenvolvida no direito penal anglo-americano. Trata-se de equívoco ocasionado do falso cognato entre o vocábulo "doutrina" e a expressão em inglês "*doctrine*". *Doctrine* não se confunde com doutrina; o conjunto de escritos acadêmicos sobre determinado tema é chamado de *literature* ou *scholarship* na tradição jurídica anglo-americana. Por outro lado, entende-se por *doctrine* ou *legal doctrine* uma regra ou coleção de regras que sintetiza o conjunto das decisões judiciais em determinada área, tratando-se do enunciado dispositivo de um precedente ou feixe de precedentes.[332] Jerome Hall, ao comentar o conjunto de regras que formam a parte geral do direito americano, refere-se a *doctrines* e *principles* como as duas divisões da parte geral, sendo os princípios enunciados abstratos e as *doctrines* as regras básicas e os conceitos básicos do direito extraídos das regras legais.[333] Como visto no decorrer deste capítulo, a cegueira deliberada não teve desenvolvimento teórico ou acadêmico. Embora tenha sido comentada – e, em grande medida, criticada[334] – academicamente nos Estados Unidos, seu desenvolvimento se deu no embate processual, a partir de definições dadas ao júri por juízes togados visando instruir os julgadores de fato a respeito do direito aplicável ao julgamento. Não há escritos acadêmicos teorizando a cegueira deliberada, ou mesmo buscando compatibilizá-la com o sistema de imputação subjetivo de responsabilidade. Mesmo os tratadistas ingleses, que trazem uma abordagem neutra da temática, limitam-se a comentar a cegueira deliberada, apontando tratar de uma regra desenvolvida no seio do *common law*.[335] Nesse sentido, não parece adequado tratar a cegueira deliberada como "teoria", ou mesmo como construção "teórica", tratando-se, em realidade, de construção prática, desenvolvida judicial-

---

330. SYDOW, Spencer Toth. *A teoria da cegueira deliberada*. Belo Horizonte: D'Plácido, 2016; BURGEL, Letícia. A teoria da cegueira deliberada na Ação Penal 470. *Revista Brasileira de Ciências Criminais*, v.129, p.479-505, mar. 2017.

331. BECK, Francis. A doutrina da cegueira deliberada e a sua (in)aplicabilidade ao crime de lavagem de dinheiro. *Revista de Estudos Criminais*, n.41, p.45-92, abr./jun. 2011.

332. Ver acima p.40, nota 46.

333. HALL, Jerome. The three fundamental aspects of criminal law. In: MUELLER, Gerhard O. W. *Essays in criminal science*. South Hackensack: Fred B. Rothman & Co.; Londres: Sweet & Maxwell, 1961. p.160.

334. CHARLOW, Robin. Wilful ignorance and criminal culpability. *Texas Law Review*, v.70, p.1351-1429, 1992; KAENEL, Frans J. von. Willful blindness: a permissible substitute for actual knowledge under the money laundering control act? *Washington University Law Quarterly*, v.71, p.1.189, 1993; MARCUS, Jonathan L. Model Penal Code section 2.02(7) and willful blindness. *The Yale Law Journal*, v.102, n.8, p.2231-2257, jun. 1993; ROBBINS, Ira P. The ostrich instruction: deliberate ignorance as a criminal mens rea. *Journal of Criminal Law & Criminology*, v.81, p.191-234, 1990; SARCH, Alexander F. Willful ignorance, culpability, and the criminal law. *St. John's Law Review*, v.88, n.4, p.1023-1102, 2014; WILLFUL blindness as a substitute for criminal knowledge. *Iowa Law Review*, v.63, n.2, p.466-485, dez. 1977.

335. WILLIAMS, Glanville. *Criminal Law: the general part*. 2.ed. Londres: Stevens & Sons Ltd., 1961. p.156-159.

mente e propagada a partir da regra de observância de precedentes na tradição jurídica da *common law*.

A regra jurisprudencialmente estabelecida sobre a cegueira deliberada nos Estados Unidos permite a satisfação do requisito mental dos crimes que exigem *knowledge* mesmo quando o conhecimento de fato não está presente. Trata-se, portanto, de uma regra de equivalência voltada ao propósito político-criminal identificado no caso *Jewell*: decidir que o elemento *knowledge* exigiria conhecimento real de todas as circunstâncias elementares do caso tornaria a cegueira deliberada uma defesa a ser explorada pelos autores.[336] A partir das decisões reiteradas de diversos tribunais americanos, no entanto, restou claro que é preciso mais que *recklessness* – isto é, mais que o simples desprezo consciente de algum risco substancial e injustificável – para que haja cegueira deliberada.

Nesse ponto, aparenta haver clara inconsistência entre a doutrina majoritária proponente da cegueira deliberada no Brasil e a regra extraída a partir da análise dos precedentes americanos. Por um lado, *cegueira deliberada* nos Estados Unidos é utilizada como substituto do elemento *knowledge*, estando presente quando o autor (i) tem ciência da elevada probabilidade de existência de uma circunstância ou fato elementar do delito, (ii) toma medidas deliberadamente voltadas a evitar comprovar a existência do fato ou da circunstância e (iii) não acredita na inexistência do fato ou da circunstância. Por outro lado, a jurisprudência brasileira, amparada direta ou indiretamente nos escritos de Moro,[337] convencionou aplicar o que se chama "cegueira deliberada" a partir do reconhecimento de dolo eventual na lavagem de dinheiro quando o autor (i) tem ciência da elevada probabilidade de que os bens envolvidos tinham origem delituosa; (ii) age de forma indiferente quanto à ciência dessa elevada probabilidade e (iii) escolhe deliberadamente manter-se ignorante a respeito dos fatos, em sendo possível a alternativa.

Embora os enunciados contenham pontos em comum, nota-se de plano uma distinção relevante. A construção americana da *cegueira deliberada* trata da subjetividade do autor, ao exigir que ele não acredite que a circunstância elementar era inexistente. Com isso, afasta-se o recurso a algum critério objetivamente estabelecido, como da pessoa média, utilizado para a responsabilidade a título de *recklessness* e *negligence*.[338] Incorre em erro Spencer Toth Sydow, portanto, quando afirma que "baliza-se a teoria da cegueira deliberada no instituto do homem médio ou homem razoável, aqui denominado de homem prudente".[339]

---

336. United States v. Jewell, *532 F.2d 697* (9th Cir., 1976).

337. MORO, Sergio Fernando. *Crime de lavagem de dinheiro*. São Paulo: Saraiva, 2010.

338. Utiliza-se também no Brasil o conceito de pessoa média ou prudente para se estabelecer responsabilidade penal, como nos crimes de imprudência. Ver, por todos, CIRINO DOS SANTOS, Juarez. *Direito penal: parte geral*. 3.ed. Curitiba: ICPC Lumen Juris, 2010. p.176-177.

339. SYDOW, Spencer Toth. *A teoria da cegueira deliberada*. Belo Horizonte: D'Plácido, 2016. p.133.

Em que pese não esteja presente na construção originária da cegueira deliberada, ou mesmo em suas formulações contemporâneas, a jurisprudência brasileira busca aplicar a cegueira deliberada em conjunto com um pretenso dever de conhecimento por parte do autor, que seria fundamento para o dolo eventual caso comprovado seu desconhecimento.[340]

Por outro lado, a formulação majoritária brasileira sobre cegueira deliberada inclui um requisito inexistente no enunciado americano: a indiferença do autor quanto à elevada probabilidade de ocorrência do resultado.[341] Naturalmente, a exigência de indiferença não é feita no direito anglo-americano, pois a indiferença não é uma categoria fundamental para a identificação de *knowledge* ou *recklessness*.[342] Como o CP, segundo Nelson Hungria,[343] supostamente adotou no inciso I do seu art. 18 a teoria do consentimento,[344] a indiferença do autor pelo resultado é característica marcante do dolo eventual, em oposição ao propósito, de um lado, e o mero descuido, de outro. Com isso, buscou-se aparentemente introjetar artificialmente um componente do dolo eventual na definição de cegueira deliberada visando facilitar a acomodação da cegueira deliberada enquanto dolo eventual no direito brasileiro. Isso ocorre porque, ao contrário de autores que entendem a necessidade de incorporar a cegueira deliberada nos ordenamentos jurídicos nacionais a partir de propostas *de lege ferenda*,[345] a jurisprudência brasileira tem

---

340. TRF-4, Ap. Crim. n. 0000625-16.2009.4.04.7000, rel. João Pedro Gebran Neto, *DJe* 25 abr. 2014.

341. TRF-4, Ap. Crim. n. 5009722-81.2011.4.04.7002, rel. Sérgio Fernando Moro, *DJe* 23 set. 2013; TRF-4, Ap. Crim. n. 5001079-31.2011.4.04.7004, rel. João Pedro Gebran Neto, *DJe* 19 nov. 2013; TRF-4, Ap. Crim. n. 5000220-41.2013.4.04.7005, rel. João Pedro Gebran Neto, *DJe* 22 nov. 2013; TRF-4, Ap. Crim. n. 5000059-24.2010.4.04.7009, rel. João Pedro Gebran Neto, *DJe* 27 mar. 2014; TRF-4, Ap. Crim. n. 5002540-78.2010.4.04.7002, rel. João Pedro Gebran Neto, *DJe* 21 maio 2014. Em todas as decisões, o trecho mencionando indiferença é semelhante, quando não idêntico: "Tais construções em torno da cegueira deliberada assemelham-se ao dolo eventual da legislação e doutrina brasileira. Embora utilizados mais amplamente no Direito Comparado para lavagem de dinheiro e tráfico de drogas, plenamente pertinentes para delitos de contrabando, inclusive de armas, quando o responsável pela introdução dos produtos ilícitos em território nacional afirma ignorância e indiferença em relação ao objeto transportado."

342. Alan C. Michaels, porém, propõe que a aceitação do resultado pelo autor como produto de sua conduta, agindo com indiferença quanto à produção de um resultado seja incorporado ao direito penal americano (MICHAELS, Alan C. Acceptance: the missing mental state. *Southern California Law Review*, v.71, n.5, p.962, 1998). Para Michaels, no entanto, a aceitação seria algo distinto de *knowledge* e *recklessness*, entendendo que tal categoria ainda não se encontra perfeitamente contemplada pelo direito penal americano.

343. HUNGRIA, Nelson. *Comentários ao Código Penal*. 4.ed. Rio de Janeiro: Forense, 1958. v.1. t.II. p.122.

344. Sobre a teoria da vontade ou do consentimento, ver por todos VIANA, Eduardo. *Dolo como compromisso cognitivo*. São Paulo: Marcial Pons, 2017. p. 91-101.

345. RAGUÉS I VALLÈS, Ramón. Mejor no saber: Sobre la doctrina de la ignorancia deliberada en Derecho penal. In: VALENZUELA S., Jonatan (Ed.). *Discusiones XIII: Ignorancia deliberada y Derecho Penal*. Buenos Aires: EdiUNS, 2013. p.33. No Brasil, ver

entendido que a cegueira deliberada é aplicável mesmo diante da *lex lata*, uma vez que constituiria espécie de dolo eventual. Não é por outro motivo que Moro incorre em erro grosseiro ao afirmar que o dolo eventual vem sendo admitido nos crimes de lavagem de dinheiro nos Estados Unidos por meio da cegueira deliberada:[346] a noção de dolo eventual, como dito, é estranha ao direito penal americano. Dolo eventual não se confunde com *knowledge* – no âmbito do qual se aplica a cegueira deliberada – ou mesmo com *recklessness*.

Retoma-se aqui a proposição colocada na Seção 1.3.2 desta obra:[347] cotejando o teor dos enunciados de cegueira deliberada nos Estados Unidos da América e no Brasil, verifica-se não haver coincidência. Comparando-se tais formulações, demonstrou-se serem conceitos diferentes, aplicados com finalidades diferentes – nos Estados Unidos, como substituto do elemento subjetivo *knowledge*; no Brasil, como subespécie de dolo eventual –, não havendo identidade entre tais categorias, apesar da insistência pela jurisprudência nacional.

Chega-se, com isso, ao ponto crucial: se os critérios para identificação da cegueira deliberada no Brasil são diferentes daqueles enunciados em seu sistema de origem, e se *cegueira deliberada* pode ser considerada equivalente ao dolo eventual, não se vislumbra sentido em desenvolver uma teoria sobre cegueira deliberada no Brasil. Não há motivo algum para se denominar pelo mesmo nome categorias distintas. Se o enunciado da *cegueira deliberada* "à brasileira" não corresponde ao enunciado da *cegueira deliberada* em seu sistema de origem, evidentemente não são a mesma coisa. Com isso, *cegueira deliberada* no Brasil não é o mesmo que *willful blindness* nos Estados Unidos. Ademais, se o dolo eventual já é capaz de resolver por si as situações colocadas pela jurisprudência como cegueira deliberada, sem qualquer espécie de alteração legislativa, tal formulação seria de todo desnecessária. Não há porque se desenvolver uma teoria para colmatar lacuna inexistente.

As conclusões extraídas a partir deste capítulo permitem formular nova proposição a ser demonstrada no curso do capítulo derradeiro da obra: diante da desnecessidade da teoria para a responsabilização criminal, a insistência na

SYDOW, Spencer Toth. *A teoria da cegueira deliberada*. Belo Horizonte: D'Plácido, 2016. p.259.

346. "A lei norte-americana não é explícita quanto à admissão ou não do dolo eventual no crime de lavagem de dinheiro. Não obstante, por construção jurisprudencial, tal figura vem sendo admitida nos tribunais norte-americanos através da assim denominada *willful blindness* ou *conscious avoidance doctrine*, literalmente a doutrina da 'cegueira deliberada' e de 'evitar a consciência'" (MORO, Sergio Fernando. *Crime de lavagem de dinheiro*. São Paulo: Saraiva, 2010. p.63; MORO, Sergio Fernando. Sobre o elemento subjetivo no crime de lavagem. In: BALTAZAR JUNIOR, José Paulo; MORO, Sergio Fernando (Org.). *Lavagem de dinheiro: comentários à lei pelos juízes das varas especializadas em homenagem ao Ministro Gilson Dipp*. Porto Alegre: Livraria do Advogado, 2007. p.98). A passagem transcrita é idêntica em ambas as obras.

347. Ver acima p.62.

necessidade da cegueira deliberada e na sua compatibilidade com o direito penal brasileiro em realidade pode conduzir à expansão do alcance do dolo eventual, permitindo punir a título de dolo condutas que, sem a cegueira deliberada, seriam consideradas culposas.

CAPÍTULO 3

DESBRAVANDO A FRONTEIRA ENTRE O DOLO EVENTUAL E A CEGUEIRA DELIBERADA

3.1 O dolo no direito penal brasileiro

3.1.1 A concepção de dolo no direito positivo

Uma vez definido o contexto originário da discussão da cegueira deliberada, pontuando não apenas o seu conceito como o papel a ser desempenhado por esse instituto no direito penal americano, pode-se finalmente passar ao exame da cegueira deliberada no direito penal brasileiro, de modo a perquirir se há alguma identidade entre o conteúdo dado a essa categoria pela jurisprudência nacional e o dolo eventual. Para tanto, é mais uma vez necessário pontuar breves linhas preliminares, desta vez relativas ao conceito legal de dolo estabelecido no direito penal brasileiro.

Ao contrário de muitos sistemas jurídico-penais continentais, o CP, ao dispor sobre os elementos subjetivos dos crimes em sua parte geral, fornece uma definição mais ou menos precisa de *dolo* e de *culpa*. Sob a rubrica "crime doloso", o Código brasileiro estabelece que o autor age com dolo quando ele quis o resultado ou assumiu o risco de produzi-lo.[1] Por outro lado, a lei penal nacional indica haver "crime culposo" quando o autor dá causa a um resultando ao agir

1. Art. 18, inciso I, do CP.

com imprudência, negligência ou imperícia.[2] O texto atualmente em vigência não sofreu alterações com a reforma da Parte Geral pela Lei 7.209, de 1984.[3]

Embora não seja usual,[4] a partir da redação do art. 18 pode-se dizer que o legislador brasileiro adotou uma das diversas teorias desenvolvidas pela doutrina para definição de dolo. Segundo Nelson Hungria, o CP adotou a teoria do consentimento.[5] Há, porém, que se pontuar duas importantes reflexões a esse respeito. Primeiro, deve-se apontar à crítica que seria papel da doutrina e não do legislador definir *dolo* e seu alcance.[6] Não se concorda integralmente com essa posição, pois não se pode impedir que a legislação defina conceitos jurídicos. Em que pese as teorias jurídicas sejam mutáveis e em constante transformação, nada obsta que a lei possa capturar determinado estágio de desenvolvimento teórico, adotando-o como parâmetro padrão do ordenamento jurídico. Ciente, porém, da mutabilidade dos conceitos, pode o legislador optar por não eleger uma definição como oficial. Sendo assim, ainda que existam sistemas jurídicos que optaram por não incluir alguma definição de *dolo* e de *culpa* no texto legal – e isso não resulta necessaria-

---

2. Art. 18, inciso II, do CP.

3. A redação originária do art. 15 do CP de 1940 era: "Art. 15. Diz-se o crime: I – doloso, quando o agente quís [*sic*] o resultado ou assumiu o risco de produzí-lo [*sic*]; II – culposo, quando o agente deu causa ao resultado por imprudência, negligência ou imperícia. Parágrafo único. Salvo os casos expressos em lei, ninguem [*sic*] pode ser punido por fato previsto como crime, sinão [*sic*] quando o pratica dolosamente." Houve apenas atualizações gramaticais do texto.

4. Não há uniformidade na legislação penal dos países de tradição jurídica continental. Há países em que não há qualquer definição de dolo na legislação. Nesse sentido, Alemanha (§ 15), Argentina (não há no Código Penal argentino qualquer disposição geral sobre o dolo ou a culpa, apenas referências esparsas sobre condutas dolosas e culposas, por exemplo arts. 27, 35 e 72(2)) e Espanha (art. 5). Por outro lado, há países como o Brasil que trazem alguma definição de dolo e de culpa em seus respectivos códigos penais. Nesse sentido, Portugal (art. 13.º, art. 14.º e art. 15.º) e Suíça (art. 12.2).

5. HUNGRIA, Nelson. *Comentários ao Código Penal*. 4.ed. Rio de Janeiro: Forense, 1958. v.1. t.II. p.122. Como demonstra Luís Greco (Algumas observações introdutórias à "distinção entre dolo e culpa", de Ingeborg Puppe. In: PUPPE, Ingeborg. *A distinção entre dolo e culpa*. Trad. Luís Greco. Barueri: Manole, 2004. p.xi), o entendimento de Hungria foi repetido pelas obras nacionais posteriores. Sobre a influência de Hungria na produção doutrinária brasileira, ver BATISTA, Nilo. Roubo. Arma de brinquedo, *ainda uma vez*. In: *Decisões criminais comentadas*. 2.ed. Rio de Janeiro: Liber Juris, 1984. p.164: "no Brasil, onde Hungria se equivoca, sempre sobreveio, como na queda de peças o dominó, uma sucessão de equívocos". No mesmo sentido, ressaltando a influência de Hungria sobre a produção intelectual acerca da parte especial do CP, ver LEITE, Alaor. Interpretação, analogia e sentido literal possível: o exemplo da apropriação indébita de valores ou numerários (ou: Réquiem a Nélson Hungria). In: BUSATO, Paulo César; SÁ, Priscilla Placha; SCANDELARI, Gustavo Britta (Coord.). *Perspectivas das ciências criminais: coletânea em homenagem aos 55 anos de atuação profissional do Prof. Dr. René Ariel Dotti*. Rio de Janeiro: GZ, 2016. p.277.

6. Nesse sentido, ZILIO, Jacson Luiz. Metodologia e orientação do anteprojeto de Código Penal Brasileiro. *Boletim IBCCRIM*, São Paulo, n.239, p.8, out. 2012: "exist[e]m na doutrina continental mais de dez conhecidas teses sobre dolo eventual e quase nenhum Código Penal ous[a] apresentar um conceito, porque isso é trabalho da doutrina".

mente em "incerteza jurídica"[7] –, não está o legislador impedido de fazê-lo. Isso, todavia, conduz à segunda – e mais importante – reflexão acerca do conceito legal de *dolo*. Ainda que o legislador tenha estabelecido alguma definição sobre *dolo*, isso não preclui a atividade da dogmática. Ao contrário da posição de Feuerbach, segundo quem "onde o legislador fala, a filosofia cala",[8] sendo a dogmática do direito penal ciência jurídica, e não mero saber legal, os conceitos estabelecidos pela lei são o ponto de partida da análise do jurista, a quem cabe criticar e interpretar o sentido da norma criada.[9]

Analisando-se o teor da definição de *dolo* fornecida pelo legislador brasileiro, logo percebe-se que se definiu muito pouco. Não basta simplesmente tomar o sentido comum das expressões "quis o resultado" e "assumiu o risco de produzi[r o resultado]". É preciso definir o que pode ser entendido por *querer* um resultado, se há algum grau de volição e de cognição nesse querer. Da mesma forma, a *assunção de risco* de um resultado precisa ser definida, principalmente porque todo aquele que conscientemente cria um risco de lesão a bens jurídicos de alguma forma assume o risco de produzir a lesão representada como possível – ainda que se esteja atuando de forma imprudente, tomando as precauções necessárias para evitar que o resultado venha a ocorrer. Por tal motivo, mesmo quem atua culposamente assume o risco de produzir o resultado delitivo de sua conduta. É necessário, assim, que a dogmática do direito penal estabeleça a delimitação do alcance da expressão definida pelo legislador, de modo a orientar a correta aplicação do direito penal.[10] Greco, inclusive, defende que a "lei não resolveu

---

7. DOTTI, Rene Ariel. Respostas a equívocos e ofensas pessoais. *Boletim IBCCRIM*, São Paulo, v.20, n.241, p.3, dez. 2012.

8. FEUERBACH, Paul Johann Anselm Ritter von. Über Philosophie und Empirie in ihrem Verhältnis zur positive Rechtswissenschaft. *Apud* GRECO, Luís. Dolo sem vontade. In: D'ALMEIDA, Luís Duarte; DIAS, Augusto Silva; MENDES, Paulo de Sousa; ALVES, João Lopes; RAPOSO, João António (Orgs.). *Líber amicorum de José de Sousa Brito em comemoração do 70.º aniversário: estudos de direito e filosofia*. Coimbra: Almedina, 2009. p.885.

9. GRECO, Luís. Dolo sem vontade. In: D'ALMEIDA, Luís Duarte; DIAS, Augusto Silva; MENDES, Paulo de Sousa; ALVES, João Lopes; RAPOSO, João António (Orgs.). *Líber amicorum de José de Sousa Brito em comemoração do 70.º aniversário: estudos de direito e filosofia*. Coimbra: Almedina, 2009. p.885-886.

10. Vale aqui pontuar importante crítica ao pensamento obtuso de magistrados que se colocam pretensamente acima das construções feitas na academia, a partir de reflexões profundas do sistema jurídico. Ao contrário do que se possa pregar nos tribunais (STJ, AgR nos Embargos de Divergência em REsp n. 279.889, rel. Humberto Gomes de Barros, *DJ* 7 abr. 2003: "Não me importa o que pensam os doutrinadores. Enquanto for Ministro do Superior Tribunal de Justiça, assumo a autoridade da minha jurisdição. O pensamento daqueles que não são Ministros deste Tribunal importa como orientação. A eles, porém, não me submeto. [...] Esse é o pensamento do Superior Tribunal de Justiça, e a doutrina que se amolde a ele. É fundamental expressarmos o que somos. Ninguém nos dá lições. Não somos aprendizes de ninguém."), há relevante papel a ser desempenhado pela dogmática na interpretação do direito e no estabelecimento de critérios para aplicação do direito positivo. Nesse sentido, STRECK, Lênio Luiz. Devemos no importar, sim, com o que a doutrina diz.

nada" com relação ao conceito de dolo.[11] O entendimento de Hungria a respeito da adoção da teoria do consentimento pelo legislador diz mais que a própria lei, colocando-se como critério para limitar o alcance do dolo nos casos de assunção do resultado para as hipóteses em que o autor efetivamente consente com a sua produção. A posição quanto à teoria do consentimento é uma interpretação possível do sistema de imputação subjetiva colocado pelo CP, mas certamente não é a única possível.

Tomando-se os próprios dispositivos do CP, pode-se perceber, em verdade, que o art. 18 não esgota o conceito de *dolo*; deve ser complementado pelo *caput* do art. 20, que define erro de tipo. Ao estabelecer a lei penal que "[o] erro sobre elemento constitutivo do tipo legal de crime exclui o dolo", coloca-se o conhecimento do autor a respeito das circunstâncias elementares do crime como elemento essencial do dolo.[12] Não se trata de proposição inovadora. Há muito já se defende no direito brasileiro que o art. 18 por si é insuficiente para definir o dolo.[13]

Costuma-se afirmar tradicionalmente que *dolo* é composto por um elemento intelectual e um elemento volitivo, isto é *saber* e *querer*.[14] Tal concepção, além de originada do texto do CP e da interpretação dada por Hungria e as sucessivas contribuições doutrinárias posteriores, também coincide com o conceito tradicional de dolo do direito penal alemão.[15] Novamente, as expressões *saber* e *querer* por si são insuficientes para definir o conteúdo do dolo, sendo necessário o desenvolvimento de teorias para preencher integralmente o conceito, de modo a permitir a adequada distinção entre dolo e culpa nos casos em que não há um propósito claro referente ao resultado por parte do autor.

Consultor Jurídico, 05 jan. 2006. Disponível em: <https://goo.gl/xqNgZ3>. Acesso em: 27 maio 2017.

11. GRECO, Luís. Algumas observações introdutórias à "distinção entre dolo e culpa", de Ingeborg Puppe. In: PUPPE, Ingeborg. *A distinção entre dolo e culpa*. Trad. Luís Greco. Barueri: Manole, 2004. p.xvii.

12. GRECO, Luís. Algumas observações introdutórias à "distinção entre dolo e culpa", de Ingeborg Puppe. In: PUPPE, Ingeborg. *A distinção entre dolo e culpa*. Trad. Luís Greco. Barueri: Manole, 2004. p.xvii.

13. SOUSA NETO, Joaquim de. *O motivo e o dolo*. 2.ed. Rio de Janeiro: Freitas Bastos, 1956. p.185.Em que pese o autor se refira ao art. 15 da parte geral de 1940, a crítica – desde que historicamente contextualizada – caberia também ao art. 18 da nova parte geral de 1984.

14. Nesse sentido, BITENCOURT, Cezar Roberto. *Tratado de direito penal*. 22.ed. rev., ampl. e atual. São Paulo: Saraiva, 2016. v.1. p.356; CIRINO DOS SANTOS, Juarez. *Direito penal: parte geral*. 5.ed. rev., atual. e ampl. Florianópolis: Conceito, 2012. p.126-127; ZAFFARONI, Eugenio Raúl; BATISTA, Nilo; ALAGIA, Alejandro; SLOKAR, Alejandro. *Direito penal brasileiro*. Rio de Janeiro: Revan, 2010. v.2. t.I. p.270; ZAFFARONI, Eugenio Raúl; PIERANGELI, José Henrique. *Manual de direito penal brasileiro: parte geral*. 11.ed. rev. e atual. São Paulo: RT, 2015. p.433.

15. WELZEL, Hans. *O novo sistema jurídico-penal: uma introdução à doutrina da ação finalista*. 3.ed. Tradução de Luiz Regis Prado. São Paulo: RT, 2011. p.144; ROXIN, Claus. *Strafrecht*: Allgemeneir Teil. 4.ed. München: C.H. Beck, 2006. v.1. p.437.

Aponta-se para a existência de três diferentes espécies de dolo: o dolo direto de primeiro grau, o dolo direto de segundo grau e o dolo eventual.[16] O dolo direto de primeiro grau está presente nos casos em que o resultado ou o perigo decorrentes da ação correspondem ao fim proposto pelo autor; trata-se do objetivo último visado pelo autor ou o meio eleito para atingir seu propósito.[17] Nessa modalidade de dolo há proeminência do elemento "vontade", ainda que a representação das circunstâncias seja essencial para estabelecer o domínio pelo autor. No dolo direto de segundo grau, há maior distanciamento da vontade enquanto elemento psicológico-descritivo,[18] pois o autor não deseja necessariamente a ofensa provocada ao bem jurídico protegido. Atua com dolo direto de segundo grau o autor que representa como certos ou necessários os efeitos de sua conduta, ainda que sejam indesejados ou lamentados.[19] A depender da definição de vontade adotada, o autor que age com dolo direto de segundo grau pode ou não "querer" o resultado.[20] Em uma perspectiva psicológico-descritiva, o resultado não é necessariamente quisto. No entanto, ao representar o resultado

---

16. ROXIN, Claus. *Strafrecht*: Allgemeneir Teil. 4.ed. München: C.H. Beck, 2006. v.1. p.438-452. No Brasil, ver por todos CIRINO DOS SANTOS, Juarez. *Direito penal: parte geral.* 5.ed. rev., atual. e ampl. Florianópolis: Conceito, 2012. p.128-134.

17. Juarez Cirino dos Santos traz o seguinte exemplo de dolo direto de primeiro grau: "alguém ateia fogo na própria casa (*fim intermediário ou meio para outros fins*) para receber o valor do seguro (*fim último*) e, desse modo, resguardar a credibilidade financeira e evitar boatos de insolvência (*motivo*)." (CIRINO DOS SANTOS, Juarez. *Direito penal: parte geral.* 5.ed. rev., atual. e ampl. Florianópolis: Conceito, 2012. p.130). Haveria, no exemplo, dolo direto de primeiro grau com relação ao crime de incêndio.

18. "Por vezes, designa-se por vontade um estado mental, algo que ocorre literalmente na cabeça do autor, uma entidade empírica que pertence ao universo psíquico de alguém" (GRECO, Luís. Dolo sem vontade. In: D'ALMEIDA, Luís Duarte; DIAS, Augusto Silva; MENDES, Paulo de Sousa; ALVES, João Lopes; RAPOSO, João António (Orgs.). *Líber amicorum de José de Sousa Brito em comemoração do 70.º aniversário: estudos de direito e filosofia.* Coimbra: Almedina, 2009. p.886). Tal concepção de vontade se opõe a um sentido atributivo-normativo, no qual "vontade não é mais uma entidade interna à psique de alguém, mas uma atribuição, isto é, uma forma de interpretar um comportamento, com ampla independência da situação psíquica do autor" (p.887).

19. Cirino dos Santos traz como exemplo de dolo direto de segundo o caso Thomas, em que um proprietário de embarcação "decidiu explodir o próprio navio com o objetivo de fraudar o seguro, apesar de representar como certa ou necessária a morte da tripulação e de passageiros" (CIRINO DOS SANTOS, Juarez. *Direito penal: parte geral.* 5.ed. rev., atual. e ampl. Florianópolis: Conceito, 2012. p.131). Nesse caso, o autor agiu com dolo direto de primeiro grau com relação ao crime de explosão, e com dolo direto de segundo grau com relação aos homicídios praticados.

20. É discutível se o CP buscou se referir às situações de dolo direto de segundo grau pela expressão "quis o resultado" ou pela expressão "assumiu o risco de produzi-lo". A posição de Cirino dos Santos, neste ponto, parece contraditória: "o *dolo direto* indicado n a expressão *querer o resultado* compreende as categorias de *dolo direto de 1.º grau* e de *dolo direto de 2.º grau*, relevantes para aplicação da pena" (CIRINO DOS SANTOS, Juarez. *Direito penal: parte geral.* 5.ed. rev., atual. e ampl. Florianópolis: Conceito, 2012. p.129); "Como se vê, a fórmula *querer o resultado* não abrange todas as hipóteses de dolo direto" (p.131).

como necessário, sabendo que seria necessariamente o produto de sua conduta, o autor não pode dizer que não "queria" o resultado provocado; em um sentido atributivo-normativo, tendo domínio das circunstâncias a partir do conhecimento das consequências necessárias de sua conduta, a decisão do autor revela a sua vontade.[21] Por fim, há dolo eventual quando a ofensa típica ao bem jurídico constitui um efeito possível da conduta do autor.[22] Como colocado, a referência à assunção de um risco pelo autor é insuficiente. Embora, segundo Hungria e a maior parte da doutrina nacional, seja necessário o consentimento da ofensa ao bem jurídico pelo autor, isto não decorre diretamente do texto legal. Sendo o dolo eventual uma modalidade de dolo, cujo conceito convencionou-se atrelar ao conhecimento e à vontade, foram buscadas explicações para identificar a vontade no comportamento daquele que assume o resultado, em oposição à mera imprudência, negligência ou imperícia. Desenvolveram-se, assim, teorias para delimitar o espaço entre dolo e culpa.

Costuma-se classificar as teorias do dolo em teorias volitivas e teorias cognitivas, baseadas na ênfase dada por cada uma aos elementos do dolo.[23] Para as teorias volitivas, a ênfase está na vontade do autor, havendo duas explicações para identificá-la no dolo eventual. Segundo a teoria do consentimento, supostamente adotada pelo CP, o autor age com vontade no dolo eventual em razão de uma vinculação emocional com o resultado, pois, além de o representar como possível, também se conforma com ele ou aceita a sua produção.[24] Já, segundo a teoria da indiferença, haveria também vontade em decorrência de um sentimento pelo autor, de modo semelhante à teoria do consentimento, no entanto o componente adicional da indiferença permite o reconhecimento de dolo até mesmo quando não houver representação consciente do risco de ofensa ao bem jurídico.[25] Ainda, segundo a teoria da não comprovada vontade de evitação do resultado, o compo-

---

21. Veja-se o exemplo trazido por Luís Greco referente ao estudante que não estuda até a véspera da prova, lamentando sua reprovação diz "Minha vontade não era isso", "foi sem querer" (GRECO, Luís. Dolo sem vontade. In: D'ALMEIDA, Luís Duarte; DIAS, Augusto Silva; MENDES, Paulo de Sousa; ALVES, João Lopes; RAPOSO, João António (Orgs.). *Líber amicorum de José de Sousa Brito em comemoração do 70.º aniversário: estudos de direito e filosofia*. Coimbra: Almedina, 2009. p.887).

22. ZAFFARONI, Eugenio Raúl; BATISTA, Nilo; ALAGIA, Alejandro; SLOKAR, Alejandro. *Direito penal brasileiro*. Rio de Janeiro: Revan, 2010. v.2. t.I. p.276.

23. Não se pretende aqui esmiuçar o conteúdo de cada teoria. Para uma visão aprofundada e posição crítica sobre as teorias do dolo, ver PUPPE, Ingeborg. *A distinção entre dolo e culpa*. Tradução de Luís Greco. Barueri: Manole, 2004; DÍEZ RIPOLLÈS, José Luis. *Los elementos subjetivos del delito: bases metodológicas*. 2.ed. Montevideo: B de F, 2007.

24. TAVARES, Juarez. *Teoria do injusto penal*. Belo Horizonte: Del Rey, 2000. p.278-279. Como aponta Tavares, há divergência entre os partidários da teoria do consentimento quanto à possibilidade de aceitação quando o resultado é desfavorável ou desagradável ao autor.

25. TAVARES, Juarez. *Teoria do injusto penal*. Belo Horizonte: Del Rey, 2000. p.279-280.

nente volitivo do dolo eventual estaria na ausência de ativação de contrafatores para evitar a ofensa ao bem jurídico.[26]

Por outro lado, a dogmática desenvolveu teorias cognitivas para o estabelecimento de dolo eventual, fundadas no conhecimento do autor acerca dos elementos do tipo objetivo. Primeiramente, para a teoria da representação, sempre que o autor representa o resultado como possível e prossegue na realização da conduta, age com dolo eventual.[27] Para a teoria da probabilidade, há dolo quando o autor representa a ofensa ao bem jurídico como provável, todavia não há critérios claros para distinguir o que é provável daquilo que é apenas possível ou certo.[28] Há uma variante, chamada teoria da representação de um perigo qualificado, proposta por Ingeborg Puppe,[29] segundo a qual há dolo quando o perigo criado pelo autor é de tal qualidade e quantidade que uma pessoa sensata somente agiria em tais condições se aceitasse o resultado lesivo como certo.[30] Para a teoria do risco, há dolo quando o autor tem conhecimento do risco indevido criado por uma conduta penalmente tipificada – isto é, se sabe que pratica uma conduta tipificada como crime, age com dolo; se decide subjetivamente por uma conduta não perigosa, age com culpa.[31] Por fim, aponta-se a teoria do perigo desprotegido ou a descoberto, segundo a qual há dolo quando a ocorrência do resultado lesivo decorre de uma situação de sorte ou acaso (perigo desprotegido) e há culpa quando o resultado pode ser evitado a partir de cuidados tomados pelo autor ou por terceiros (perigo protegido). Para esta teoria, há dolo quando se reconhece um perigo que deve ser levado a sério.[32]

A despeito de tais teorias, Greco aponta que é o conhecimento – e não a vontade – o elemento essencial para se estabelecer o dolo, pois *conhecimento*

26. CIRINO DOS SANTOS, Juarez. *Direito penal: parte geral.* 5.ed. rev., atual. e ampl. Florianópolis: Conceito, 2012. p.136. O autor também denomina essa vertente como a teoria da objetivação da vontade de evitação do resultado. Tavares, por outro lado, classifica esta teoria, que denomina teoria da evitabilidade, como um teoria intelectiva, e não volitiva (TAVARES, Juarez. *Teoria do injusto penal.* Belo Horizonte: Del Rey, 2000. p.275-276).

27. TAVARES, Juarez. *Teoria do injusto penal.* Belo Horizonte: Del Rey, 2000. p.273. Para essa teoria, não haveria culpa consciente: se há representação, há dolo.

28. TAVARES, Juarez. *Teoria do injusto penal.* Belo Horizonte: Del Rey, 2000. p.273-274.

29. PUPPE, Ingeborg. *A distinção entre dolo e culpa.* Tradução de Luís Greco. Barueri: Manole, 2004. p.79-100.

30. TAVARES, Juarez. *Teoria do injusto penal.* Belo Horizonte: Del Rey, 2000. p.274.

31. TAVARES, Juarez. *Teoria do injusto penal.* Belo Horizonte: Del Rey, 2000. p.276. O autor aponta que para Wolfgang Frisch, proponente da teoria, o objeto do dolo não é o resultado típico, mas sim a conduta típica: "Por exemplo, no homicídio, não será a morte da vítima, mas a conduta que traga risco para a vida."

32. TAVARES, Juarez. *Teoria do injusto penal.* Belo Horizonte: Del Rey, 2000. p.277-278; CIRINO DOS SANTOS, Juarez. *Direito penal: parte geral.* 5.ed. rev., atual. e ampl. Florianópolis: Conceito, 2012. p.139-140; HERZBERG, Rolf Dietrich. Die Abgrenzung von Vorsatz und bewußter Fahrlässigkeit: ein Problem des objektiven Tatbestandes. *Juristische Schulung*, München, n.26, p.262, 1986.

é o fator fundamental para se estabelecer a atuação pelo autor com domínio ou controle sobre a sua conduta.[33] A partir de uma análise das situações de dolo direto e dolo eventual, defende não haver relevância na vontade do autor, propondo um conceito unitário de dolo, fundado em parâmetros puramente cognitivos.[34] Não se concorda integralmente com tal proposição, não apenas em razão do limite textual imposto pela legislação brasileira,[35] como pela relevância dada na legislação à vontade do autor, seja para a punibilidade[36] ou mesmo para a própria tipificação de condutas.[37]

De qualquer modo, partindo do quadro delineado pelo CP em seus arts. 18 e 20, revela-se a centralidade do conhecimento no dolo, a que deve ser subordinada à vontade – se é que há lugar para a vontade no dolo, como defende Greco. Assim, é importante aprofundar o que se entende por conhecimento, tratando de premissa essencial para discutir a questão da cegueira deliberada no direito brasileiro.

3.1.2 O conhecimento no direito penal brasileiro

Assim como a vontade, o conhecimento também pode ser compreendido ora em um sentido psicológico-descritivo, ora em um sentido normativo-atributivo. Tradicionalmente, entende-se o conhecimento a partir de uma concepção cartesiana de *mente*, segundo a qual há uma realidade nos processos mentais psíquicos, acessíveis ao sujeito mediante introspecção.[38] Assim, diante da ocorrência interna – e, portanto, privada – dos fenômenos psíquicos, embora possam ser conhecidos pelo sujeito, não são visíveis pelos observadores externos. Tal visão a respeito da

---

33. GRECO, Luís. Dolo sem vontade. In: D'ALMEIDA, Luís Duarte; DIAS, Augusto Silva; MENDES, Paulo de Sousa; ALVES, João Lopes; RAPOSO, João António (Orgs.). *Líber amicorum de José de Sousa Brito em comemoração do 70.º aniversário: estudos de direito e filosofia*. Coimbra: Almedina, 2009. p.891.

34. GRECO, Luís. Dolo sem vontade. In: D'ALMEIDA, Luís Duarte; DIAS, Augusto Silva; MENDES, Paulo de Sousa; ALVES, João Lopes; RAPOSO, João António (Orgs.). *Líber amicorum de José de Sousa Brito em comemoração do 70.º aniversário: estudos de direito e filosofia*. Coimbra: Almedina, 2009. p.902.

35. Aplica-se, guardadas as devidas distinções, a crítica feita por Tavares à teoria do risco (TAVARES, Juarez. *Teoria do injusto penal*. Belo Horizonte: Del Rey, 2000. p.276).

36. Veja-se, por exemplo, o art. 29, § 2.º, do CP, relativo à redução da pena pela participação de menor importância.

37. Nos crimes preterdolosos e nos crimes qualificados pelo resultado importa o objetivo visado pelo autor para a tipificação da conduta, não bastando a ocorrência do resultado típico e a consciência pelo autor da criação do risco de tal resultado como produto do domínio do autor. (BITENCOURT, Cezar Roberto. *Tratado de direito penal*. 16.ed. rev., ampl. e atual. São Paulo: Saraiva, 2016. v.2. p.119-121). Trata-se de questão que merece aprofundamento em um estudo dedicado, não sendo o propósito da presente obra discutir o papel da vontade na configuração do dolo.

38. VIVES ANTÓN, Tomás Salvador. *Fundamentos del sistema penal: acción significativa y derechos constitucionales*. 2.ed. Valência: Tirant lo Blanch, 2011. p.165.

substância espiritual da mente e sua existência como algo diverso do físico, mas acessível a ele, é criticada a partir da metáfora da caça ao fantasma na máquina.[39]

É ainda presente na dogmática a compreensão do conhecimento enquanto estado mental, expressado em um sentido psicológico-descritivo. Tomando-se por exemplo a concepção de Eugenio Raúl Zaffaroni, Nilo Batista, Alejandro Alagia e Alejandro Slokar, o elemento cognitivo do dolo é sempre o conhecimento efetivo, isto é, apenas o conteúdo efetivo da consciência do indivíduo, excluindo-se o conhecimento potencial e o conhecimento inconsciente.[40] Greco também entende pela necessidade de manutenção do conhecimento em sentido psicológico como elemento essencial do dolo.[41] Fosse esse o caso, estaria em grande parte resolvida a problemática da cegueira deliberada no direito penal brasileiro: quem atua sem conhecer efetivamente alguma circunstância elementar do tipo penal não agiria com conhecimento efetivo, não sendo possível falar em dolo. Entende-se, no entanto, não ser possível desconsiderar desenvolvimentos contemporâneos sobre *dolo* e *conhecimento* em sentido normativo-atributivo, que renovam a discussão a respeito do conteúdo de tais conceitos.

Em sua tese de doutoramento, José Carlos Porciúncula aponta teorias volitivas e cognitivas sobre o dolo, as quais trazem critérios normativos para a determinação do dolo, o que denomina "objetivização" do dolo.[42] Apoia-se, para tanto, na filosofia da linguagem a partir do segundo Wittgenstein.[43] Na primeira teoria apontada por Porciúncula, a desenvolvida por Roxin, em que pese o proponente faça distinções entre as espécies de dolo baseando-se na vontade e no conhecimento, pontua-se como traço comum entre as formas de dolo a realização de um plano, de modo que um resultado é produzido dolosamente quando e porque corresponde com o plano do autor a partir de uma valoração objetiva.[44] Mesmo no dolo eventual, deve haver em um plano pelo autor, pois a percepção de um risco

39. RYLE, Gilbert. *The concept of mind*. London: Routledge, 2009. p.8.

40. ZAFFARONI, Eugenio Raúl; BATISTA, Nilo; ALAGIA, Alejandro; SLOKAR, Alejandro. *Direito penal brasileiro*. Rio de Janeiro: Revan, 2010. v.2. t.I. p.273.

41. GRECO, Luís. Dolo sem vontade. In: D'ALMEIDA, Luís Duarte; DIAS, Augusto Silva; MENDES, Paulo de Sousa; ALVES, João Lopes; RAPOSO, João António (Orgs.). *Líber amicorum de José de Sousa Brito em comemoração do 70.º aniversário: estudos de direito e filosofia*. Coimbra: Almedina, 2009. p.893.

42. PORCIÚNCULA, José Carlos. *Lo "objetivo" y lo "subjetivo" en el tipo penal: hacia la "exteriorización de lo interno"*. Barcelona: Atelier, 2014. p.301-310.

43. A obra de Ludwig Wittgenstein se divide em duas fases distintas: na primeira, representada pela obra *Tractatus logico-philosophicus*, o chamado "primeiro Wittgenstein" se ocupa da linguagem a partir de uma perspectiva lógico-gramatical; na segunda fase, inaugurada com a obra *Investigações filosóficas*, o "segundo Wittgenstein" substitui regras gramaticais pelos jogos de linguagem. (ZILLES, Urbano. WITTGENSTEIN, Ludwig. In: BARRETO, Vicente de Paulo (Coord.). *Dicionário de filosofia do direito*. São Leopoldo: Unisinos; Rio de Janeiro: Renovar, 2006. p.865-866).

44. PORCIÚNCULA, José Carlos. *Lo "objetivo" y lo "subjetivo" en el tipo penal: hacia la "exteriorización de lo interno"*. Barcelona: Atelier, 2014. p.302-303.

a bens jurídicos não dissuade o autor de seguir adiante com a conduta proposta, de modo que seu plano é integrado pela possível lesão a bens jurídicos. A decisão pela potencial lesão a bens jurídicos, no entanto, "se deduz da situação total de todas as circunstâncias exteriores e não das reflexões do autor, as quais provavelmente nem sequer teve e que, em todo caso, tampouco pode ser reconstruída pelo legista",[45] devendo ser reconhecida a partir de parâmetros normativos. Porciúncula avalia que a teoria de Roxin sobre dolo representa um certo avanço, pois fornece parâmetros objetivos para o reconhecimento dos elementos subjetivos, todavia padece da adoção implícita da concepção cartesiana de *mente*, pois pontua que os processos mentais são inacessíveis aos sujeitos processuais, devendo ser deduzidos a partir das circunstâncias observáveis.[46] Semelhantemente à posição de Roxin, Porciúncula também cita o conceito de dolo de Hassemer, para quem "dolo é [...] uma disposição, uma situação interna não observável de forma imediata",[47] podendo ser apreendido a partir dos indicadores *observabilidade*, *plenitude* e *relevância dispositiva*.[48] Novamente, trata-se de deduzir situações internas a partir de circunstâncias externas, o que novamente remete à concepção cartesiana de *mente*.

Porciúncula também avalia as teorias do dolo de Herzberg e de Puppe, respectivamente as teorias do perigo desprotegido e da representação de um perigo qualificado. Para Porciúncula, ambas as teorias contribuem para a exteriorização do dolo, pois indicam que a relevância do conhecimento de um risco pelo autor depende de parâmetros normativos.[49] Tanto na teoria do perigo desprotegido quando na teoria da representação de um perigo qualificado, há conhecimento de um risco pelo autor: em ambas há um risco conhecido pelo autor, no entanto a atitude do autor será atribuída pelo direito a partir da natureza do perigo, a

---

45. ROXIN, C. Zur Normativierung des dolus eventualis. *Apud* PORCIÚNCULA, José Carlos. *Lo "objetivo" y lo "subjetivo" en el tipo penal: hacia la "exteriorización de lo interno"*. Barcelona: Atelier, 2014. p.303 (tradução livre).

46. PORCIÚNCULA, José Carlos. *Lo "objetivo" y lo "subjetivo" en el tipo penal: hacia la "exteriorización de lo interno"*. Barcelona: Atelier, 2014. p.304.

47. No original: "*Vorsatz ist – wie „Freiwilligkeit", „Fahrlässigkeit" oder „schädliche Neigung" – eine „Disposition", ein nicht unmittelbar beobachtbarer „innerer" Zustand.*" (HASSEMER, Winfried. Kennzeichen des Vorsatzes. In: DORNSEIFER, Gerhard; HORN, Eckhard; SCHILLING, Georg; SCHÖNE, Wolfgang; STRUENSEE, Eberhard; ZIELINSKI, Diethard (Orgs.). *Gadächtnisschrift für Armin Kaufmann*. Köln: Carl Heymanns, 1989. p.304).

48. PORCIÚNCULA, José Carlos. *Lo "objetivo" y lo "subjetivo" en el tipo penal: hacia la "exteriorización de lo interno"*. Barcelona: Atelier, 2014. p.304. Para Paulo César Busato, tais indicadores devem ser entendidos como o caráter observável das circunstâncias do agir do autor, sua exaustividade e a sua relevância para o elemento subjetivo em questão, isto é, a disposição do autor. (BUSATO, Paulo César. Dolo e significado. In: BUSATO, Paulo César; MARTÍNEZ-BUJÁN PÉREZ, Carlos; DÍAZ PITA, María del Mar. *Modernas tendências sobre o dolo em direito penal*. Rio de Janeiro: Lumen Juris, 2008. p.111).

49. PORCIÚNCULA, José Carlos. *Lo "objetivo" y lo "subjetivo" en el tipo penal: hacia la "exteriorización de lo interno"*. Barcelona: Atelier, 2014. p.305.

fim de avaliar se agiu com dolo ou com culpa. Fornecem-se, portanto, elementos objetivos para a identificação do elemento subjetivo, mas o conhecimento pelo autor permanece sendo tratado como um dado psicológico-descritivo.[50]

Porciúncula aponta haver duas teorias capazes de apontar a uma completa exteriorização do dolo. A primeira, desenvolvida por Ramón Ragués I Vallès, foi pensada como critério para permitir a demonstração do elemento cognitivo do dolo como prova no processo penal.[51] Segundo Ragués, para determinar o conhecimento elementar do dolo, é necessária uma averiguação empírica dos fenômenos psíquicos, que se encontram ocultos nas "infranqueáveis profundidades e recônditos do intelecto humano",[52] não havendo métodos para permitir sua plena constatação, devendo-se imputar o conhecimento ao autor levando em conta o sentido social de sua conduta.[53] Tal posição se baseia na concepção de dolo de Jakobs, criticada por Greco.[54] Ainda que Ragués nessa visão ainda assuma o conhecimento como um processo mental interno acessível ao sujeito pela introspecção, sua teoria tende a uma maior objetivização do dolo, pois toma tanto o elemento intelectual como o elemento volitivo do dolo como categorias objetiváveis.[55] Já a segunda teoria apontada por Porciúncula como capaz de expressar a objetivização do dolo foi desenvolvida por Joachim Hruschka, segundo a qual o elemento volitivo do dolo se subordina ao elemento intelectual, pois "sempre que um autor leva a cabo uma determinada conduta sob certas circunstâncias, conhecido o caráter da ação e das circunstâncias, quer também realizar tanto a conduta como as circunstâncias envolvidas".[56] Para Hruschka, tais critérios devem ser utilizados não apenas para demonstração da prova de dolo, como para definir dolo em si. Segundo Porciúncula, tal concepção se baseia na noção romana de *dolus ex re*.[57]

---

50. PORCIÚNCULA, José Carlos. *Lo "objetivo" y lo "subjetivo" en el tipo penal: hacia la "exteriorización de lo interno"*. Barcelona: Atelier, 2014. p.305.

51. RAGUÉS I VALLÈS, Ramón. *El dolo y su prueba en el proceso penal*. Barcelona: J.M. Bosch, 1999.

52. RAGUÉS I VALLÈS, Ramón. Idem. p.357.

53. PORCIÚNCULA, José Carlos. *Lo "objetivo" y lo "subjetivo" en el tipo penal: hacia la "exteriorización de lo interno"*. Barcelona: Atelier, 2014. p.306.

54. GRECO, Luís. Dolo sem vontade. In: D'ALMEIDA, Luís Duarte; DIAS, Augusto Silva; MENDES, Paulo de Sousa; ALVES, João Lopes; RAPOSO, João António (Orgs.). *Líber amicorum de José de Sousa Brito em comemoração do 70.º aniversário: estudos de direito e filosofia*. Coimbra: Almedina, 2009. p.890.

55. PORCIÚNCULA, José Carlos. *Lo "objetivo" y lo "subjetivo" en el tipo penal: hacia la "exteriorización de lo interno"*. Barcelona: Atelier, 2014. p.306.

56. HRUSCHKA, Joachim. Über schwierigkeiten mit dem Beweis des Vorsatzes. *Apud* PORCIÚNCULA, José Carlos. *Lo "objetivo" y lo "subjetivo" en el tipo penal: hacia la "exteriorización de lo interno"*. Barcelona: Atelier, 2014. p.307 (tradução livre).

57. PORCIÚNCULA, José Carlos. *Lo "objetivo" y lo "subjetivo" en el tipo penal*: hacia la "exteriorización de lo interno". Barcelona: Atelier, 2014. p.308.

Após enumerar as diferentes teorias que entende terem contribuído para a formulação de um conceito objetivo de dolo, Porciúncula apresenta sua posição pessoal, que denomina *dolus in actio ipsa*, tratando-se de uma concepção cognitiva de dolo: "dolo é conhecimento por parte do autor do significado típico de sua ação".[58] Entende ser desnecessário perguntar pela vontade do autor, pois quando se realiza uma ação com consciência do seu significado típico, pode-se dizer que tal pessoa "quis" expressar tal resultado típico.[59] Para a comprovação desse dolo, Porciúncula propõe ser possível verificar o que o autor conhecia por meio de elementos externos, isto é, por meio do comportamento do autor e de suas circunstâncias.[60] Para demonstrar sua proposição, Porciúncula fornece um exemplo:

> Deste modo, para determinar se um sujeito conhecia ou não, por exemplo, o significado típico de sua ação de matar, há que se examinar as regras "que definem sua ação como uma ação de matar e colocá-las em relação com as competências do autor – com as técnicas que domina –". Em definitivo: o contexto social constitutivo do significado da ação se converte no critério para a atribuição do conhecimento exigido pelo dolo: todo dolo se torna, assim, um *dolus in actio ipsa*.[61]

De um lado, a teoria se mostra um possível avanço na medida em que estabelece uma importante crítica ao conceito ontológico de *dolo* e de *conhecimento*. Ainda que não se possa afirmar com segurança a existência ou não de processos e estados mentais enquanto substância espiritual, é certo que, mesmo que existentes, seriam inacessíveis à percepção externa pela observação ou mesmo à percepção interna mediante introspecção. Sendo assim, é de pouca valia ao direito utilizar um conceito psicológico-descritivo dos elementos do dolo. Independentemente do elemento enfatizado – seja ele o elemento intelectual ou o elemento volitivo –, não há como se operar um sistema normativo que contemple e pressuponha a existência de categorias internas do indivíduo, inacessíveis a ele próprio ou a terceiros.

Não há, porém, uma teoria que tenha conseguido captar com efetividade os critérios adequados para a atribuição de *conhecimento* ou de *vontade* a partir de critérios puramente normativos. Se de um lado trabalhar com conhecimento e vontade em um sentido psicológico é inviável diante da impossibilidade de constatação segura de tais elementos, nenhuma teoria normativo-atributiva obteve

58. PORCIÚNCULA, José Carlos. *Lo "objetivo" y lo "subjetivo" en el tipo penal*: hacia la "exteriorización de lo interno". Barcelona: Atelier, 2014. p.308 (tradução livre).
59. PORCIÚNCULA, José Carlos. Idem, p.308.
60. PORCIÚNCULA, José Carlos. Idem, p.309.
61. PORCIÚNCULA, José Carlos. Idem, p.310 (tradução livre do autor – ver texto original em <http://lucchesi.link/cegueira>).

êxito em fornecer categorias seguras para a imputação de conhecimento ou de vontade. Conceitos como "sentido social" ou "significado típico" dizem pouco, tratando-se de categorias etéreas. São bases pouco sólidas para o estabelecimento de critérios seguros para atribuir responsabilidade penal.

Porciúncula reconhece a arbitrariedade por vezes resultante da adoção dos critérios por ele fornecidos para estabelecer conhecimento:

> Poderíamos indagar supostamente se a determinação do dolo com base na ação do autor nos oferece alguma segurança. Não se trataria, simplesmente, de um juízo arbitrário? Absolutamente! A certeza que temos aqui é a mesma que temos quando vemos um casal que troca carícias em uma cena de luz de velas e afirmamos com convicção "estão namorando"; é a mesma que temos quando presenciados as risadas de uma criança em um parque de diversões e dizemos "está contente"; é a mesma que temos quando, após uma discussão, vemos o rosto de uma pessoa se tornando vermelho e pensamos "está furiosa"; finalmente, é a mesma que temos quando, após ouvir o lamento do fumante inveterado de que "nunca imaginou que poderia ter câncer de pulmão", asseveramos "claro que imaginou!". Esta é a espécie de certeza oferecida pelo jogo de palavras de adscrição de estados mentais a terceiros. Por trás da aparente fragilidade destes juízos se esconde, em realidade, a riqueza de nossa vida em sociedade.[62]

Ainda que se reconheça a lógica por trás do raciocínio exposto, bem como a existência de juízos de adscrição feitos cotidianamente em razão do sentido dado ao comportamento de outras pessoas, não se pode olvidar que no direito penal o juízo de adscrição proposto resulta na imposição de graves consequências jurídicas, notadamente a imposição de pena. A má-interpretação do comportamento cotidiano das pessoas em face das circunstâncias ou do sentido social atribuído resulta no máximo na imposição de alguma sanção social, jamais uma consequência jurídica.

Deve-se pontuar que os exemplos de juízos arbitrários cotidianos traçados por Porciúncula representam casos que podem ser considerados "fáceis", em oposição a situações limítrofes em que a percepção externa de significado da conduta não representa adequadamente o comportamento do autor. Transpondo a questão ao juízo de imputação de responsabilidade penal, quando vemos uma pessoa esfaquear outra no abdome podemos afirmar com convicção que estava a matá-la. O mesmo não pode ser dito com segurança quando vemos um atropelamento que resulta em morte; é necessário averiguar as circunstâncias que antecederam o atropelamento para que se possa estabelecer como deve ser

---

62. PORCIÚNCULA, José Carlos. *Lo "objetivo" y lo "subjetivo" en el tipo penal*: hacia la "exteriorización de lo interno". Barcelona: Atelier, 2014. p.310 (tradução livre do autor – ver texto original em <http://lucchesi.link/cegueira>).

responsabilizado o condutor. A depender das circunstâncias do caso, a morte do pedestre pode ser imputada ao condutor a título de dolo ou de culpa. Pode, inclusive, não constituir qualquer fato punível. Nem todas as circunstâncias relevantes estão disponíveis ao observador, tampouco podem ser apreendidas pela simples observação a olho nu, tal como a velocidade em que trafegava o veículo. Ainda que a velocidade possa ser calculada, por exemplo, a partir da marca de frenagem do veículo, a ausência de frenagem pode significar tanto que o pedestre não visto pelo condutor, como que o condutor tinha o propósito consciente de atropelá-lo. Aquilo que está disponível ao observador é quase sempre incompleto, diante da existência de necessários pontos cegos na observação.[63] O mesmo pode ser dito a respeito de técnicas contemporâneas de investigação, como a escuta de interceptações telefônicas e a observação de ações controladas na colheita de provas. Há um claro limite cognitivo de acesso aos fatos, havendo acesso pelo julgador apenas a um recorte espaço-temporal da situação fática, por vezes descontextualizada. A atribuição arbitrária de significado em tais hipóteses se torna menos justificada.

Há, no juízo de adscrição, grande parcela de subjetividade na captação do sentido da ação pelo observador. Não raro, há predisposição por parte do observador de concluir da maneira como concluiu.[64] Ainda que não esteja o observador contaminado por alguma propensão na compreensão dos fatos, os limites cognitivos do observador podem levar a uma excessiva simplificação do fato. A aplicação reducionista de alguma derivação da chamada "Navalha de Ockham" – proposição lógica segundo a qual, entre hipóteses concorrentes, deve ser escolhida aquela com o menor número de pressupostos, isto é, a mais "simples"[65] – não é um método adequado para a resolução de casos penais.

Muito embora o direito penal fundado na filosofia da linguagem possa fornecer importantes critérios para a desconstrução de proposições dogmáticas relativas ao dolo e ao uso de conceitos psicológico-descritivos, entende-se que nenhuma vertente dessa corrente dogmático-filosófica tenha sido capaz até o momento de expressar um juízo concreto de atribuição de conhecimento a partir de bases objetivas. Contribuem, no entanto, para afastar a possibilidade de recurso exclusivo a conceitos subjetivos de dolo, fundados no mito do fantasma na máquina. Defende-se a impossibilidade de definir *dolo* adequadamente a partir de uma perspectiva psicológico-descritiva. No entanto, deve-se reconhecer a insu-

---

63. PIRES, Álvaro Penna; FULLIN, Carmen Silvia; SCHRITZMEYER, Ana Lucia Pastore; XAVIER, José Roberto Franco. Sobre direito, ciências sociais e os desafios de navegar entre esses mundos: uma entrevista com Álvaro Pires. *Revista de Estudos Empíricos em Direito*, v.2, n.1, p.234, jan. 2015.

64. O que Franco Cordero (*Guida alla procedura penale*. Torino: Utet, 1986. p.51) chama "quadros mentais paranoicos".

65. OCCAM'S razor. *Encyclopædia Brittanica*. Disponível em: <https://goo.gl/Q1Cjvo>. Acesso em: 04 jun. 2017.

ficiência dos critérios até o momento fornecidos para definir *dolo* com alguma segurança jurídica a partir de critérios normativo-atributivos.

A utilização de um conceito atributivo-normativo de dolo busca evitar a presunção de um dolo psicológico-descritivo a partir de um juízo arbitrário pelo julgador. Por outro lado, a criação doutrinária de critérios de atribuição normativa do dolo nada mais fazem que legitimar essa arbitrariedade. Ainda que se concorde com os fundamentos filosóficos dos proponentes de um dolo integralmente normativo, sem fundamentos metafísicos, os critérios dogmáticos fornecidos para a definição desse dolo não constituem limites adequados à imputação. Embora se concorde com Greco quando este afirma que a restrição de punibilidade não é em si um fundamento adequado para a opção por determinada teoria,[66] entende-se que o estabelecimento de um requisito subjetivo é uma importante limitação ao poder de punir. Trata-se de relevante critério para estabelecer lacunas de punibilidade. A ampliação indevida de uma categoria como o dolo leva necessariamente à invasão de espaços em que o legislador deliberadamente decidiu não fazer incidir pena. Entende-se que os critérios para o reconhecimento normativo do dolo fornecidos pela dogmática inspirada pela filosofia da linguagem não satisfazem o papel de limitação do poder de punir que deve ser desempenhado pelo direito penal.

Nesse ponto, ao buscar superar as eventuais falhas geradas pela noção de um conhecimento psicológico-descritivo, a teoria do conhecimento atributivo-normativo a partir da filosofia da linguagem mais se aproxima do que se afasta das insuficiências apontadas. Em vez de superar o problema, desloca-o. Não se vislumbra qualquer aumento de precisão.

A partir das premissas ora estabelecidas, o que se pode afirmar com algum grau de certeza é que os conceitos expressados no texto legal não necessitam ser interpretados necessariamente em seu sentido tradicional psicológico-descritivo. Vale dizer, "querer o resultado" não pressupõe a demonstração de uma vontade ontológica por parte do autor. O mesmo pode ser dito com relação à expressão "assumir o risco de produzir o resultado": não é necessário demonstrar uma atitude interna de aceitação ou de indiferença por parte do autor com relação a tal resultado. Os conceitos expressados na lei penal podem ser atribuídos ao autor a partir do conhecimento que tinha de dadas circunstâncias. Concorda-se com Greco quando afirma que, de acordo com o art. 20 do CP, *conhecimento* é o dado essencial a partir do qual pode-se efetuar o juízo de atribuição de responsabilidade. A questão principal a ser desenvolvida diz respeito à maneira adequada de atribuir conhecimento de modo a não depender unicamente da demonstração de processos mentais indemonstráveis que podem ou não ocorrer no interior do

66. GRECO, Luís. Dolo sem vontade. In: D'ALMEIDA, Luís Duarte; DIAS, Augusto Silva; MENDES, Paulo de Sousa; ALVES, João Lopes; RAPOSO, João António (Orgs.). *Líber amicorum de José de Sousa Brito em comemoração do 70.º aniversário: estudos de direito e filosofia*. Coimbra: Almedina, 2009. p.901.

intelecto do autor.[67] Não se pode igualmente depender para fins de atribuição de responsabilidade penal de critérios vagos e imprecisos, tais quais fornecidos pela dogmática penal inspirada pela filosofia da linguagem. Não se descarta, de qualquer forma, a possibilidade de atribuição do conhecimento também a partir de critérios normativo-atributivos.

Propõe-se, assim, como premissa epistemológica, que o conhecimento seja compreendido como elemento principal do dolo. Não há, no entanto, como se definir o *conhecimento* como um processo mental que ocorre dentro do intelecto do sujeito, acessível a ele por meio de introspecção. É preciso normativizar o conhecimento. Entende-se, porém, que os critérios fornecidos pela dogmática penal inspirada pela filosofia da linguagem não são adequados. Ainda que se entenda o conhecimento como categoria atributivo-normativa, a atribuição não pode estar integralmente sujeita ao sentido captado pela subjetividade do observador. Parte-se, então, do dolo normativo fundado no conhecimento. Embora não seja este o objeto da presente obra espera-se que as considerações delineadas adiante a respeito de *conhecimento* e de *cegueira deliberada* possam servir de ponto de partida para o estabelecimento de critérios seguros para uma teoria normativa do dolo.

3.1.3 Encontros e desencontros entre conhecimento e knowledge

Ainda que possa haver alguma identidade semântica entre *conhecimento*, em língua portuguesa, e *knowledge*, em língua inglesa, o uso de tais expressões no jargão jurídico – em especial dogmático penal – revela categorias próprias, cada qual com seu preciso sentido no contexto de sua aplicação.

O confronto analítico entre *conhecimento*, no contexto do dolo para o direito penal brasileiro, e *knowledge*, no contexto da *mens rea* ou *culpability* do direito penal americano, é essencial para mais uma vez compreender se há alguma função a ser desempenhada pela cegueira deliberada no direito brasileiro. Se cegueira deliberada é uma situação de fato equivalente a *knowledge* na jurisprudência americana e se a proposição feita pela jurisprudência brasileira é que cegueira deliberada representa dolo eventual no Brasil, é preciso necessariamente verificar se há alguma sobreposição entre tais conceitos.

Como pontuado acima,[68] por *knowledge* se entende o conhecimento pelo autor da natureza de sua conduta e/ou da existência das circunstâncias especiais

---

67. Greco aponta para a necessidade de aprimoramento da teoria da probabilidade a fim de se estabelecer algum critério seguro para identificar o dolo. (GRECO, Luís. Dolo sem vontade. In: D'ALMEIDA, Luís Duarte; DIAS, Augusto Silva; MENDES, Paulo de Sousa; ALVES, João Lopes; RAPOSO, João António (Orgs.). *Líber amicorum de José de Sousa Brito em comemoração do 70.º aniversário: estudos de direito e filosofia.* Coimbra: Almedina, 2009. p.902-903).

68. Ver Seção 2.1.2, p.78 e seguintes.

exigidas pela definição legal do crime. Também há *knowledge* quando o autor tem ciência de que é praticamente certo que sua conduta dará causa a um resultado criminoso. Trata-se de categoria de imputação diferente do *purpose* – isto é, propósito – exigido apenas em algumas espécies delitivas. *Knowledge*, assim, é uma categoria de imputação subjetiva autônoma, e não um componente de uma categoria de imputação subjetiva. Vale dizer, *knowledge* é um dos modos de *mens rea*, e não um de seus elementos.

Em seu sentido comum, a expressão *knowledge* levou à interpretação judicial e acadêmica de que se trataria de conhecimento efetivo a respeito da natureza da conduta, da existência de circunstância elementar do crime ou da quase-certeza de ocorrência de um resultado. *Knowledge*, portanto, seria conhecimento de fato; algo que o sujeito efetivamente sabe. Não é por outro motivo que se desenvolveu a *willful blindness doctrine*: partindo da premissa que não se poderia permitir que os acusados pudessem utilizar a ignorância propositada dos fatos como uma defesa à imputação de um crime, estabeleceu-se que a ignorância deliberada pelo acusado teria as mesmas consequências penais que o conhecimento efetivo. Trata-se de regra de interpretação extensiva do conceito legal de conhecimento. Se *knowledge* é uma elementar subjetiva dos crimes na tradição jurídica da *common law*, passou-se a entender que as situações de desconhecimento provocadas pelo próprio autor integram esse elemento subjetivo para todos os efeitos legais.

A interpretação extensiva de categoria básica de imputação de responsabilidade penal pode soar estranha à luz da plena expressão do princípio da legalidade, que contém, além da garantia de reserva legal e de irretroatividade da lei penal, também comandos de determinação e de vedação à analogia *in malam partem*, destinados ao legislador e ao julgador, respectivamente.[69] Em que pese a centralidade da *rule of law* na *common law* – representando não apenas a noção de Estado de Direito como também de garantia da legalidade[70] –, e a existência da vedação à vagueza[71] ou excesso[72] na redação de normas incriminadoras, a construção da garantia de legalidade na *common law* não trilhou o mesmo percurso que nos sistemas da *common law*.[73] É de se verificar que muitos sistemas jurídicos estaduais americanos seguem admitindo a punição de crimes do *common law* e o uso de regras e conceitos (*doctrines*) do *common law*.[74] A despeito da

---

69. Ver BATISTA, Nilo. *Introdução crítica ao direito penal brasileiro*. 11.ed. Rio de Janeiro: Revan, 2007. p.65-83; BUSATO, Paulo César. *Direito penal: parte geral*. São Paulo: Atlas, 2013. p.48-55.

70. JEFFRIES JR., John Calvin. Legality, vagueness, and the construction of penal statutes. *Virginia Law Review*, v.71, n.2, p.212-213, mar. 1985.

71. *Vagueness*, no original.

72. *Overbreadth*, no original.

73. Ver ROBINSON, Paul H. Fair notice and fair adjudication: two kinds of legality. *University of Pennsylvania Law Review*, v.154, n.2, p.335-398, dez. 2005.

74. ROBINSON, Paul H. Fair notice and fair adjudication: two kinds of legality. *University of Pennsylvania Law Review*, v.154, n.2, p.337-341, dez. 2005.

expressa vedação legal em diversos estados[75] e do entendimento de que o sistema federal não admite a punição de crimes do *common law*,[76] o uso das *doctrines* é comum, mesmo nos tribunais federais. Paul H. Robinson anota que as *doctrines* do *common law* não possuem conteúdo bem definido, podendo ser aplicadas de maneira divergente por magistrados diferentes, conforme o caso, prejudicando a uniformidade das decisões.[77] Isso não impediu, porém, os tribunais federais americanos de aplicarem a *willful blindness doctrine* para permitir a punição de acusados em estado autoprovocado de desconhecimento a título de *knowledge*. Veja-se, nesse sentido, a crítica apontada por *Justice* Kennedy em seu dissenso no caso *Jewell*: "Quando a lei especificamente exige conhecimento como um elemento do crime, a substituição por outro estado mental não pode ser justificada, ainda que o tribunal decida que ambos são igualmente merecedores de pena".[78]

A fim de sanar a questão relativa à legalidade, o Código Penal Modelo incluiu regra específica referente à ampliação do conhecimento em seu § 2.02(7), dispondo que nos crimes que exigem *knowledge* de dada circunstância como elemento subjetivo, está preenchido o requisito subjetivo se o autor tiver ciência da elevada probabilidade de existência desta circunstância, exceto nos casos em que acreditar na inexistência da circunstância em questão. Mais uma vez, não se está a alterar por meio de tal regra o conceito de *knowledge*. O que se coloca novamente é a criação – desta vez, por lei – de regra que permite a satisfação do requisito subjetivo.

Deve-se observar que a criação da regra de preenchimento do requisito de *knowledge* diante de ciência de elevada probabilidade de existência de alguma circunstância representada pelo autor visou incorporar ao direito positivo americano a regra de imputação pela cegueira deliberada.[79] Nesse sentido, importante observar que no direito americano a noção de conhecimento ainda possui uma definição psicológico-descritiva, tanto na formulação originária de *knowledge* – que exige conhecimento de fato a respeito das circunstâncias elementares do crime – quanto na regra que permite atribuir o elemento *knowledge* ao autor em situações de cegueira deliberada. A despeito da atribuição legal de conhecimento por meio da regra do § 2.02(7), não se trata de um conceito atributivo-normativo de conhecimento, pois segue dependendo da demonstração de ciência – isto é, conhecimento – por parte do autor a respeito da elevada probabilidade de

---

75. ROBINSON, Paul H. Fair notice and fair adjudication: two kinds of legality. *University of Pennsylvania Law Review*, v.154, n.2, p.338, dez. 2005.

76. LAFAVE, Wayne R.; SCOTT, Austin W. *Substantive criminal law*. St. Paul: West, 1986. p.92.

77. ROBINSON, Paul H. Fair notice and fair adjudication: two kinds of legality. *University of Pennsylvania Law Review*, v.154, n.2, p.341, dez. 2005.

78. United States v. Jewell, *532 F.2d 697* (9th Cir., 1976).

79. WECHSLER, Herbert (Org.). *Model Penal Code and Commentaries*: Official Draft and Revised Comments. Part I: General Provisions (§§ 1.01 to 2.13). Philadelphia: The American Law Institute, 1985. v.1. p.248.

existência da circunstância elementar. Ademais, a regra de imputação permite a exclusão de responsabilidade caso se demonstre que o autor "realmente acreditava" na ausência da circunstância elementar cujo conhecimento é pressuposto para a punição. A previsão de crença subjetiva por parte do autor pressupõe uma concepção material de mente em que os processos mentais ocorrem por trás da face do indivíduo, sendo a ele acessíveis o seu conhecimento, as suas representações e as suas crenças pela introspecção.

O conceito de "conhecimento" (*knowledge*) no direito penal americano não se confunde com o "conhecimento" para o direito penal brasileiro. Primeiramente, não é o conhecimento em si uma entre outras categorias de imputação. O conhecimento é um elemento do conceito de dolo, ao lado de um elemento volitivo.[80] Havendo a previsão de responsabilidade penal por imprudência consciente, o conhecimento por si não permite a responsabilização por crime doloso.

Reside aqui uma importante distinção entre os sistemas de imputação subjetiva de responsabilidade brasileiro e americano. *Knowledge* é uma categoria intermediária, havendo elementos subjetivos de grau inferior: *recklessness* e *negligence*. A responsabilidade por *recklessness* exige que o sujeito desconsidere um risco conhecido. Já a responsabilidade por *negligence* pressupõe que o sujeito não represente um risco que deveria ter representado. No Brasil, há possibilidade de se responsabilizar o sujeito que tem conhecimento tanto por dolo quanto por culpa. Se o conhecimento pelo autor se traduzir em domínio sobre a conduta[81], revelando um compromisso pelo autor com a produção de um resultado lesivo, há dolo. Por outro lado, mesmo tendo o autor conhecimento do risco criado por sua conduta, se não houver um pleno domínio dos desdobramentos de sua conduta, podendo ser evitado o resultado, é possível a responsabilização por culpa se houver expressa previsão legal. No Brasil, *culpa* não é apenas *culpa inconsciente*, de modo que o conhecimento pode levar tanto à punibilidade dolosa quanto culposa, a depender das circunstâncias do caso e a demonstração de domínio pelo autor.

Em se tratando o conhecimento de uma circunstância elementar do dolo, ao mesmo tempo em que não pode ter o seu alcance ampliado indevidamente para situações de desconhecimento a partir de interpretação doutrinária ou jurisprudencial, como feito no sistema jurídico dos Estados Unidos – que possui matrizes

---

80. Como observado acima, não se prescinde do elemento volitivo, ainda que o elemento cognitivo a ele se sobreponha. Em sentido contrário, entendendo que o elemento cognitivo basta para a configuração de dolo, GRECO, Luís. Dolo sem vontade. In: D'ALMEIDA, Luís Duarte; DIAS, Augusto Silva; MENDES, Paulo de Sousa; ALVES, João Lopes; RAPOSO, João António (Orgs.). *Líber amicorum de José de Sousa Brito em comemoração do 70.º aniversário: estudos de direito e filosofia.* Coimbra: Almedina, 2009. p.902.

81. GRECO, Luís. Dolo sem vontade. In: D'ALMEIDA, Luís Duarte; DIAS, Augusto Silva; MENDES, Paulo de Sousa; ALVES, João Lopes; RAPOSO, João António (Orgs.). *Líber amicorum de José de Sousa Brito em comemoração do 70.º aniversário: estudos de direito e filosofia.* Coimbra: Almedina, 2009. p.891.

de imputação menos sólidas que o sistema jurídico-penal pátrio –, também não possui o conhecimento contornos rígidos. Pode-se considerar *conhecimento* tanto a noção tradicional enquanto dado psicológico-descritivo quanto uma construção jurídica a partir de parâmetros normativo-atributivos. Não há vedação legal ou dogmática nesse sentido.

Vale dizer, ao contrário do que se passa no direito americano, não há uma definição legal de *conhecimento*. Isso não é necessariamente algo ruim, pois permite que o conceito de *conhecimento* possa ser preenchido pela academia, desde que atendidos os parâmetros mínimos estabelecidos pelo inciso I do art. 18 e pelo *caput* do art. 20 do CP. Por outro lado, não se pode dizer que há conhecimento em situações de desconhecimento. Dizer, como disse a jurisprudência federal americana no caso *Jewell* e repetiu no caso *Global-Tech*, que as situações de cegueira deliberada são tão reprováveis e merecedoras de punição quanto as situações em que o autor efetivamente conhece as circunstâncias do fato não permitirá a punibilidade no sistema penal brasileiro. Incidiria, nesse caso, a proibição expressa de analogia em desfavor do acusado ("*in malam partem*"), obstando que se tomasse por "conhecimento" uma situação que se reconhece não haver conhecimento.

Por esse motivo, não se concorda com a doutrina quando esta afirma que a expressão "deve saber", empregada em diversos tipos penais, seria indicativo de dolo eventual.[82] Quando se afirma que o acusado deveria saber algo, reconhece-se que de fato não sabia. Pode parecer um jogo de palavras, mas em verdade se trata de importante diagnóstico do sistema de imputação e da interpretação doutrinária. Se dolo é conhecimento *e* vontade,[83] a dimensão cognitiva do dolo deve estar presente em todas as suas espécies – dolo direto de primeiro grau, dolo direto de segundo grau e dolo eventual. Ao se afirmar, porém, que dolo eventual pode ser encontrado nas situações em que o autor não sabia de determinada circunstância elementar do tipo penal, mas deveria saber, está-se restringindo a dimensão cognitiva do dolo para uma dimensão normativo-atributiva equivocada, pois não se está a afirmar que o potencial conhecimento deve ser considerado conhecimento. Equipara-se o desconhecimento frente a uma situação de dever de conhecimento ao conhecimento efetivo, ampliando-se o âmbito de alcance dos tipos penais. A equiparação entre "dever saber" e dolo eventual é equívoco

82. Veja-se, por exemplo, JESUS, Damásio Evangelista de. O "sabe" e o "deve saber" no crime de receptação. *Boletim IBCCrim*, São Paulo, n.52, p.5-7, mar. 1997.

83. Ou, ao menos, como observado nos itens anteriores, possui uma relevante dimensão cognitiva, possivelmente indicativa de uma dimensão volitiva. A respeito da proposição do dolo a partir de uma perspectiva normativa reforçando apenas o conhecimento, ver VIANA, Eduardo. *Dolo como compromisso cognitivo*. São Paulo: Marcial Pons, 2017.

cometido pela doutrina contemporânea,[84] muito embora a doutrina clássica[85] já tivesse superado essa questão.

Tem-se, assim, que não se pode ampliar o âmbito da punibilidade delimitado pelo conhecimento para situações de desconhecimento, ainda que o conhecimento seja potencial. Situação diversa ocorreria quando se estabelece que o conceito de conhecimento engloba alguma situação distinta daquela que normalmente se tem por "conhecimento real" ou "conhecimento efetivo", a partir de uma noção psicológico-descritiva. Utilizando critérios normativo-atributivos, pode-se dizer haver conhecimento mesmo nos casos em que não há necessariamente comprovação empírica pelo autor de determinada situação. Conhecimento, para o direito penal, pode ser menos que o conhecimento pleno e efetivo, desde que não extrapole os limites cognitivos estabelecidos pela legislação, como no regramento do erro.

Nesse sentido, algumas situações de cegueira deliberada poderiam integrar o âmbito de alcance do conhecimento a partir de critérios bem definidos. O que não se pode admitir, porém, é que a noção de cegueira deliberada seja indevidamente transplantada do direito americano, onde desempenha uma função de expansão da punibilidade a partir da equiparação ao conhecimento legalmente definido, o que é incompatível com a estrutura do direito penal brasileiro. Essa atuação acrítica da jurisprudência, que acolhe ideias incompatíveis com o direito pátrio, sem os devidos ajustes e prévias considerações metodológicas, contribui para o empobrecimento do direito e da dogmática nacional. Não há como se acolher no direito penal brasileiro a cegueira deliberada a partir de aplicação direta à realidade forense cotidiana. Pode-se, todavia, analisar o conceito normativo-descritivo de *conhecimento* para se avaliar a possibilidade ou não de se alcançar pela teoria do dolo algumas situações de punibilidade existentes no direito comparado. Assim, será possível delimitar se há alguma lacuna de punibilidade no direito brasileiro e, por fim, decidir se eventual lacuna deve ou não ser colmatada, e de que maneira.

3.2 A (im)possibilidade de um conceito brasileiro de cegueira deliberada

3.2.1 Ausência de identidade entre cegueira deliberada e dolo eventual

Já se estabeleceu na presente obra que não há como se transplantar simplesmente a cegueira deliberada de seu contexto no direito penal da tradição *common*

---

84. Veja-se, por exemplo, BALTAZAR JUNIOR, José Paulo. *Crimes federais*. 10.ed. São Paulo: Saraiva, 2015. p.110-1101; BADARÓ, Gustavo Henrique; BOTTINI, Pierpaolo Cruz. *Lavagem de dinheiro: aspectos penais e processuais penais*. 3.ed. São Paulo: RT, 2016. p.141.

85. FRAGOSO, Heleno Claudio. *Lições de direito penal: parte especial*. Rio de Janeiro: José Bushatsky, 1958. v.1. p.72; HUNGRIA, Nelson. *Comentários ao Código Penal*. 3.ed. Rio de Janeiro: Forense, 1955. v.5. p.394-395.

law, pois sequer há identidade entre a função desempenhada em seu sistema de origem e a pretensa função a ser despenhada no ordenamento jurídico nacional. Como visto, cegueira deliberada tem por função na *common law* permitir a expansão da punibilidade nos crimes que têm requisito subjetivo o elemento *knowledge* para situações em que o autor não tem conhecimento efetivo das circunstâncias elementares do crime. Já na sua aplicação para o direito penal brasileiro, não se visa expandir por analogia o âmbito de incidência do conhecimento. A justificativa para a sua aplicação no contexto jurídico-penal nacional seria a sua identidade ou equiparação ao dolo eventual.

Sustenta-se que *dolo eventual* e *cegueira deliberada* não são categorias jurídicas equivalentes ou equiparáveis. Para demonstrar esta afirmação, remete-se primeiramente à discussão travada no subcapítulo anterior, referente à concepção de dolo no direito positivo brasileiro. Primeiramente, foi estabelecido como premissa que não se pode definir *dolo* no contexto jurídico-penal nacional fora da quadratura desenhada pelos arts. 18 e 20 do CP. A moldura imposta, porém, não completa o retrato fiel do conceito. Trata-se de conceito que deve necessariamente ser preenchido pela jurisprudência a partir dos critérios fornecidos pela literatura jurídico-penal. A partir das noções contemporâneas mais avançadas retratadas no subcapítulo anterior, logo se verifica não ser suficiente dizer que *dolo* é simplesmente *conhecimento* e *vontade*, ou, então, a vontade consciente de praticar o tipo de injusto de um crime. Ambos os componentes, intelectual e volitivo, do dolo precisam ser esmiuçados e definidos, para que se possa estabelecer de que dolo se está tratando. Admitindo, por exemplo, a existência de dolo sem um componente volitivo, sequer faz sentido distinguir dolo direto de dolo eventual. A moldura oferecida pelo CP diz que "querer o resultado" ou "assumir o risco de produzir o resultado" é necessário para que haja dolo, mas tais locuções por si – além de não dizerem rigorosamente nada e de serem semanticamente vagas e discursivamente discutíveis – não são capazes de estabelecer critérios seguros e precisos para fundamentar a responsabilidade penal. A partir da noção de domínio retratada por Greco,[86] pode-se chegar a várias situações que se inserem na quadratura colocada pelo art. 18 do CP, sem que precise se dizer se a modalidade de dolo utilizada na responsabilização do autor é o dolo direto ou o dolo eventual. Como a lei penal não faz distinção entre o modo de responsabilização pelas diferentes formas de dolo, trata-se de classificação por vezes estéril. O que é importante é se estabelecer se a conduta imputada ao autor se subsome a todos os elementos objetivos e subjetivos colocados pelo tipo penal – como, por exemplo, o conhecimento da atividade voltada à lavagem de dinheiro no tipo do inciso II do § 2.º do art. 1.º da

---

86. GRECO, Luís. Dolo sem vontade. In: D'ALMEIDA, Luís Duarte; DIAS, Augusto Silva; MENDES, Paulo de Sousa; ALVES, João Lopes; RAPOSO, João António (Orgs.). *Líber amicorum de José de Sousa Brito em comemoração do 70.º aniversário: estudos de direito e filosofia.* Coimbra: Almedina, 2009. p.891-892. Para maior aprofundamento, ver VIANA, Eduardo. *Dolo como compromisso cognitivo.* São Paulo: Marcial Pons, 2017.

Lei 9.613, de 1998, que não se confunde com a admissibilidade ou não do dolo eventual.

Conforme definido neste capítulo, age com dolo todo aquele que age "com conhecimento tal que lhe confira o domínio sobre aquilo que está realizando".[87] Cumpre-se, assim, os requisitos dos arts. 18 e 20 do CP para a responsabilização por dolo. Propõe-se, ainda, que tal conhecimento não necessite ser conhecimento efetivo, empiricamente demonstrado. Conhecimento pode ser estabelecido a partir de critérios atributivo-normativos, sem que isso ofenda a legislação brasileira.

Por outro lado, verifica-se pela leitura de textos acerca da cegueira deliberada no Brasil certo desconhecimento a respeito do próprio conceito de dolo. Moro, por exemplo, por vezes aparenta se referir ao dolo eventual a partir de uma perspectiva fundada na teoria cognitiva da probabilidade,[88] mas ao mesmo tempo acrescenta elementos volitivos como o consentimento e a indiferença.[89] Por entender, assim, que a indiferença seria um componente central do conceito de dolo eventual, ao propor a equivalência entre o dolo eventual e a cegueira deliberada, insere também um requisito inexistente de indiferença em um trecho traduzido da decisão no caso *United States v. Jewell*. Na tradução de Moro, o voto majoritário do Tribunal do Nono Circuito americano teria afirmado que "[a]gir 'com conhecimento', portanto, não é necessariamente agir apenas com conhecimento positivo, mas também agir com indiferença quanto à elevada probabilidade da existência do fato em questão".[90] Esta tradução da frase, no entanto, está incorreta. Em momento algum se fala em indiferença. A tradução correta seria: "Agir 'com conhecimento', portanto, não é necessariamente agir apenas com conhecimento efetivo, mas também agir *com ciência da elevada probabilidade*

---

87. GRECO, Luís. Dolo sem vontade. In: D'ALMEIDA, Luís Duarte; DIAS, Augusto Silva; MENDES, Paulo de Sousa; ALVES, João Lopes; RAPOSO, João António (Orgs.). *Líber amicorum de José de Sousa Brito em comemoração do 70.º aniversário: estudos de direito e filosofia.* Coimbra: Almedina, 2009. p.902. Dito de outro modo, "o autor tem de conscientemente criar um risco de tal dimensão que a produção do resultado possa ser considerada algo que o autor domina."

88. MORO, Sergio Fernando. Sobre o elemento subjetivo no crime de lavagem. In: BALTAZAR JUNIOR, José Paulo; MORO, Sergio Fernando (Org.). *Lavagem de dinheiro: comentários à lei pelos juízes das varas especializadas em homenagem ao Ministro Gilson Dipp.* Porto Alegre: Livraria do Advogado, 2007. p.96.

89. "Aquele que habitualmente se dedica à lavagem de dinheiro de forma autônoma, o professional da lavagem, é usualmente indiferente à origem natureza dos bens, direitos ou valores envolvidos." (MORO, Sergio Fernando. Sobre o elemento subjetivo no crime de lavagem. In: BALTAZAR JUNIOR, José Paulo; MORO, Sergio Fernando (Org.). *Lavagem de dinheiro: comentários à lei pelos juízes das varas especializadas em homenagem ao Ministro Gilson Dipp.* Porto Alegre: Livraria do Advogado, 2007. p.101).

90. MORO, Sergio Fernando. Sobre o elemento subjetivo no crime de lavagem. In: BALTAZAR JUNIOR, José Paulo; MORO, Sergio Fernando (Org.). *Lavagem de dinheiro: comentários à lei pelos juízes das varas especializadas em homenagem ao Ministro Gilson Dipp.* Porto Alegre: Livraria do Advogado, 2007. p.98.

de existência do fato em questão".[91] Verifica-se, assim, que o elemento de ciência de elevada probabilidade de existência de uma circunstância elementar do crime, exigida pelo Código Penal Modelo nos Estados Unidos e pela jurisprudência dos tribunais federais, foi mal traduzida como se fosse "indiferença". É importante destacar que no direito penal americano sequer são utilizadas ordinariamente as noções de *indiferença* ou de *aceitação do resultado*.[92]

Nas decisões brasileiras apontadas como paradigma na definição de um conceito de *cegueira deliberada*, o elemento da indiferença surge como requisito para a responsabilização por dolo eventual.[93] Outros autores nacionais e estrangeiros também propõem a indiferença como elemento indispensável para a responsabilização fundada na cegueira deliberada. Ragués I Vallès, autor de uma das mais célebres e influentes obras sobre cegueira deliberada, propõe como um dos cinco elementos para a responsabilização a permanência no tempo em um estado de desconhecimento provocado como fato para determinar o grau de indiferença do autor.[94] Baseado no conceito de Ragués, Sydow também propõe a indiferença ao lado de outros sete elementos para a configuração de cegueira deliberada.[95] Partindo do crime de lavagem de dinheiro, Blanco Cordero igualmente exige algum grau de indiferença para a responsabilização por cegueira deliberada, expondo em sua concepção a posição da jurisprudência do Supremo Tribunal de Espanha.[96]

Como já dito, a indiferença não é um requisito colocado para a *willful blindness* em qualquer decisão nos Estados Unidos. Também não aparece em qualquer comentário à *mens rea* no direito penal inglês. Trata-se de inovação pelos autores da tradição *civil law*, possivelmente como forma de vincular a cegueira deliberada à concepção tradicional de dolo eventual. No entanto, não há qualquer vínculo legal entre *dolo* (eventual) e *indiferença*. No direito penal espanhol não há um conceito legal de *dolo*, havendo liberdade para o preenchimento dessa categoria a partir de critérios doutrinários. No direito penal brasileiro, o requisito legal "assumir o risco de produzir o resultado" não corresponde necessariamente a algum grau de indiferença pelo autor. Há diversas teorias sobre o dolo, sendo a teoria da indiferença apenas uma entre as teorias volitivas. Há outras teorias volitivas, como a teoria do consentimento, além de diversas outras teorias cogni-

---

91. United States v. Jewell, *532 F.2d 697* (9th Cir., 1976).

92. Ver, por todos, MICHAELS, Alan C. Acceptance: the missing mental state. *Southern California Law Review*, v.71, n.5, p.961-963, 1998.

93. STF, APn n. 470/MG, rel. Joaquim Barbosa, *DJe* 22 abr. 2013. p.1.300-1.301; TRF-4, Ap. Crim. n. 5009722-81.2011.4.04.7002, rel. Sergio Fernando Moro, *DJe* 18 set. 2013.

94. RAGUÉS I VALLÈS, Ramón. *La ignorancia deliberada en Derecho penal*. Barcelona: Atelier, 2007. p.186.

95. SYDOW, Spencer Toth. *A teoria da cegueira deliberada*. Belo Horizonte: D'Plácido, 2016. p.202.

96. BLANCO CORDERO, Isidoro. *El delito de blanqueo de capitales*. 3.ed. Navarra: Aranzadi, 2012. p.704-705.

tivas do dolo. Resumir o dolo eventual à indiferença do autor é ao mesmo tempo limitar as possibilidade de responsabilização e ampliar excessivamente o conceito de dolo a partir de um conceito indeterminado. Situações em que o autor não possui um domínio pleno da criação do risco podem ser interpretadas como situações de indiferença, permitindo a responsabilização a título de dolo de situações culposas. Por outro lado, há casos em que o autor conhece o risco criado, mas não é indiferente ao resultado. O melhor exemplo é fornecido por Lacmann no célebre caso do atirador,[97] em sua versão adaptada por Greco:[98]

> Dois fazendeiros que brincam de tiro ao alvo numa feira popular decidem fazer uma aposta. O desafio: que o primeiro deles atire no chapéu da menina que se encontra vinte metros adiante, sem a ferir. O prêmio: todo o patrimônio do perdedor. O primeiro fazendeiro atira e ocorre o duplamente indesejado, a menina é atingida e morre. Neste caso, é óbvio que o atirador não quis, em sentido psicológico-descritivo, o resultado. Era-lhe sumamente indesejado sequer ferir a menina, uma vez que isso significaria a perda de todo o seu patrimônio. Ainda assim, parece que ninguém hesitará em afirmar o dolo, e se essa conclusão é correta, isso significa que tanto o Código, quanto a doutrina dominante conhecem casos de dolo sem vontade em sentido psicológico.[99]

Verifica-se, assim, que a indiferença não é critério adequado para se definir o dolo eventual, pois insuficiente. Não há, portanto, motivo para se incluir a indiferença pelo autor como um requisito para a existência de cegueira deliberada, mormente porque não há qualquer exigência nesse sentido em sua formulação originária. Trata-se de adaptação artificial da teoria visando sua incorporação ao direito penal brasileiro ou espanhol.

É preciso relembrar o conceito de *cegueira deliberada* que pode ser extraído a partir das decisões contemporâneas dos tribunais federais americanos. Há cegueira deliberada para o direito americano quando o autor (1) tem ciência da elevada probabilidade de existência de um elemento constitutivo do crime,

---

97. LACMANN, W. Über die Abgrenzung des Vorsatzbegriffes. *Goltdammer's Archiv für Strafrecht und Strafprozess*, Berlin, v.58, p.109-119, 1911. Para uma explicação resumida em língua portuguesa, ver PUPPE, Ingeborg. *A distinção entre dolo e culpa*. Trad. de Luís Greco. Barueri: Manole, 2004. p.45-46.

98. Embora a adaptação seja de autoria de Humberto Souza Santos (Problemas estruturais do conceito volitivo de dolo. In: GRECO, Luís; LOBATO, Danilo (Coord.). *Temas de direito penal: parte geral*. Rio de Janeiro: Renovar, 2008. p.285), acredita-se estar melhor retratada no texto de Greco.

99. GRECO, Luís. Dolo sem vontade. In: D'ALMEIDA, Luís Duarte; DIAS, Augusto Silva; MENDES, Paulo de Sousa; ALVES, João Lopes; RAPOSO, João António (Orgs.). *Líber amicorum de José de Sousa Brito em comemoração do 70.º aniversário: estudos de direito e filosofia*. Coimbra: Almedina, 2009. p.887-888.

(2) toma medidas deliberadamente voltadas a evitar comprovar a existência do elemento e (3) não crê subjetivamente na inexistência do elemento.

Se comparado o conceito americano de cegueira deliberada com os conceitos propostos pela doutrina brasileira e espanhola, verifica-se haver nítida distorção. Em que pese sempre haja referência ao direito inglês como fonte da cegueira delirada e ao direito americano como espaço de seu maior desenvolvimento contemporâneo, as definições guardam nenhum ou pouco vínculo com as suas formulações originária ou contemporâneas.

Tomando-se, primeiramente, o conceito de cegueira deliberada proposto por Ragués, nele se identificam cinco elementos: (1) ausência de conhecimento completo pelo autor da situação,[100] (2) disponibilidade da informação desconhecida ao autor,[101] (3) existência de um dever de conhecimento para o autor,[102] (4) o protraimento no tempo da decisão do autor por se manter em estado de desconhecimento[103] e (5) a motivação para o autor se manter em estado de desconhecimento.[104]

Spencer Sydow, em sua tese doutoral sobre a cegueira deliberada, propõe um conceito a partir da definição estipulada por Ragués, apontando, no entanto oito elementos, além de entender ser necessário modificar alguns dos critérios de Ragués: o terceiro elemento, referente ao dever de conhecimento, deve ter algum fundamento legal ou contratual; o quarto elemento, da manutenção prolongado do estado de desconhecimento, somente pode gerar responsabilidade penal em caso de no mínimo alguma suspeita pelo autor; o quinto elemento, por fim, relativo à motivação, deve incluir alguma motivação ilícita, não bastando ser egoística.[105] Segundo Sydow, os oito elemento da cegueira deliberada são:

> (1) deve se estar numa situação em que o agente não tem conhecimento suficiente da informação que compõe o elemento de um tipo penal em que está inserido; (2) tal informação, apresar de insuficiente, deve estar disponível ao agente para acessar imediatamente e com facilidade; (3) o agente deve se comportar com indiferença por não buscar conhecer a informação suspeita relacionada à situação em que está inserido; (4) deve haver um dever de cuidado legal ou contratual do agente sobre tais informações; (5) é necessário se identificar uma motivação egoística e ilícita que manteve o sujeito em situação de desconhecimento; (6) ausência de garantia constitucional

---

100. RAGUÉS I VALLÈS, Ramón. *La ignorancia deliberada en Derecho penal.* Barcelona: Atelier, 2007. p.184.
101. RAGUÉS I VALLÈS, Ramón. Idem, p.185.
102. RAGUÉS I VALLÈS, Ramón. Idem, p.185-186.
103. RAGUÉS I VALLÈS, Ramón. Idem, p.186.
104. RAGUÉS I VALLÈS, Ramón. Idem, p.186.
105. SYDOW, Spencer Toth. *A teoria da cegueira deliberada.* Belo Horizonte: D'Plácido, 2016. p.202.

> afastadora de deveres de cuidado; (7) ausência de circunstância de isenção de responsabilidade advinda da natureza da relação instalada; (8) ausência de circunstância de ação neutra.[106]

Como se vê, os conceitos acima reproduzidos são bastante distintos dos requisitos exigidos no direito americano. Exige-se nos conceitos brasileiro e espanhol alguma suspeita por parte do autor, mas em momento algum se exige que a suspeita a partir do conhecimento parcial da situação pelo autor – para conduzir à responsabilização a título de dolo – seja de *elevada probabilidade* de conduta delitiva. Não se trata de mera desconfiança. No direito americano, exige-se algo a mais, mostrando-se, mesmo diante de suas deficiências, um conceito mais exigente no aspecto cognitivo. Ademais, no conceito americano não basta uma omissão pelo autor em não buscar aprofundar seu conhecimento; exige-se que o autor efetivamente *tome medidas* voltadas propositadamente a evitar que se comprove a prática do crime, cuja existência suspeite como altamente provável. Por fim, em momento algum se traz nos conceitos de Ragués ou de Sydow algum requisito relativo à *crença subjetiva* pelo autor. No direito americano, se o autor efetivamente acreditar que o crime não existe, não há como ser punido por cegueira deliberada.

No mais, os requisitos adicionais colocados não aproximam a cegueira deliberada ao seu contexto originário; ao contrário, afastam-na, descaracterizando ainda mais o conceito pretensamente transplantado. Ademais, os elementos propostos não conduzem necessariamente à conclusão que a conduta a ser imputada ao autor a título de cegueira deliberada seja dolosa. Não basta utilizar genericamente palavras-chave como "indiferença" e "dever saber" para que se saia do campo da culpa e se ingresse no campo do dolo. É preciso que se fundamente por que a conduta em questão merece ser tratada como dolosa a partir dos critérios estabelecidos pelos arts. 18 e 20 do CP e das definições de vontade e de conhecimento adotadas. Analisando os requisitos propostos individualmente, um a um, logo se verifica que o que se propõe enquanto cegueira deliberada não equivale a dolo.

Já se discorreu acima sobre o primeiro requisito, referente à insuficiência de conhecimento. Se conhecimento é um requisito indispensável do dolo nos termos do art. 20 do CP, a uma situação envolvendo ausência de conhecimento não pode ser considerada dolosa sem que haja elementos adicionais que permitam a atribuição de algum grau de domínio à conduta do autor. No conceito americano traz-se a ciência da elevada probabilidade de comportamento delitivo. Ragués exige alguma suspeita inicial por parte do autor, mas não se especifica qual é o grau de desconfiança necessário para responsabilização dolosa.

---

106. SYDOW, Spencer Toth. *A teoria da cegueira deliberada*. Belo Horizonte: D'Plácido, 2016. p.258-259.

Para Ragués e Sydow, a informação complementar ao conhecimento do autor, que pode permitir uma compreensão integral da situação, confirmando ou afastando a suspeita inicial, deve estar disponível ao autor. Sydow vai além, e exige que a informação esteja disponível com facilidade ao autor. Esta exigência não é feita por Ragués, que apenas alude à facilidade como um extremo do espectro de casos em que a informação é disponível. Não se vislumbra utilidade na exigência de "facilidade" para a obtenção da informação pelo autor. Por evidente, o autor não pode ser responsabilizado quando a informação estiver indisponível a ele. Sydow traz como exemplo a situação em que o autor transporta um cofre trancado. Não se pode saber o conteúdo sem que se abra o cofre, de modo que o autor responsável pelo transporte não pode ser punido caso o cofre eventualmente contenha drogas, pois ele não teria como saber.[107] No entanto, se a informação está disponível ao autor, pouco importa se a sua obtenção é fácil ou difícil. De qualquer modo, a disponibilidade da informação é pressuposto da decisão do autor de não aprofundar seu conhecimento. Não há como o desconhecimento ser deliberado se o conhecimento pleno for indisponível.

A questão relativa à indiferença já fora objeto de análise acima. Além de a indiferença não estar prevista em lugar algum no conceito anglo-americano de *cegueira deliberada*, vem sendo exigida pela doutrina e pela jurisprudência, possivelmente sob a percepção equivocada de que *indiferença* seria condição necessária à configuração do dolo eventual. O que é efetivamente essencial à definição de *cegueira deliberada* é que o desconhecimento pelo autor seja propositado. Isto somente ocorre se houver uma decisão sua em não aprofundar seu conhecimento, visando confirmar ou afastar a sua suspeita inicial. É essa decisão deliberada em se manter em estado de ignorância que pode permitir que se atribua algum grau de conhecimento ao autor, como se discorrerá adiante.

Tanto Ragués quanto Sydow exigem para a cegueira deliberada a existência de algum dever para o autor. Ragúes alude a um dever de conhecimento pelo autor, que decorre das circunstâncias do caso, e não necessariamente de um dever legal ou contratual imposto ao autor. Sydow, por outro lado, embora exija a imposição prévia de algum dever ao autor, alude a um "dever de cuidado", e não a um dever "de conhecimento". A violação de um dever objetivo de cuidado por parte do autor em direito penal é comumente associada à responsabilização culposa e não dolosa.[108] Ainda assim, é certo que o autor que viola uma norma legal que lhe impõe algum cuidado cria um risco não permitido pelo direito que pode ser realizado como o produto de uma ação que domina. Há, no entanto, que se demonstrar tal domínio a partir das circunstâncias que o sujeito conhece:

---

107. SYDOW, Spencer Toth. *A teoria da cegueira deliberada*. Belo Horizonte: D'Plácido, 2016. p.154-156.

108. Ver, por todos, CIRINO DOS SANTOS, Juarez. CIRINO DOS SANTOS, Juarez. *Direito penal: parte geral.* 5.ed. rev., atual. e ampl. Florianópolis: Conceito, 2012. p.163.

> Quem age dolosamente, isto é, com pelo menos conhecimento de um risco, controle o risco inerente à sua ação, dispondo de um certo domínio que não está presente em quem não tem esse conhecimento: o conhecimento permite ao autor se adaptar a novas circunstâncias, reagir frente ao inesperado. [109]

Ademais, embora à primeira vista possa parecer salutar exigir que algum dever que recaia sobre o autor tenha fundamento legal ou contratual, é possível que determinadas circunstâncias de sua conduta coloquem o autor em posição de garantidor, exigindo que aja para evitar a realização de um risco. Não se pode, porém, atribuir deveres de atuação ou de conhecimento indiscriminadamente, como se todos fossem garantidores de todo bem jurídico à sua volta. Há critérios legais e dogmáticos para se estabelecer quando há dever de agir baseado em posição de garantidor.[110] Por outro lado, no conceito americano de *cegueira deliberada* os tribunais deixam claro que não é suficiente que o autor deva saber que a sua conduta é delituosa. É preciso que de fato desconfie da existência de crime, estando ciente de uma elevada probabilidade, superior à mera suspeita. Mesmo no direito penal brasileiro, dever saber não é sinônimo de "dolo eventual".

Com relação à exigência de alguma motivação egoística pelo autor, segundo Ragués, acrescida de uma motivação ilícita, para Sydow, deve-se pontuar que o componente motivacional não é um elemento do dolo. Não se pode confundir motivo e dolo.[111] A inclusão de requisitos estranhos à teoria do delito em nada contribui para identificar a existência ou não de dolo em condutas. A ideia é incluir o mesmo componente de reprovabilidade identificado pelo Nono Circuito do *United States Court of Appeals* no caso *Jewell*, em que se entende que a cegueira deliberada é tão reprovável quanto as situações em que o autor age com conhecimento efetivo. Com isso, Ragués alude à distinção entre raposas e avestruzes traçada por David Luban.[112] Novamente, isso não influi no conceito de *dolo*, tampouco constitui necessariamente circunstância que aumente o desvalor de ação, resultando em maior punibilidade.[113]

---

109. GRECO, Luís. Comentario al artículo de Ramón Ragués. In: VALENZUELA S., Jonatan (Ed.). *Discusiones XIII: Ignorancia deliberada y Derecho Penal*. Buenos Aires: EdiUNS, 2013. p.72.

110. Nesse sentido, TAVARES, Juarez. *Teoria dos crimes omissivos*. São Paulo: Marcial Pons, 2012. p.313 e seguintes.

111. GRECO, Luís. Comentario al artículo de Ramón Ragués. In: VALENZUELA S., Jonatan (Ed.). *Discusiones XIII: Ignorancia deliberada y Derecho Penal*. Buenos Aires: EdiUNS, 2013. p.73.

112. LUBAN, David. Contrived ignorance. *Georgetown Law Journal*, Washington, v.87, n.2, p.957-980, 1999. Ver RAGUÉS I VALLÈS, Ramón. *La ignorancia deliberada en Derecho penal*. Barcelona: Atelier, 2007. p.145-150.

113. GRECO, Luís. Comentario al artículo de Ramón Ragués. In: VALENZUELA S., Jonatan (Ed.). *Discusiones XIII: Ignorancia deliberada y Derecho Penal*. Buenos Aires: EdiUNS, 2013. p.71-72.

Para além dos cinco elementos propostos por Ragués, Sydow acrescenta de maneira confusa e pouco sistemática três elementos adicionais, desacompanhados de maior explicação quanto ao seu significado, seu fundamento legal ou dogmático e sua importância para a configuração de dolo. Não apresenta justificativa clara do motivo pelo qual o acréscimo das três circunstâncias adicionais[114] tornaria o seu conceito de cegueira deliberada mais preciso que aquele apresentado por Ragués, ou o aproximaria mais do dolo. Se há algum fundamento legal ou constitucional para se afastar a responsabilidade, isso por evidente preclui a punibilidade da conduta. Ademais, se a contribuição do autor constitui uma ação neutra,[115] isso pode levar à exclusão da responsabilidade do autor em outros casos que não apenas aqueles envolvendo cegueira deliberada. Não há, portanto, razão para incluir esse requisito como parte do conceito de *cegueira deliberada*. Fosse necessário, seria preciso incluir também outros requisitos essenciais do conceito de "crime", como a existência de uma ação por parte do autor, a previsão legal de punição e a ausência de circunstâncias excludentes da antijuridicidade ou da culpabilidade da conduta. Não se concorda com a inovação pela inovação. Deve haver uma utilidade na proposição de conceitos.[116]

A partir das premissas desta obra com relação à definição de *dolo*, é necessário para a responsabilização – seja por dolo direto ou por dolo eventual – que se demonstre que o autor tem um conhecimento tal da situação que possa se dizer que ele tem domínio ou controle da execução de sua ação. Esse conhecimento, porém, não precisa ser completo ou empiricamente verificado, podendo ser atribuído ao autor a partir das circunstâncias do caso. Tomando-se a definição americana de *cegueira deliberada*, se o autor sabe haver uma elevada probabilidade de que a sua conduta constitui crime e decide não aprofundar seu conhecimento para evitar confirmar a sua suspeita, talvez possa ser dito que o autor de alguma forma saiba o que espera encontrar. Isso evidentemente não é conhecimento a partir de uma perspectiva psicológico-descritiva. Não se pode equiparar ao conhecimento o que por definição é desconhecimento. No entanto, a depender do critério atributivo-

---

114. Sydow as denomina "ausência de garantia constitucional afastadora de deveres de cuidado", "ausência de circunstância de isenção de responsabilidade advinda da natureza da relação instalada" e "ausência de circunstância de ação neutra." (SYDOW, Spencer Toth. *A teoria da cegueira deliberada*. Belo Horizonte: D'Plácido, 2016. p.202), sem maior contexto.

115. GRECO, Luís. *Cumplicidade através de ações neutras: a imputação objetiva na participação*. Rio de Janeiro: Renovar, 2004.

116. Lembra-se aqui a lição de Jacinto Nelson de Miranda Coutinho, referindo-se à imposição de conceitos pensados no âmbito do direito processual civil à teoria do direito processual penal: "Devemos trabalhar sem preconceitos e utilizar tudo aquilo de realmente útil, venha do processo civil ou de quem quer que seja. Só não cabe malabarismo lingüístico [*sic*], contorcionismos para uma adaptação impossível." (MIRANDA COUTINHO, Jacinto Nelson. *A lide e o conteúdo do processo penal*. Curitiba: Juruá, 1989. p.142). Tamanho é o esforço contorcionista feito por segmentos da jurisprudência e da doutrina para encaixar à força a cegueira deliberada na quadratura do dolo eventual, que a adaptação parece ser impossível.

normativo utilizado – não necessariamente a "exteriorização de um sentido" identificada pelo direito penal da filosofia da linguagem[117] –, pode-se imputar algum grau de conhecimento ao autor, permitindo sua responsabilização a título de dolo. Veja-se que a identificação do dolo nas situações de cegueira deliberada depende menos da definição de um conceito de *cegueira deliberada* que do conceito de *dolo* adotado.

Não se está a propor aqui a adoção de qualquer conceito de dolo – muito menos algum conceito de dolo que permita a punição dolosa das situações de cegueira deliberada. O que se defende é que é possível que algumas situações de cegueira deliberada possam ser consideradas dolosas caso preenchidos os requisitos para a configuração do dolo, a depender do que se entenda por *conhecimento*, categoria central à definição do dolo.

Mas não é só isso. Mesmo que se entenda possível a configuração do dolo nas situações de cegueira deliberada, é preciso que se transponha ainda outra barreira. Greco lança um desafio aos autores que busquem defender a existência de dolo em casos de desconhecimento. Como os crimes dolosos permitem a punição na forma tentada, se cegueira deliberada é equivalente ao dolo, se o tipo não for realizado completamente pelo autor, pode haver punição pela tentativa, o que gera dificuldades. Como o autor nem sempre sabe qual crime pode estar praticando quando não conhece todas as circunstâncias, a existência de dolo nesses casos permite a punição pela tentativa de todos os crimes que poderia, em tese, cometer.[118] Tal problema poderia ser resolvido no direito brasileiro a partir da inidoneidade da tentativa por ineficácia absoluta do meio ou impropriedade absoluta do objeto.[119] Há, no entanto, outras dificuldades. Primeiro, por não haver um plano pelo autor diante do seu desconhecimento dos fatos, pois que não há parâmetro

---

117. Ver PORCIÚNCULA, José Carlos. *Lo "objetivo" y lo "subjetivo" en el tipo penal: hacia la "exteriorización de lo interno"*. Barcelona: Atelier, 2014. p.310; VIVES ANTÓN, Tomás Salvador. *Fundamentos del sistema penal: acción significativa y derechos constitucionales*. 2.ed. Valência: Tirant lo Blanch, 2011. p.643.

118. Partindo da situação de fato descrita no caso *Jewell*, Greco pontua que diante da possibilidade de o autor estar transportando diversos produtos ilícitos além de drogas, poderia ser responsabilizado pela tentativa dos diversos potenciais crimes possivelmente praticados (GRECO, Luís. Comentario al artículo de Ramón Ragués. In: VALENZUELA S., Jonatan (Ed.). *Discusiones XIII: Ignorancia deliberada y Derecho Penal*. Buenos Aires: EdiUNS, 2013. p.75).

119. CIRINO DOS SANTOS, Juarez. CIRINO DOS SANTOS, Juarez. *Direito penal: parte geral*. 5.ed. rev., atual. e ampl. Florianópolis: Conceito, 2012. p.383-385. A mesma solução não seria necessariamente possível no direito alemão, por exemplo, diante da punibilidade da tentativa inidônea, como observa Greco (Dolo sem vontade. In: D'ALMEIDA, Luís Duarte; DIAS, Augusto Silva; MENDES, Paulo de Sousa; ALVES, João Lopes; RAPOSO, João António (Orgs.). *Líber amicorum de José de Sousa Brito em comemoração do 70.º aniversário: estudos de direito e filosofia*. Coimbra: Almedina, 2009. p.902, nota 64).

para se fixar o início da tentativa.[120] Segundo, quando o autor não realiza o risco do resultado, pois que não há como se determinar qual o tipo cuja realização fora tentada.[121] Terceiro, do ponto de vista processual, como a cegueira deliberada nasce no contexto da *common law*, em que o órgão acusatório realiza juízo de oportunidade e conveniência para decidir qual crime processar, e o Judiciário deve se ater à qualificação jurídica dada pela acusação ao fato, não se levantam maiores dificuldades. Por outro lado, a adoção da cegueira deliberada no sistema processual penal brasileiro, em que a acusação descreve um fato e o Judiciário pode alterar a qualificação jurídica dada a ele,[122] a ausência de consumação pelo autor que permita identificar precisamente o risco por ele criado impede a correta resolução do caso penal.[123] Como defende Greco, a cegueira deliberada apenas faz sentido quando se analisa o delito após o fato, verificando-se o resultado ocorrido.[124] Os casos em que não há resultado dificultam a aplicação da norma penal, evidenciando que a cegueira deliberada mais se assemelha a alguma forma especialmente grave de culpa do que ao dolo.[125]

Verifica-se, assim, que os conceitos de cegueira deliberada fornecidos pela jurisprudência e pela doutrina não são equivalentes ao dolo eventual. Trata-se de conceitos com fundamentos e premissas distintos. A pretensa equivalência entre *dolo* e *cegueira deliberada* é criada artificialmente, pela inclusão de algumas palavras e expressões-chave na proposição da definição de *cegueira deliberada*, visando reforçar uma hipótese prévia – que a cegueira deliberada deve ser transplantada no sistema jurídico-penal brasileiro como se dolo eventual fosse. A partir da manipulação de conceitos, cumpre-se uma profecia autorrealizadora.

Para além das impropriedades conceituais e os equívocos no emprego da metodologia do direito comparado, há um falha na proposição de equivalência entre cegueira deliberada e dolo eventual. Se cegueira deliberada equivale a dolo eventual, não é necessário se construir uma teoria sobre cegueira deliberada. Bastaria aplicar o dolo eventual. Se o conceito de dolo eventual é insuficiente, havendo uma lacuna de punibilidade, não basta dizer que cegueira deliberada é dolo eventual. Seria preciso dizer mais, propondo critérios adicionais para a cegueira deliberada, que a distinguiriam do dolo eventual.[126] Nesses casos, porém,

---

120. GRECO, Luís. Comentario al artículo de Ramón Ragués. In: VALENZUELA S., Jonatan (Ed.). *Discusiones XIII*: Ignorancia deliberada y Derecho Penal. Buenos Aires: EdiUNS, 2013. p.75.

121. GRECO, Luís. Comentario al artículo de Ramón Ragués. Idem, p.75.

122. Ver o art. 383 do CPP.

123. GRECO, Luís. Comentario al artículo de Ramón Ragués. In: VALENZUELA S., Jonatan (Ed.). *Discusiones XIII: Ignorancia deliberada y Derecho Penal.* Buenos Aires: EdiUNS, 2013. p.75.

124. GRECO, Luís. Comentario al artículo de Ramón Ragués. Idem, p.75-76.

125. GRECO, Luís. Comentario al artículo de Ramón Ragués. Idem, p.74.

126. A leitura de Sydow é confusa nesse aspecto, na medida em que, ao mesmo tempo que incorpora no conceito de cegueira deliberada elementos compreendidos como característicos

seria preciso alguma proposição *de lege ferenda*, para que se permitisse punir como dolo algo que não é dolo.

É certo, como traçado acima, que algumas situações de cegueira deliberada podem ser alcançadas pelo dolo, sem que se precise recorrer à cegueira deliberada enquanto novo critério subjetivo de imputação. Para avaliar se a cegueira deliberada possui alguma utilidade ao direito penal brasileiro, deve-se verificar se há alguma lacuna de punibilidade não alcançada pelo dolo eventual que deva ser colmatada.

3.2.2 Inexistência de lacunas de punibilidade a serem colmatadas pela cegueira deliberada

A cegueira deliberada foi invocada como solução para problemas decorrentes de supostos vazios de punibilidade deixados por espaços que não poderiam ser alcançados pela dogmática tradicional. Nesse sentido, as obras que propõem algum conceito de cegueira deliberada trazem exemplos de situações que demandariam a adoção dessa "nova" categoria de imputação, pretensamente capaz de resolver casos não solucionáveis pelo dolo. Da mesma forma, os casos pesquisados na jurisprudência também permitem avaliar as situações em que o Judiciário brasileiro reputou necessário o recurso à cegueira deliberada para a solução de casos. Propõe-se analisar criticamente primeiro os casos doutrinários, para após enfrentar os casos identificados na jurisprudência.

3.2.2.1 Análise dos casos encontrados na doutrina

A primeira situação a ser analisada diz respeito ao crime de lavagem de dinheiro praticado por operadores do mercado de câmbio paralelo – os chamados "doleiros" – em que conheçam a origem e a natureza dos bens, direitos ou valores envolvidos na operação para a qual foram contratados. Tal situação é trazida por Moro em seu texto considerado precursor na análise da cegueira deliberada no direito brasileiro.[127] A situação narrada foi verificada pelo autor durante a sua atuação como juiz federal, sendo aparentemente o motivo que levou Moro a buscar alguma solução no direito comparado. Embora não esteja explícito no texto, é possível concluir que Moro entende – ou ao menos entendia à época em que o artigo foi escrito – que as ferramentas jurídicas à sua disposição seriam insuficientes para lidar com casos de tal natureza, portanto buscou um funda-

do dolo eventual, aponta que seriam, na verdade, conceitos distintos (SYDOW, Spencer Toth. *A teoria da cegueira deliberada*. Belo Horizonte: D'Plácido, 2016. p.259).

127. MORO, Sergio Fernando. Sobre o elemento subjetivo no crime de lavagem. In: BALTAZAR JUNIOR, José Paulo; MORO, Sergio Fernando (Org.). *Lavagem de dinheiro: comentários à lei pelos juízes das varas especializadas em homenagem ao Ministro Gilson Dipp*. Porto Alegre: Livraria do Advogado, 2007. p.101.

mento para reconhecer indiferença no comportamento do autor do ato de lavagem e atribuir responsabilidade a título de dolo eventual.

Para analisar tal situação, é preciso resgatar os elementos do crime de lavagem de dinheiro, previstos no art. 1.º da Lei 9.613, de 1998. Segundo o *caput* do art. 1.º, comete o crime de lavagem de dinheiro aquele que oculta ou dissimula a natureza, a origem, a localização, a disposição a movimentação ou a propriedade de bens, direitos ou valores que sejam provenientes direta ou indiretamente de alguma infração penal. Há, portanto, uma separação entre a infração penal antecedente e o ato posterior de lavagem, visando ocultar ou dissimular a vinculação do produto da infração antecedente com a prática delitiva que lhe deu origem. Como não é necessário que o autor do ato de ocultação ou de dissimulação tenha concorrido para a prática delitiva originária, é possível que seja utilizado como instrumento inocente do autor da infração penal antecedente. Nesse caso, por estar em erro quanto à proveniência delitiva dos bens, direitos ou valores com que opera, pode o autor do ato de ocultação não ser responsabilizado pelo crime de lavagem. Tratar-se-ia de uma situação clássica de autoria mediata, pela qual responderia apenas o autor que determinou o erro – no caso, o autor da infração penal antecedente –, isentando de responsabilidade o instrumento inocente.[128]

Moro argumenta que em tais casos, o profissional responsável pela lavagem de direito "é usualmente indiferente à origem e natureza dos bens, direitos ou valores envolvidos".[129] Além disso, o conhecimento pleno da situação seria indesejável ao profissional, pois, primeiro "pode prejudicar a alegação de desconhecimento em futura e eventual persecução penal", e, segundo, porque o cliente – autor da infração penal antecedente – "não tem interesse em compartilhar as informação acerca da origem e natureza específica do provento do crime".[130] Nesses casos, portanto, o profissional muitas vezes confessava "sua atividade ilícita no mercado paralelo e mesmo a realização de fraudes financeiras para ocultar a identidade ou transações de seus clientes".[131] Não admite, no entanto, a prática de lavagem de dinheiro,[132] pois alega desconhecer a origem criminosa

128. GRECO, Luís; ASSIS, Augusto. O que significa a teoria do domínio do fato para a criminalidade de empresa. In: GRECO, Luís; LEITE, Alaor; TEIXEIRA, Adriano; ASSIS, Augusto. *Autoria como domínio do fato: estudos introdutórios sobre o concurso de pessoas no direito penal brasileiro*. São Paulo: Marcial Pons, 2014. p.98-99.

129. MORO, Sergio Fernando. Sobre o elemento subjetivo no crime de lavagem. In: BALTAZAR JUNIOR, José Paulo; MORO, Sergio Fernando (Org.). *Lavagem de dinheiro: comentários à lei pelos juízes das varas especializadas em homenagem ao Ministro Gilson Dipp*. Porto Alegre: Livraria do Advogado, 2007. p.101.

130. MORO, Sergio Fernando. Idem, p.101.

131. MORO, Sergio Fernando. Idem, p.101.

132. É importante verificar que a penalidade para as operações clandestinas de câmbio e de remessa ilegal de valores ao exterior é de dois a seis anos de reclusão (art. 22 da Lei n. 7.492, de 1986), ao passo que a pena para os crimes de lavagem de dinheiro é de três a dez anos de reclusão (art. 1.º da Lei n. 9.613, de 1998), representando até mesmo a possibilidade de regime fechado para o autor do ato de lavagem.

dos recursos movimentados, pois não "cabia realizar indagações da espécie ao cliente ou agir como uma autoridade pública".[133] Moro entende, portanto, que a cegueira deliberada é necessária para considerar que essa atitude de querer não saber a proveniência dos recursos utilizados nas operações clandestinas revela indiferença por parte do profissional:

> Atitude da espécie caracteriza indiferença quanto ao resultado do próprio agir. Desde que presentes os requisitos exigidos pela doutrina da "ignorância deliberada", ou seja, a prova de que o agente tinha conhecimento da elevada probabilidade da natureza e origem criminosa dos bens, direitos e valores envolvidos e, quiçá, de que ele escolheu permanecer alheio ao conhecimento pleno desses fatos, não se vislumbra objeção jurídica ou moral para reputá-lo responsável pelo resultado delitivo e, portanto, para condená-lo por lavagem de dinheiro, dada a reprovabilidade de sua conduta.[134]

Concorda-se que a conduta seja reprovável, tratando-se de uma situação merecedora de punição. Considerações político-criminais de tal natureza, no entanto, não integram o juízo de imputação, pois que externas à teoria do crime. É preciso que se verifique se há alguma solução prevista na *lex lata* que possa ser aplicada ao caso. Caso contrário, deve-se propor alguma outra solução *de lege ferenda*.

Depreende-se da leitura do texto de Moro que este correlaciona "conhecimento" ou "saber" – em sentido psicológico-descritivo – com dolo direto e um dever de conhecimento com dolo eventual.[135] Como já analisado anteriormente,[136]

---

133. MORO, Sergio Fernando. Sobre o elemento subjetivo no crime de lavagem. In: BALTAZAR JUNIOR, José Paulo; MORO, Sergio Fernando (Org.). *Lavagem de dinheiro: comentários à lei pelos juízes das varas especializadas em homenagem ao Ministro Gilson Dipp*. Porto Alegre: Livraria do Advogado, 2007. p.101.

134. MORO, Sergio Fernando. Idem, p.101.

135. Isso fica um pouco mais claro a partir da leitura do seguinte trecho: "Não há uma enumeração de tipos penais específicos que comportem o dolo eventual, embora existam alguns tipos cuja interpretação exclua essa possibilidade. Uma das fórmulas possíveis é exigir no tipo penal o conhecimento pleno do resultado delitivo, afastando a possibilidade de configuração pelo mero conhecimento da probabilidade de sua ocorrência. Assim, por exemplo, a configuração da denunciação caluniosa exige o conhecimento pleno de que se imputa crime a um inocente. Da mesma forma, o tipo penal da receptação dolosa exige que o agente tenha conhecimento pleno da origem e natureza criminosa do bem envolvido, por força de previsão legal específica. Em ambos os casos, não basta que o agente tenha o resultado delitivo como provável. Os tipos penais dos incisos I e II do § 2.º do art. 1.º da Lei 9.613/1998 contêm fórmulas da mesma espécie [...]. Já o tipo penal do art. 1.º, aquele previsto no *caput*, não contém fórmula equivalente." (MORO, Sergio Fernando. Sobre o elemento subjetivo no crime de lavagem. In: BALTAZAR JUNIOR, José Paulo; MORO, Sergio Fernando (Org.). *Lavagem de dinheiro: comentários à lei pelos juízes das varas especializadas em homenagem ao Ministro Gilson Dipp*. Porto Alegre: Livraria do Advogado, 2007. p.96-97).

136. Ver acima a Seção 3.1.3, p.148.

a equiparação do desconhecimento, ainda que diante de um dever legal de conhecimento, amplia o conceito legal de dolo, contrariando a regra geral que exige conhecimento para a configuração do dolo, diante da conjugação das regras dos arts. 18 e 20 do CP. A expressão não se traduz em dolo eventual, mas na ampliação do alcance dos tipos penais além do dolo.

Há, no entanto, que se observar a existência de conflito aparente de normas[137] na situação descrita por Moro. Caso a ocultação praticada envolva a remessa de recursos ao exterior, o profissional da lavagem pratica o crime de evasão de divisas[138] como crime meio para a prática de lavagem de dinheiro. Nesse sentido, já há uma decisão consciente pelo profissional de violar a lei penal. Não se pode, porém, simplesmente aplicar lógica versarista[139] para estender o compromisso do autor em praticar ato de evasão de divisas para a prática de ato de ocultação ou dissimulação, presumindo seu conhecimento da origem criminosa dos recursos utilizados na operação. É perfeitamente possível a prática do crime de evasão de divisas para enviar ao exterior recursos de origem lícita. Veja-se, nesse sentido, a "Lei de Repatriação de Divisas" (Lei 13.254, de 2016), que considera "recursos ou patrimônio de origem *lícita*" os bens e os direitos objeto, produto ou proveito dos seguintes crimes: sonegação fiscal, sonegação de contribuição previdenciária, falsidade documental ou ideológica, evasão de divisas e a lavagem de dinheiro, desde que a lavagem se restrinja a estes crimes passíveis de regularização.[140]

Como se sabe, mesmo na cegueira deliberada aplicada nos Estados Unidos, não se pode permitir a punição pelo mero desconhecimento. Deve-se demonstrar que o autor buscou evitar conhecimento. Essa atuação pelo autor, evitando propositadamente conhecer o que não sabe por completo, revela, primeiro, desconfiança com relação à conduta praticada. Revela, ademais, que o autor de alguma forma conhece o que imagina possa ser encontrado caso aprofunde sua análise da situação. Se o sujeito não quer conhecer algo, é porque pelo menos imagina o que pode descobrir. É possível, assim, atribuir algum grau de conhecimento ao autor nessas condições, de modo a considerá-lo como tendo domínio do ato de ocultar ou dissimular. Nesses casos, como a punição da lavagem de dinheiro não exige a punição do crime antecedente, podendo qualquer infração penal antecedente acarretar a prática de lavagem, não se incorre aqui no problema identificado por Greco com relação à tentativa. Ao autor da lavagem pouco importa qual foi a infração antecedente praticada. Basta que tenha sido praticada alguma infração penal antecedente. Note-se que essa lógica somente é possível a partir da alte-

---

137. Ver CIRINO DOS SANTOS, Juarez. *Direito penal: parte geral.* 5.ed. rev., atual. e ampl. Florianópolis: Conceito, 2012. p.411-415.

138. Art. 22 da Lei n. 7.492, de 1986.

139. CRUZ, Flavio Antônio da. Gestão temerária, evasão de divisas e aporias. In: PRADO, Luiz Regis; DOTTI, René Ariel (Org.). *Doutrinas essenciais – direito penal econômico e da empresa: direito penal econômico.* São Paulo: RT, 2011. v.2. p.692.

140. Art. 2.º, inciso II, e art. 5.º, § 1.º, ambos da Lei n. 13.254, de 2016.

ração da Lei de Lavagem de Dinheiro pela Lei 12.683, de 2012, que excluiu o rol taxativo de crimes antecedentes.[141] Como anteriormente à alteração da Lei, o autor do crime de lavagem precisava conhecer a natureza do fato antecedente – pois era impunível a lavagem de produto do "jogo do bicho", por exemplo, por tratar-se de contravenção penal[142] não inserida no rol taxativo da redação anterior do art. 1.º –, não bastava o autor desconfiar da prática de alguma infração penal. Deveria saber se a infração penal antecedente acarretava punibilidade pela posterior ocultação ou dissimulação na Lei de Lavagem.[143]

A mesma lógica pode ser aplicada até mesmo ao julgamento da lavagem de dinheiro relativa ao produto do furto à sede do Banco Central em Fortaleza. Os irmãos José Elizomarte e Francisco Dermival foram primeiramente condenados na instância inicial por lavagem de dinheiro, pois se entendeu que eles deliberadamente fecharam os olhos à origem do dinheiro utilizado para o pagamento dos carros vendidos. Em segunda instância, porém, foram absolvidos, pois o TRF-5 entendeu que eles não teriam como saber que o dinheiro era decorrente do furto ao Banco Central, pois a ocorrência do furto ainda não havia sido descoberta, de modo que não se tratava de fato de conhecimento do público geral. É certo, de qualquer forma, que a maneira como o pagamento foi feito deveria levantar suspeita quanto à origem do dinheiro pago, visto que fora levado em saco de náilon e entregue para a contagem sem se saber ao certo o montante que se encontrava dentro do saco. No entanto, como o fato ocorreu antes de 2012, para que se pudesse haver punibilidade pelo crime de lavagem de dinheiro, seria necessário que, além da suspeita – confirmada estreme de dúvida ou não –, se soubesse[144] que o dinheiro era proveniente de algum dos crimes previstos no rol taxativo de infrações antecedentes da Lei de Lavagem de Dinheiro.

Cabe aqui um importante parêntese: o juiz federal no julgamento do caso do Assalto ao Banco Central entendeu que o furto praticado poderia ser considerado crime antecedente de lavagem por dois motivos.[145] Primeiro, porque teria sido praticado um crime contra a Administração Pública. Segundo, porque seria um crime praticado por organização criminosa. Com relação aos crimes contra a Administração Pública, a magistrado federal invoca como fonte para sua

---

141. A respeito dos diferentes modelos legislativos de combate à lavagem de dinheiro, e a existência de legislações de primeira, segunda e terceira geração quanto às espécies de crimes antecedentes, ver BADARÓ, Gustavo Henrique; BOTTINI, Pierpaolo Cruz. *Lavagem de dinheiro: aspectos penais e processuais penais*. 3.ed. São Paulo: RT, 2016. p.97-99.

142. Ver o art. 58 do Decreto-Lei n. 3.688, de 1941 (Lei das Contravenções Penais).

143. Observe-se que o artigo de Moro foi publicado em 2007, anteriormente à alteração da Lei.

144. Saber, aqui, não necessariamente em sentido psicológico-descritivo.

145. Sentença proferida na Ação Penal n. 2005.81.00.014586-0, 11.ª Vara Federal da Subseção Judiciária de Fortaleza, Seção Judiciária do Ceará. n.198-204. Disponível em: <http://goo.gl/9iB8qJ>. Acesso em: 22 ago. 2015.

conclusão texto de Gerson Godinho Costa.[146] O autor, porém, apenas afirma que não são somente os crimes previstos no Título XI do CP que podem ser considerados crimes contra a Administração Pública, citando como exemplo os crimes previstos na Lei Geral de Licitações Públicas.[147] Em momento algum afirma Costa que qualquer crime que tenha a Administração Pública como vítima – como é o caso do crime contra o patrimônio de um ente da Administração Pública direta ou indireta – possa ser crime antecedente de lavagem de dinheiro.[148] Fosse esse o caso, estar-se-ia diante de peculiar situação, em que um assalto a banco praticado contra instituição financeira pública poderia dar origem a crime de lavagem de dinheiro, mas não o mesmo crime praticado contra instituição financeira privada. Ademais, ainda que se tenha atribuído a prática da infração antecedente a organização criminosa, por não haver à época lei que definisse o que poderia ser organização criminosa, também não haveria tipicidade objetiva.[149] Vale dizer, a dificuldade de imputação de lavagem de dinheiro no caso do "Assalto ao Banco Central" encontrava-se mais na tipicidade objetiva que na tipicidade subjetiva propriamente, sendo desnecessária a elucubração naquele caso acerca da cegueira deliberada.

Restaria saber, portanto, se a desconfiança pelos donos da Brilhe Car de que o dinheiro entregue em sacos de náilon teria sido produto da atuação de uma organização criminosa, por si, sem saber qual crime teria dado origem àquele montante, seria suficiente para fundamentar a punibilidade do crime de lavagem de dinheiro. Tal percepção dependeria das circunstâncias do caso. Trata-se, porém, de questão superada pela alteração legislativa, de modo que se houver suspeita da prática de infração penal e o sujeito responsável por determinada operação econômica, diante da suspeita, agir de modo a evitar em vez de aprofundar seu conhecimento, pode ser atribuído conhecimento da situação, permitindo a punibilidade por crime de lavagem de dinheiro.

Vale ressaltar, de qualquer modo, que a punibilidade somente existirá nos casos em que for possível a atribuição de dolo ao autor da conduta. Nenhuma

---

146. COSTA, Gerson Godinho. O tipo objetivo da lavagem de dinheiro. In: BALTAZAR JUNIOR, José Paulo; MORO, Sergio Fernando (Org.). *Lavagem de dinheiro: comentários à lei pelos juízes das varas especializadas em homenagem ao Ministro Gilson Dipp*. Porto Alegre: Livraria do Advogado, 2007. p.29; p.47-48.

147. Lei n. 8.666, de 1993.

148. Essa posição não é sequer cogitada em obras escritas anteriormente à reforma da legislação de lavagem em 2012. Veja-se, por todos, MAIA, Rodolfo Tigre. *Lavagem de dinheiro*. 2.ed. São Paulo: Malheiros, 2007. p.76-78; PITOMBO, Antônio Sérgio Altieri de Moraes. *Lavagem de dinheiro: a tipicidade do crime antecedente*. São Paulo: RT, 2003. p.114-115.

149. Há, nesse sentido, jurisprudência pacífica do STF. Veja-se, por todos, STF, 2.ª T., RHC 130.738 AgR/DF, rel. Min. Celso de Mello, *DJe* n.232, 9 out. 2017. No mesmo sentido, PITOMBO, Antônio Sérgio Altieri de Moraes. *Lavagem de dinheiro: a tipicidade do crime antecedente*. São Paulo: RT, 2003. p.116.

teoria é capaz de fundamentar a existência de dolo onde não estiverem presentes os seus fundamentos. No caso da lavagem de dinheiro, portanto, não se verifica uma lacuna de punibilidade. Sempre que estiverem presentes os requisitos para a configuração de dolo, será possível a punibilidade. Diante da opção do legislador, ao não prever a modalidade culposa de lavagem de dinheiro, se não houver como fundamentar o dolo, independentemente da reprovabilidade da conduta do autor, não será possível punir a conduta como se dolosa fosse.

Outras situações de cegueira deliberada, que não seriam resolvíveis pela aplicação do dolo eventual, são identificadas por Sydow. Em sua obra, Sydow parte de diversas premissas planteadas por Ragués I Vallès, dentre as quais está a identificação de duas vertentes distintas de autocolocação em estado de não consciência: primeiro, a chamada "cegueira deliberada em sentido estrito", existente quando o autor se antecipa à ocorrência de um ilícito futuro, e se coloca em um estado preordenado de cegueira, para evitar que o conhecimento daquele fato chegue a ele; segundo, a chamada "ignorância deliberada", quando o autor se depara com uma conduta suspeita, mas deixa de diligenciar a obtenção de mais afirmações para afastar sua dúvida ou corrigir eventual desvio.[150] Para as situações de "cegueira deliberada em sentido estrito", Sydow traz três exemplos: primeiro, de um patrão que prevê que um dia possa ser demandado judicialmente e orienta seus subordinados que não recebam qualquer espécie de correspondência ou intimação judicial, bem como informem sempre sua ausência na empresa; segundo, do médico que sai durante o horário de seu expediente no hospital por uma saída oculta, para evitar cruzar com algum paciente que precise de atendimento médico; terceiro, do administrador em uma estrutura empresarial que delegue funções de fiscalização sobre setores em que possam ocorrer atos de corrupção, promovendo a criação de labirinto de compartimentação de conhecimento e a geração de relatórios de auditoria incompletos, para evitar que eventual ato criminoso praticado em prol da companhia não chegue ao seu conhecimento nem possa ser detectado.[151] Com relação às hipóteses de "ignorância deliberada", Sydow cita a célebre situação retratada no caso *Jewell*, em que o sujeito conduz um veículo desconfiando do seu conteúdo, sem verificar todos os compartimentos. Tais situações devem ser analisadas uma a uma.

No caso do autor que busca evitar o recebimento de citações ou de intimações judiciais, ainda que se supere a evidente problemática relativa à adequação típica da conduta,[152] não é possível identificar no caso algum ato executório que possa ser atribuído ao autor caso não venha a ser enviada alguma intimação. Ainda que

---

150. SYDOW, Spencer Toth. *A teoria da cegueira deliberada*. Belo Horizonte: D'Plácido, 2016. p.22.

151. SYDOW, Spencer Toth. Idem, p.46-47.

152. A resistência à prática de ato legal por funcionário público somente é crime se praticada com violência ou grave ameaça (art. 329 do CP). Ademais, para que haja o crime de desobediência, é preciso que haja alguma ordem legal de funcionário dirigida ao autor

o autor crie uma política na empresa de destruição de toda e qualquer comunicação judicial antes que ela chegue ao seu conhecimento, não há como se precisar o momento do início da punibilidade de eventual tentativa, dada a distância espaço-temporal entre a orientação dada pelo autor e a eventual conduta de seu subordinado. Nem mesmo é possível falar em autoria por parte do empresário é duvidosa nesse caso, pois atua como instigador da prática de eventuais crimes por seus subordinados, não tendo domínio do fato por não participar da execução. É superável a questão relativa à dimensão temporal do dolo, pois deve estar presente não no momento da ocorrência do resultado, mas durante a realização da ação que desencadeia a ocorrência do fato típico,[153] isto é, a ordem dada ao subordinado. No entanto, a ausência de qualquer ato de execução é problemática, na medida em que não há conduta punível do autor caso a sua ordem não venha a ser cumprida pelo subordinado ou caso nenhuma intimação venha a ser entregue, não havendo, pois, punibilidade de tentativa em tais casos, a despeito da existência de intenção de sua parte.

Por outro lado, caso a situação prossiga conforme o plano do autor, não haveria dolo eventual, e sim dolo direito. Para melhor visualizar a situação, altere-se a ordem do superior: em vez de ordenar que não receba intimação ou informe a ausência do patrão, o empresário ordena que o seu funcionário mate o oficial de justiça. Trata-se de ordem hipotética, no entanto em tal caso o empresário seria responsabilizado por instigação dolosa de homicídio doloso por seu funcionário. Não há que se falar em dolo eventual, ou mesmo em algum motivo para se invocar cegueira deliberada. A alteração do exemplo mostra que, na verdade, o exemplo não é bom para fundamentar a cegueira deliberada, pois o conteúdo de injusto não está na evitação de conhecer eventual intimação, mas na ordem em si caso a sua obediência configure infração penal.

Já no caso do médico que viola dever funcional e evita verificar se há algum paciente necessitando de atendimento médico, é possível a eventual prática de omissão de socorro[154] ou até mesmo a imputação de lesão corporal ou homicídio comissivo por omissão. Nesse caso, o médico, quando busca saída diversa da regular, indica que suspeita que possa encontrar algum paciente necessitando atendimento, podendo haver ou não situação de risco à vida. O fato de a evitação de conhecimento pelo médico ser anterior à concretização de hipotética situação futura em nada altera a análise já proposta para a solução dos casos de lavagem de dinheiro. Não parece haver maior relevância na distinção traçada por Sydow para os casos de "cegueira deliberada em sentido estrito" e de "ignorância deliberada". O que há é a representação pelo autor da possível existência de circunstância

(art. 330 do CP). Tais questões não são colocadas por Sydow, embora deva ser dito que em momento algum o autor afirma que a situação por ele descrita constitua algum tipo penal.

153. CIRINO DOS SANTOS, Juarez. *Direito penal: parte geral.* 5.ed. rev., atual. e ampl. Florianópolis: Conceito, 2012. p.142.

154. Art. 135 do CP.

elementar de algum crime. Se ela estiver presente ou vier a estar presente, isso não interfere na análise dogmática da situação. Em ambos os casos, tem-se um juízo *ex post facto* que lida com o resultado já ocorrido. Se não aparecer paciente algum necessitando atendimento, ainda que se possa dizer que a conduta é dolosa, não há tentativa a ser punida, por impropriedade absoluta do objeto. Se, por outro lado, a saída do médico levar à omissão de atendimento de pessoa ferida ou em grave risco, eventual omissão pode ser considerada dolosa, pois o médico representou o perigo como possível e decidiu agir. Em verdade, a dificuldade de se justificar a punibilidade do exemplo do médico aparenta ser mais uma questão de imputação objetiva – isto é, se houve a realização de um risco criado pelo autor como produto de sua conduta[155] – que propriamente uma questão de imputação subjetiva. Uma vez superada a problemática referente à atribuição de um resultado ao médico como produto de sua conduta – visto ter representado a possibilidade de ocorrência de um resultado lesivo e agido tão somente para evitar confirmação da possibilidade que acreditou poder ocorrer –, pode-se justificar a existência de dolo fundada em tal representação, ainda que se trate de uma representação incompleta da situação.[156] Não havendo distinção qualitativa entre os bens jurídicos *vida* e *integridade física*, e sim quantitativa, não se vislumbra a ocorrência do problema relativo à tentativa aludido por Greco.

No terceiro exemplo de "cegueira deliberada em sentido estrito", Sydow retrata a situação do empresário que cria mecanismos internos na empresa para evitar conhecer e detectar a ocorrência de infrações praticadas por seus subalternos. Entende-se que tais situações possam ser resolvidas pela teoria da omissão. Tratando-se de organização empresarial, está o empresário em posição de garantidor, tendo o dever de agir para evitar a prática de crimes por seus subordinados. A posição de garantidor, no entanto, não basta para a punibilidade, devendo haver uma inação do autor omissivo diante da real possibilidade de agir para evitar a ocorrência de uma situação típica, sendo necessário averiguar a relação entre a ação devida pelo autor e a ofensa ao bem jurídico.[157] Ainda que tenha havido um ato comissivo pelo empresário, não há liame de causalidade entre a criação de políticas empresariais falhas e a ocorrência de alguma prática delitiva. Houve omissão do empresário na vigilância da atividade de seus subalternos. Não havia, no entanto, dever de agir contemporâneo à prática delitiva na estrutura

155. Ver GRECO, Luís. *Um panorama da teoria da imputação objetiva*. 4.ed. São Paulo: RT, 2014.

156. Em sentido contrário, ver TAVARES, Juarez. *Teoria dos crimes omissivos*. São Paulo: Marcial Pons, 2012. p.396-397, segundo quem "na omissão não tem lugar o dolo eventual". Em qualquer hipótese é descabida a adoção da cegueira deliberada: se é possível fundamentar a existência de dolo eventual, prescinde-se a cegueira deliberada enquanto categoria de imputação; se o dolo eventual é impossível neste espectro de situações, não há como se fundamentar a punibilidade, salvo por dolo direto.

157. TAVARES, Juarez. *Teoria dos crimes omissivos*. São Paulo: Marcial Pons, 2012. p.342 e seguintes.

empresarial. Desta forma, se há alguma lacuna de punibilidade a ser colmatada, refere-se à imputação objetiva nos crimes omissivos, e não a alguma questão que se refira à imputação subjetiva e à criação de critérios para a imputação a título de "cegueira deliberada". Ressalte-se, ainda, que nem toda lacuna de punibilidade deve, necessariamente, ser colmatada. Isso não deve conduzir a qualquer espécie de lamentação ou esforço criativo pelo dogmata, visando ao elastecimento de conceitos rígidos. O direito penal de bases democráticas deve saber lidar com a possibilidade de não se alcançar toda e qualquer pretensa ofensa a bens jurídicos, a fim de se garantir que sejam objeto de punição apenas as condutas que se insiram na quadratura legal de punibilidade desenhada pela legislação penal.

Por fim, analisando o exemplo trazido de "ignorância deliberada", remete-se à análise do caso *United States v. Jewell* feita por Greco, em que conclui que a conduta praticada não pode ser dolosa, tratando-se de alguma espécie grave de culpa, pois a representação do autor quanto ao potencial conteúdo da carga jamais será suficientemente completa sem a verificação do que se transporta, efetivamente.[158] Há, aqui, uma pluralidade de potenciais desdobramentos da conduta, que impedem precisar especificamente qual o início e o objeto de eventual tentativa, aniquilando a potencial identificação de dolo na situação. Para que se trate de dolo, deve haver um tratamento uniforme, não se permitindo que a teoria do dolo seja talhada individualmente para cada caso sob análise.

Verifica-se, assim, não haver alguma lacuna de punibilidade que mereça ser colmatada pela adoção de uma "teoria da cegueira deliberada". Os mecanismos de imputação criados pelo direito brasileiro e preenchidos pela análise da dogmática penal são suficientes para lidar com as situações merecedoras de punição. Eventuais espaços de não punibilidade decorrentes do não alcance das categorias básicas de imputação não precisam necessariamente ser complementados. O direito penal trabalha obrigatoriamente com espaços de não incidência de pena, estando limitado àquelas hipóteses de maior danosidade social e reprovabilidade, nos limites impostos pela legislação.

3.2.2.2 Análise dos casos encontrados na jurisprudência

Como apontado acima,[159] a primeira parte desta obra se dedicou a apontar que a criação da cegueira deliberada no Brasil partiu da jurisprudência. A partir da alusão à cegueira deliberada em alguns importantes casos, retratados com profundidade no Capítulo 1, diversas outras decisões seguiram. Nesse levanta-

---

158. GRECO, Luís. Dolo sem vontade. In: D'ALMEIDA, Luís Duarte; DIAS, Augusto Silva; MENDES, Paulo de Sousa; ALVES, João Lopes; RAPOSO, João António (Orgs.). *Líber amicorum de José de Sousa Brito em comemoração do 70.º aniversário: estudos de direito e filosofia*. Coimbra: Almedina, 2009. p.74-75.

159. Ver Seção 1.2.1, p.43.

mento, cuja metodologia e os resultados estão detalhados no Apêndice,[160] ao final deste volume, foram encontradas 65 decisões, as quais foram divididas em cinco grandes grupos: (1) casos em que houve condenação por dolo eventual, aplicando a cegueira deliberada; (2) casos em que a cegueira deliberada foi utilizada como adorno retórico da decisão; (3) casos em que a aplicação da cegueira deliberada foi afastada; (4) casos em que houve condenação com base na cegueira deliberada sem que estivessem presentes os requisitos para a condenação por dolo eventual; e (5) casos considerados "irrelevantes" para a pesquisa.

O primeiro grupo está identificado no Apêndice pela inscrição "Condenação por dolo eventual utilizando cegueira deliberada". Evitou-se, na etapa preliminar de classificação desse grupo, realizar qualquer espécie de juízo de valor sobre o acerto ou equívoco dessas decisões – isto é, se realmente se tratava de dolo eventual. O que se analisou é se a decisão agrupada sob tal rubrica (i) aplicou fundamentadamente a cegueira deliberada, (ii) fez alguma alusão ao desconhecimento propositado pelo autor, (iii) trouxe alguma evidência de propósito no desconhecimento e (iv) condenou o acusado pela imputação de dolo eventual a partir dos critérios apontados. Com base em tais parâmetros, foram identificadas doze decisões,[161] em sua maior parte proferidas pelo TRF-4. Em todos os casos analisados, houve manutenção em sede recurso de condenação proferida em primeira instância. Coloca-se como hipótese de pesquisa que tais decisões prescindem da cegueira deliberada, podendo ser adequadamente fundamentadas com base em critérios já existentes no direito penal brasileiro com relação ao dolo eventual. Tal hipótese será demonstrada a seguir.

O segundo grupo está identificado no Apêndice pela inscrição "Adorno retórico", reunindo dezoito casos[162] em que a cegueira deliberada foi utilizada

---

160. Ver p.209 e seguintes.

161. TRF-4, Ap. Crim. n. 5001079-31.2011.4.04.7004, rel. João Pedro Gebran Neto, *DJe* 13 nov. 2013; TJ/RS, Ap. Crim. n. 70058189275, rel. Jayme Weingartner Neto, *DJe* 24 jun. 2014; TRF-4, Ap. Crim. n. 5002824-35.2014.4.04.7006, rel. Sebastião Ogê Muniz, *DJe* 9 dez. 2014; TJ/PR, Ap. Crim. n. 1.246.269-0, rel. Renato Naves Barcellos, *DJe* 18 mar. 2015; TJ/PR, Ap. Crim. n. 1.348.233-0, rel. Ângela Regina Ramina de Lucca, *DJe* 29 abr. 2015; TRF-4, ED/Ap. Crim. n. 5004957-96.2013.404.7002, rel. Cláudia Cristina Cristofani, *DJe* 27 ago. 2015; TRF-4, Ap. Crim. n. 5006501-89.2013.4.04.7206, rel. Cláudia Cristina Cristofani, *DJe* 5 nov. 2015; TRF-3, Ap. Crim. n. 0001123-17.2008.4.03.6181, rel. Denise Avelar, *DJe* 3 dez. 2015; TRF-4, Ap. Crim. n. 5001231-40.2015.4.04.7004, rel. Cláudia Cristina Cristofani, *DJe* 2 dez. 2015; TRF-4, Ap. Crim. n. 5008479-45.2010.4.04.7000, rel. Gilson Luiz Inácio, *DJe* 16 dez. 2015; TRF-4, Ap. Crim. n. 5001907-17.2013.4.04.7017, rel. Gilson Luiz Inácio, *DJe* 22 jun. 2016.

162. TRE/RO, APn n. 80, rel. Élcio Arruda, *DJe* 27 nov. 2007; TRE/RO, Ap. Crim. n. 88, rel. Élcio Arruda, *DJe* 25 abr. 2008; TRE/RO, Ap. Crim. n. 89, rel. Élcio Arruda, *DJe* 30 nov. 2010; TRE/RO, Acórdão n. 490, rel. Élcio Arruda, *DJe* n.223, p.A-38-39, 2007; TRF-4, Ap. Crim. n. 5009722-81.2011.4.04.7002, rel. Sergio Fernando Moro, *DJe* 23 set. 2013; TRF-4, Ap. Crim. n. 5000220-41.2013.4.04.7005, rel. João Pedro Gebran Neto, *DJe* 22 nov. 2013; TJ/DF, Ap. Crim. n. 0000166-65.2011.8.07.0005, rel. Jesuino Rissato, *DJe* 20 ago. 2014;

como um reforço hermenêutico de decisões que reconhecem a existência de dolo direto na conduta imputada ao autor do fato, mas trazem fundamentação acessória indicando, via de regra, que a conduta do autor configuraria "no mínimo" dolo eventual. Tal fundamento acessório, visando reforçar a existência de dolo como categoria subsidiária de imputação, assemelha-se à alegação do célebre "princípio da eventualidade" em sede de resposta do réu em matéria cível.[163] Com isso, não apenas permite-se reforçar a condenação a partir de duplo fundamento – isto é, dolo direto e dolo eventual –, como também guarnecer a decisão com citações de bibliografia e até mesmo jurisprudência estrangeira. Sustenta-se que em tais casos a cegueira deliberada seria também dispensável, por já haver fundamento suficiente para permitir a condenação por dolo direto – bastando, naturalmente, que houvesse prova suficiente para a condenação, o que não poderia ser suplantado pela mera inclusão da cegueira deliberada como fundamento alternativo da decisão. Ao todo, os dezoito acórdãos condenatórios estudados compreendem dezesseis casos de manutenção de sentença penal condenatória e dois casos de reforma de sentença absolutória após recurso do órgão acusador. Em sua maior parte, as decisões são oriundas também do TRF-4, no entanto as quatro decisões mais antigas do grupo, correspondendo a quatro das seis decisões mais antigas levantadas, são todas oriundas do TRE/RO. Tal constatação revela que a aplicação da cegueira deliberada nos tribunais originou como fundamento acessório, adornando decisões condenatórias.[164]

TRF-4, Ap. Crim. n. 0005403-89.2001.4.04.7105, rel. Leandro Paulsen, *DJe* 17 out. 2014; TRF-4, Ap. Crim. n. 5001945-68.2013.4.04.7000, rel. Ricardo Rachid de Oliveira, *DJe* 25 fev. 2015; TRF-4, Ap. Crim. n. 5004064-08.2013.4.04.7002, rel. Cláudia Cristina Cristofani, *DJe* 21 maio 2015; TRF-4, Ap. Crim. n. 5011122-62.2013.404.7002, rel. Cláudia Cristina Cristofani, *DJe* 29 abr. 2015; TJ/PR, Ap. Crim. n. 1.261.277-8, rel. Ângela Regina Ramina de Lucca, *DJe* 29 abr. 2015; TJ/SP, Ap. Crim. n. 0008979-08.2011.8.26.0408, rel. Camilo Lellis, *DJe* 1.º jul. 2015; TRF-4, Ap. Crim. n. 50001461-30.2011.4.04.7002, rel. Cláudia Cristina Cristofani, *DJe* 29 jul. 2015; TRF-4, Ap. Crim. n. 5000095-34.2013.4.04.7115, rel. Cláudia Cristina Cristofani, *DJe* 29 ago. 2015; TRF-1, Ap. Crim. n. 0001232-28.2005.4.01.4100, rel. Ítalo Fioravanti Sabo Mendes, *DJe* 24 nov. 2015; TJ/PR, Ap. Crim. n. 1.373.071-9, rel. Renato Naves Barcellos, *DJe* 15 dez. 2015; TRF-4, ED/Ap. Crim. n. 5011242-73.2011.4.04.7100, rel. José Jacomo Gimenes, *DJe* 1.º jun. 2016.

163. Exemplo disso é a Ação Penal n. 55, com origem no município de Ariquemes, Rondônia, julgado pelo Tribunal Regional Eleitoral de Rondônia (TRE/RO, Acórdão n. 490, rel. Élcio Arruda, *DJe* n.223, p.A-38-39, 2007). O caso envolveu a condenação de candidata a vereador por corrupção eleitoral pela entrega de vale-brindes numerados a eleitores prometendo a entrega de aparelho celular caso a acusada e o candidato a prefeito que apoiava fossem eleitos. Embora o dolo direto fosse bastante evidente no caso, diante da natureza da conduta, o Tribunal aplicou subsidiariamente a cegueira deliberada para confirmar a condenação, caso viesse a ser questionada a imputação por dolo direto.

164. Há, nesse movimento em complementar o dolo eventual com a categoria da cegueira deliberada, um rompimento com a teoria do delito e a lógica do processo penal brasileiro. Quando as provas dos autos não forem conclusivas pela existência de elementos suficientes para a condenação do acusado, havendo dúvida entre a aplicação de dolo ou de imprudência, dita a lógica do CPP, em especial diante do disposto no inciso VII do art. 386, que o magistrado

O terceiro grupo está identificado pela rubrica "Cegueira deliberada afastada" no Apêndice, correspondendo aos cinco casos identificados em que a cegueira deliberada foi analisada pelo tribunal, mas afastada, seja porque entendeu ser caso de absolvição[165] ou porque o tribunal entendeu estar configurado o dolo direto,[166] dispensando o uso de tal fundamento adicional. Neste grupo encontra-se a decisão proferida pelo TRF-5 no caso do furto à sede do Banco Central do Brasil em Fortaleza. Apesar de sua proeminência nos casos relativos à cegueira deliberada, não há neste grupo nenhuma decisão do TRF-4. Em sua maioria – três das cinco decisões –, as decisões são oriundas do TRF-3, o que denota possível desconfiança ou predisposição contra o uso de tal categoria por esse tribunal. Em que pese a hipótese defendida nesta obra ser que a cegueira deliberada ou é dispensável ao direito penal brasileiro ou amplia indevidamente o escopo do dolo, buscou-se evitar juízo subjetivo nessa etapa preliminar de classificação das decisões.[167]

O quarto grupo levantado na pesquisa está identificado no Apêndice pela indicação "Uso inadequado", que engloba dezesseis decisões,[168] das quais doze

sentenciante condene por imprudência ou absolva o acusado por insuficiência de provas, caso o crime não comporte modalidade culposa. Trata-se de aplicação da garantia *in dubio pro reo*. Ver, por todos, MORAES, Maurício Zanoide de. *Presunção de inocência no Processo Penal brasileiro: análise de sua estrutura normativa para a elaboração legislativa e para a decisão judicial*. Rio de Janeiro: Lumen Juris, 2010. Havendo uma solução fornecida pelo sistema processual penal para o julgamento de situações de dúvida, não parece ser necessário buscar inovar pelo transplante de uma categoria de imputação estrangeira para expandir o âmbito de alcance do dolo eventual e assegurar uma condenação.

165. TRF-5, Ap. Crim. n. 2005.81.00.014586-0, rel. Rogério Fialho Moreira, DJ n.197, 9 nov. 2008; TRF-3, Ap. Crim. n. 0010017-62.2012.4.03.6109, rel. José Lunardelli, *DJe* 13 jan. 2015; TRF-3, Ap. Crim. n. 0006251-86.2006.8.4.03.6181, rel. Hélio Nogueira, *DJe* 9 jun. 2015; TRF-4, Ap. Crim. n. 0000547-47.2008.4.04.7102, rel. Sebastião Ogê Muniz, *DJe* 5 nov. 2015.

166. TRF-3, Ap. Crim. n. 0040367-47.2000.4.03.0000, rel. Nino Toldo, *DJe* 29 jan. 2016.

167. É quase lugar comum a noção de que não há neutralidade na ciência (com relação ao Direito, ver por todos MIAILLE, Michel. *Introdução crítica ao direito*. 3.ed. Tradução de Ana Prata. Lisboa: Estampa, 2005). A despeito disso, deve-se buscar estar atento à perspectiva e eventuais pontos cegos decorrentes do local de observação na pesquisa (PIRES, Álvaro Penna; FULLIN, Carmen Silvia; SCHRITZMEYER, Ana Lucia Pastore; XAVIER, José Roberto Franco. Sobre direito, ciências sociais e os desafios de navegar entre esses mundos: uma entrevista com Álvaro Pires. *Revista de Estudos Empíricos em Direito*, v.2, n.1, p.235, jan. 2015). Sabendo-se que, pelo estabelecimento de uma hipótese gera-se predisposição natural à sua comprovação, buscou-se ao máximo reconhecer a criação de eventual ponto cego, primando-se pela objetividade na classificação.

168. TRE/RO, Ap. Crim. n. 38, rel. Élcio Arruda, *DJe* 9 dez. 2008; TRE/RN, R. Crim. n. 14576-68.2009.6.20.0000, rel. Marco Bruno Miranda, *DJe* 30 jun. 2011; TJ/SP, Ap. Crim. n. 0035782-40.2008.26.0050, rel. Silmar Fernandes, *DJe* 12 nov. 2013; TJ/PR, Ap. Crim. n. 1.005.561-9, rel. Lilian Romero, *DJe* 4 dez. 2013; TRF-4, Ap. Crim. n. 5000059-24.2010.4.04.7009, rel. João Pedro Gebran Neto, *DJe* 27 mar. 2014; TRF-4, Ap. Crim. n. 0000625-16.2009.4.04.7000, rel. João Pedro Gebran Neto, *DJe* 25 abr. 2014; TRF-4, Ap. Crim. n. 5002540-78.2010.4.04.7002, rel. João Pedro Gebran Neto, *DJe* 21 maio 2014; TRF-4, Ap. Crim. n. 5004606-31.2010.404.7002, rel. João Pedro Gebran Neto, *DJe* 17 jul. 2014;

mantiveram a sentença penal condenatória proferida em primeiro grau, três reformaram sentenças absolutórias e uma foi proferida pelo tribunal em sede de competência originária. O grupo é identificado a partir de decisões que aplicam a cegueira deliberada em situações incabíveis, principalmente em hipóteses que a jurisprudência cria um dever de conhecimento inexistente para o autor – como, por exemplo, em casos de receptação simples e de existência de contrato de transporte de coisa, imputando-se contrabando ou descaminho ao condutor de veículo. A hipótese colocada pela pesquisa é de que tais condenações são indevidas, pois se utiliza a cegueira deliberada para suplantar a insuficiência de provas nos autos para assegurar uma condenação. Sustenta-se que o recurso à cegueira deliberada é indevido, ademais, pelo fato de os enunciados de cegueira deliberada em tais decisões não guardarem correspondência com a formulação originária da cegueira deliberada, visto que esta exige ciência pelo autor de elevada probabilidade de prática ilícita e uma decisão consciente em omitir conhecimento integral da situação.

Tendo em vista o critério de busca adotado a partir dos verbetes "cegueira" e "deliberada" e dos verbetes "ignorância" e "deliberada", foram encontradas catorze decisões que não possuem relevância direta para os fins deste estudo, sendo agrupadas no quinto grupo sob a rubrica "Irrelevantes" no Apêndice.[169] Destas decisões, seis foram proferidas em casos penais, no entanto as expressões "cegueira deliberada" ou "ignorância deliberada" foram apenas referidas por uma das partes, seja em suas razões recursais, suas contrarrazões ou mesmo na

TRF-4, Ap. Crim. n. 5004477-06.2013.4.04.7007, rel. Cláudia Cristina Cristofani, *DJe* 29 abr. 2016; TRF-4, Ap. Crim. n. 5004125-63.2013.4.04.7002, rel. Cláudia Cristina Cristofani, *DJe* 18 jun. 2015; TRF-4, Ap. Crim. n. 5000076-42.2014.4.04.7002, rel. Cláudia Cristina Cristofani, *DJe* 5 nov. 2015; TJ/SP, Ap. Crim. n. 0000050-56.2013.8.26.0653, rel. Reinaldo Cintra, *DJe* 15 fev. 2016; TRF-4, Ap. Crim. n. 5006880-17.2014.4.04.7005, rel. Leandro Paulsen, *DJe* 29 fev. 2016; TRF-4, Ap. Crim. n. 5014377-91.2014.4.04.7002, rel. João Pedro Gebran Neto, *DJe* 28 abr. 2016; TRF-4, Ap. Crim. n. 5012479-43.2014.4.04.7002, rel. João Pedro Gebran Neto, *DJe* 28 abr. 2016; TJ/SP, Ap. Crim. n. 0053812-16.2014.8.26.0050, rel. Reinaldo Cintra, *DJe* 27 jun. 2016.

169. TRF-5, Ap. Civ. 0002877-66.2011.05.8400, rel. Luiz Alberto Gurgel de Faria, *DJe* 19 maio 2013; TRF-2, ReSE n. 2011.51.02.0013834, rel. Marcello Ferreira de Souza Granado, *DJe* 8 jul. 2013; TJ/SP, Ap. Civ. n. 0003527-67.2005.8.26.0136, rel. Rebouças de Carvalho, *DJe* 14 nov. 2013; TRF-4, Ap. Crim. n. 5000007-96.2013.4.04.7017, rel. João Pedro Gebran Neto, *DJe* 24 mar. 2014; TJ/SP, Ap. Civ. n. 0001254-78.2002.8.26.0441, rel. Rebouças de Carvalho, *DJe* 06 ago. 2014; STJ, RHC n. 47.524, rel. Maria Thereza de Assis Moura, *DJe* 26 fev. 2015; STJ, RHC n. 52.786, rel. Maria Thereza de Assis Moura, *DJe* 25 fev. 2015; TJ/SP, Ap. Civ. n. 0000740-15.2013.8.26.0159, rel. Rebouças de Carvalho, *DJe* 18 mar. 2015; TJ/SP, Ap. Civ. n. 0009252-56.2010.8.26.0073, rel. Rebouças de Carvalho, *DJe* 10 abr. 2014; TJ/SP, Ap. Civ. n. 0000267-29.2013.8.26.0159, rel. Rebouças de Carvalho, *DJe* 16 abr. 2015; TJ/SP, Ap. Civ. n. 3001041-93.2013.8.26.0648, rel. Rebouças de Carvalho, *DJe* 30 abr. 2015; TRF-4, Ap. Crim. n. 5011017-51.2014.404.7002, rel. Márcio Antônio Rocha, *DJe* 5 maio 2015; TJ/RJ, Ap. Civ. n. 0075900-30.2013.8.19.0001, rel. Alcides da Fonseca Neto, *DJe* 21 jun. 2016.

denúncia oferecida, tendo havido reprodução de trecho na decisão pesquisada. Com isso, ao não integrar o fundamento da decisão, não é possível classificação em algum dos critérios acima. Ademais, há outras sete decisões que utilizam a noção de cegueira deliberada, porém o fazem em sede de discussão sobre improbidade administrativa ou indenização por enriquecimento ilícito, não havendo como analisar tais julgamentos a partir dos parâmetros de análise colocados, pois o que se entende por dolo em matéria penal não corresponde ao dolo do direito civil e do direito administrativo. As decisões são trazidas, no entanto, por não ser desprezível o número de alusões à cegueira deliberada identificadas no curso da pesquisa. Por fim, foi identificada uma decisão proferida pelo TRE/RO em sede de prestação de contas eleitorais.[170] A decisão é curiosa por dois motivos. Primeiro, porque foi proferida pela corte eleitoral rondoniense, pioneira em decisões sobre cegueira deliberada. Como, no entanto, a maior parte das decisões do TRE/RO se encaixam nos grupos 2 e 4 – isto é, "Adorno retórico" e "Uso inadequado" –, chama atenção o fato de a mesma corte ter proferido decisão cautelosa quanto à aplicação da cegueira deliberada para a reprovação de contas eleitorais, medida menos rigorosa que condenação criminal.

Interessam à presente análise os grupos de 1 a 4: "Condenação por dolo eventual utilizando cegueira deliberada", "Adorno retórico", "Cegueira deliberada afastada" e "Uso inadequado".

Analisando-se primeiramente os casos em que houve condenação por dolo eventual utilizando a cegueira deliberada, verifica-se a possibilidade de aplicação de lógica semelhante àquela invocada na análise dos exemplos doutrinários. No primeiro caso do Grupo 1, o Caso 14, verifica-se ter havido imputação por crime de descaminho[171] ao autor que guardava em depósito diversas mercadorias de origem estrangeira sem comprovar a regular internalização e o recolhimento dos tributos incidentes. Embora tenha alegado que prestou um favor a um desconhecido, guardando os bens em sua residência enquanto ele levaria seu veículo para conserto em localidade próxima, o TRF-4 entendeu que a sua versão do autor era inverossímil. Um vez que o Tribunal entendeu que houve suspeita e indiferença pelo autor, que não investigou os fatos, decidiu que o autor agiu com dolo eventual, pois "o responsável pela introdução dos produtos ilícitos em território nacional afirma ignorância e indiferença em relação ao objeto transportado".[172] Houvesse dolo eventual, não haveria porque se falar em cegueira deliberada. No entanto, entende-se que a aplicação de dolo eventual não foi correta nesse caso, pois não se descreveu uma situação de suspeita do autor quanto à origem ilícita dos bens encontrados em sua residência. Aliás, sequer se fundamentou porque o

---

170. TRE/RO, RE n. 55970, rel. Juacy dos Santos Loura Júnior, *DJe* 26 jul. 2013.

171. Redação do art. 334, § 1.º, alínea *c*, do CP, anterior à reforma pela Lei n. 13.008, de 2014.

172. TRF-4, Ap. Crim. n. 5001079-31.2011.4.04.7004, rel. João Pedro Gebran Neto, *DJe* 13 nov. 2013.

autor deveria desconfiar que os bens teriam sido trazidos ao Brasil sem o devido processo de importação legal, exceto pela localidade em que ocorreram os fatos. Mesmo que desconfiasse de alguma ilicitude, poderia ser a prática de furto ou roubo de carga, por exemplo, e não necessariamente o descaminho. Situação semelhante ocorreu no Caso 29, em que o acusado preso foi condenado por tráfico de drogas por ajudar seu colega de cela a "puxar uma corda", a qual tinha na outra ponta substâncias entorpecentes. Poderia estar auxiliando seu colega a obter uma lâmina ou um telefone celular, por exemplo.

No segundo caso, o Caso 20, por outro lado, o autor foi acusado de tráfico de drogas, pois guardava em sua residência bolsa térmica contendo uma balança de precisão e quantidade significativa de drogas. Também havia em sua residência armas de fogo. Embora o autor tenha alegado que desconhecia o conteúdo da bolsa térmica, afirmou que a bolsa e as armas foram deixados por um "indivíduo que não quis identificar",[173] o qual ameaçou o autor para que mantivesse tais objetos sob os seus cuidados. O contexto fático permite concluir que o autor sabia que a bolsa continha drogas. A punibilidade, portanto, não está em dúvida devido ao conhecimento, mas sim em relação à voluntariedade da conduta, cuja reprovabilidade pode ser excluída diante da coação moral irresistível.

O Caso 26, por sua vez, envolveu situação semelhante àquela do caso *Jewell*, em que o autor foi acusado de tráfico de drogas por aceitar conduzir um veículo a pedido de pessoa desconhecida, paga. O TRF-4 entendeu pela existência de dolo eventual, diante da impossibilidade de comprovar o dolo direto – que pode ter havido –, no entanto cabem aqui as mesmas ressalvas feitas por Greco ao caso americano. O mesmo ocorreu no Caso 46, em que o acusado transportava maconha em fundo falso de uma vasilha de alimentos. Situação diversa é retratada no Caso 55, em que o autor deixou seu carro no Paraguai para o carregamento de drogas, mas foram colocadas também armas. Como a decisão não alude a qualquer motivo para o autor suspeitar do carregamento de armas, não há como ser responsabilizado diante deste desconhecimento, que não lhe confere qualquer domínio sobre essa etapa da execução.

Já no Caso 52, houve, de fato, dolo. O autor transportava ilegalmente cigarros de procedência estrangeira, desprovidos de documentação comprobatória da regular internalização do produto, sendo condenado por contrabando. Embora o autor tenha alegado desconhecer a proibição daquela marca de cigarro que transportava, trata-se tão somente de erro de proibição vencível,[174] e não de erro de tipo, pois não diz respeito aos fatos. O autor sabia que transportava cigarros, sabendo que algumas marcas de cigarro não poderiam ser importadas licitamente ao Brasil, havendo meios para verificar se a marca que importava era

173. TJ/RS, Ap. Crim. n. 70058189275, rel. Jayme Weingartner Neto, *DJe* 24 jun. 2014.
174. Ver art. 21, parágrafo único, do CP.

ou não permitida. Não se trata, porém, de caso de aplicação de dolo eventual ou de cegueira deliberada.

Percebe-se um traço comum nos casos do Grupo 1: quando a decisão acerta na identificação do dolo, seja ele direto ou eventual, o recurso à cegueira deliberada se torna desnecessário. Por outro lado, quando há erro na identificação do dolo eventual, a aplicação da cegueira deliberada acaba por conduzir à invasão do campo da culpa.

Já no Grupo 2, o maior dos grupos, encontram-se casos em que a cegueira deliberada aparece como fundamento alternativo e desnecessário para a decisão condenatória. Trata-se de casos em que há fundamento suficiente para embasar uma condenação baseada em dolo direto, pois o julgador entende haver prova de conhecimento efetivo por parte do autor. No entanto, para reforçar a decisão – ou mesmo para conferir a ela algum verniz de cientificidade – invoca-se um fundamento alternativo, fundado na possibilidade de existência de "no mínimo dolo eventual". O interesse desses casos para a pesquisa é menos o plano de fundo fático de cada decisão; e sim a forma de argumentação adotada no acórdão. O grande número de casos identificados no Grupo 2 é sintomático do problema representado hoje pela cegueira deliberada no direito penal brasileiro: com a "descoberta" dessa categoria pelos tribunais brasileiros, a cegueira deliberada tornou-se modismo, passando a ser captada não apenas pelos tribunais, pelo Ministério Público e pelos órgãos de segurança pública,[175] como até mesmo pela imprensa.[176] Sem que se tenha qualquer apego aos seus fundamentos teóricos

---

175. Foi deflagrada em meados de 2017 a "Operação *Ostrich*" pela Polícia Federal. "O nome da operação, Ostrich, quer dizer avestruz em inglês e faz referência à 'cegueira deliberada que acometia os envolvidos ao apresentarem informações e documentos falsos para requerer os benefícios assistenciais', segundo a nota da PF." (MOREIRA, Marli. Política Federal investiga fraudes a benefício de assistência social em SP. *Agência Brasil*, 11 jul. 2017. Disponível em: <https://goo.gl/83Exn9>. Acesso em: 18 jul. 2017). A nota oficial da Polícia Federal não explica o que é cegueira deliberada, qual seria a cegueira deliberada que "acometia" os envolvidos, ou mesmo qual a relação entre avestruzes e cegueira deliberada.

176. Citam-se, nesse sentido, os casos da filha do ex-ministro José Dirceu de Oliveira e Silva, de Cláudia Cordeiro Cruz, esposa do ex-deputado federal Eduardo Consentino da Cunha, e de esposa de hacker cibernético preso em operação da Polícia Federal em Santa Catarina. "O próprio juiz Sérgio Moro, que teve contato com o processo, entendeu que ela não teve nenhuma participação. Usaram (os desembargadores) a teoria da 'cegueira deliberada', de que ela fez vista grossa ou 'não viu porque não quis' que o dinheiro era ilícito. Isso não pode valer para uma filha, é inviável." (CARVALHO, Cleide. TRF-4 aceita denúncia contra filha do ex-ministro José Dirceu. *O Globo*, 1.º jun. 2016. Disponível em: <https://goo.gl/8GAa7p>. Acesso em: 04 nov. 2016); "Os procuradores usaram a teoria da cegueira deliberada para incluir Camila no processo. Segundo essa teoria, beneficiados por recursos ilícitos podem agir como a avestruz, que esconde a cabeça nos momentos de perigo, e fingir que não sabiam da origem do recurso." (CARVALHO, Mario Cesar. Filha de Dirceu vira ré por lavagem de dinheiro no petróleo. *Folha de S.Paulo*, 1.º jun. 2016. Disponível em: <https://goo.gl/MQUm6B>. Acesso em: 04 nov. 2016); "No despacho, o Moro afirma que Cláudia pode ter agido com dolo ou cegueira deliberada. '[...] a própria ocultação desses

originários no direito comparado ou em suas primeiras transposições ao direito brasileiro, a cegueira deliberada passa atualmente pelo mesmo movimento que já passou, por exemplo, a teoria do domínio do fato.[177] São diversas decisões citando a cegueira deliberada sem nenhum outro propósito senão demonstrar que já se ouviu falar em cegueira deliberada, e se está preparado para julgar com base na última mania. Tais decisões em nada contribuem para a análise teórica da cegueira deliberada, senão para demonstrar que mais uma vez a cegueira deliberada é categoria dispensável à imputação subjetiva, havendo como se julgar adequadamente apenas com base nos conceitos tradicionais de dolo e culpa.

No Grupo 3 são encontradas decisões que afastaram a aplicação da cegueira deliberada, dentre as quais destaca-se o Caso 3 – o julgamento da lavagem de dinheiro praticada após o furto à sede do Banco Central. Naquele caso, o TRF-5 decidiu pela absolvição dos donos da Brilhe Car, pois não teriam como saber da origem delituosa dos recursos pagos, entendendo que a aplicação da cegueira deliberada feita pelo juízo federal de piso beirou a responsabilidade penal objetiva. Ainda que se tenha dito acima[178] que poderia haver dolo no caso, tal lógica

valores em conta secreta no exterior, por ela também não declarada, a aparente inconsistência dos gastos efetuados a partir da conta com os rendimentos lícitos do casal, aliada ao afirmado desinteresse dela em indagar a origem dos recursos, autorizam, pelo menos nessa fase preliminar de recebimento da denúncia, o reconhecimento de possível agir com dolo eventual ou com cegueira deliberada [...]', afirma Moro." (JUSTI, Adriana; FONSECA, Alana. Moro aceita denúncia contra mulher de Cunha e mais três na Lava Jato. *G1 PR*, 09 jun. 2016. Disponível em: <https://goo.gl/lbYhIg>. Acesso em: 04 nov. 2016); "Segundo o delegado, foi solicitado o bloqueio de bens e contas bancárias que estejam em nome de Michael Sabatine, identidade falsa que ele utilizava no país. Ainda conforme Braga, as contas em nome da mulher do suspeito, uma brasileira, também tiveram o bloqueio solicitado. A brasileira, no entanto, não é alvo direto da investigação. 'Ela provavelmente vai responder pelo que chamado [*sic*] de 'cegueira deliberada', uma pessoa que usufrui da vida de luxo, das riquezas, mas prefere não saber qual era a origem', disse o delegado." (HACKER norte-americano preso em SC tinha vida de luxo, diz Polícia Federal. *G1 SC*, 28 out. 2016. Disponível em: <https://goo.gl/Lq67mr>. Acesso em: 04 nov. 2016). Chama atenção o fato de os dois primeiros casos, de maior repercussão, contarem com o envolvimento do juiz Sergio Fernando Moro, cuja proeminência no cenário nacional envolvendo a cegueira deliberada já foi apontada nesta obra. Além disso, no terceiro caso, há pitoresca ilustração de como a notícia acerca da cegueira deliberada foi recebida pelas autoridades públicas. O delegado de polícia federal atuante no caso pareceu compreender – equivocadamente – ter havido a criação de um novo tipo penal de "cegueira deliberada", o que é absolutamente falso.

177. Sobre a deturpação da teoria do domínio do fato no julgamento da Ação Penal n. 470/MG pelo Supremo Tribunal Federal, ver GRECO, Luís; LEITE, Alaor. A "recepção" das teorias do domínio do fato e do domínio da organização no direito penal econômico brasileiro: observações sobre as formas de intervenção no delito na Ação Penal 470 do Supremo Tribunal Federal brasileiro ("Caso Mensalão"). *Zeitschrift für Internationale Strafrechtsdogmatik*, p.386-393, 7-8/2015. Disponível em: <https://goo.gl/8LNZcw>. Acesso em: 24 ago. 2016; GRECO, Luís; LEITE, Alaor; TEIXEIRA, Adriano; ASSIS, Augusto. *Autoria como domínio do fato: estudos introdutórios sobre o concurso de pessoas no direito penal brasileiro*. São Paulo: Marcial Pons, 2014.

178. Ver Subseção 3.2.2.1.

se aplica apenas aos fatos de lavagem praticados após a reforma legal de 2012. Assim, aplicando-se a lei vigente à época dos fatos, foi acertada a absolvição, ainda que as circunstâncias permitissem inferir a suspeita da origem criminosa do dinheiro entregue a pagamento. No Grupo 3 há ainda outros quatro casos que merecem análise. Nos Casos 33 e 57, ambos do TRF-3, também se analisa imputação por lavagem de dinheiro. No Caso 33 houve absolvição dos imputados, pois se entendeu que eles não sabiam nem tinham como saber da origem delituosa dos valores utilizados na compra de bens.[179] O caso, porém, revela o ceticismo dos julgadores a respeito da cegueira deliberada.[180] Já no Caso 57, o Tribunal entendeu que a prova existente nos autos era suficiente para concluir pela existência de dolo direto na constituição de pessoa jurídica *offshore* para a aquisição de imóveis no Brasil, ocultando a origem dos recursos utilizados para a compra, não havendo porque se recorrer à cegueira deliberada. Por fim, nos Casos 27 e 49, julgados respectivamente pelo TRF-3 e pelo TRF-4, houve a absolvição dos dirigentes de pessoa jurídica pela sonegação de tributos decorrente de omissão nas declarações à autoridade fazendária preenchidas por profissionais de contabilidade. Em ambos os casos, os Tribunais entenderam que não poderia haver a responsabilidade penal dos dirigentes, pois não eram de sua responsabilidade imediata o preenchimento e envio das declarações, não se tendo demonstrado "intencional e inescusável autocolocação em estado de desconhecimento".[181] Entende-se que a absolvição foi acertada em tais casos, diante do conjunto probatório referido nas decisões, no entanto aparenta sequer haver possibilidade de imputação objetiva do resultado,[182] o que prejudicaria a análise quanto ao dolo na conduta.

Finalmente, o Grupo 4 contém decisões que demonstram o perigo na aplicação descomedida da cegueira deliberada. É possível que na atividade jurisdicional haja erros e acertos, seja na valoração de provas ou até mesmo na aplicação

---

179. A análise aprofundada dos fatos do caso não é possível, pois se obteve acesso apenas à ementa da decisão, estando a íntegra do acórdão sob segredo de justiça.

180. "Conquanto no direito comparado, em especial o norte-americano, seja suficiente para a caracterização do delito de lavagem de dinheiro que o agente aja no sentido de não 'enxergar' a ilicitude de bens e valores, a chamada Teoria da 'Cegueira Deliberada' (*Willful Blindness* ou *Conscious Avoidance Doctrine*), não há consenso quer doutrinário quer jurisprudencial acerca da matéria. Alguns doutrinadores nacionais sequer admitem a comparação da doutrina da 'Cegueira Deliberada' ao dolo eventual como faz o Ministério Público Federal nas razões de apelação." (TRF-3, Ap. Crim. n. 0006251-86.2006.8.4.03.6181, rel. Hélio Nogueira, *DJe* 9 jun. 2015).

181. TRF-4, Ap. Crim. n. 0000547-47.2008.4.04.7102, rel. Sebastião Ogê Muniz, *DJe* 5 nov. 2015.

182. Segundo a Súmula Vinculante n. 14, do STF, os crimes previstos no art. 1.º da lei n. 8.137, de 1990, são tipos materiais. Acerca da classificação dos tipos penais em materiais e formais, ver HUNGRIA, Nelson. *Comentários ao Código Penal*. 4.ed. Rio de Janeiro: Forense, 1958. v.1. t.II. p.43-44. Há também tipos classificados como "de mera conduta". Para uma visão global da classificação dos tipos, ver QUEIROZ, Paulo. *Direito penal: parte geral*. 4.ed. Rio de Janeiro: LumenJuris, 2008. p.163-164.

da lei. No entanto, é especialmente perigosa a utilização da cegueira deliberada quando visa suplantar a falta de provas nos autos, ou criar deveres inexistentes de conhecimento para o autor, sem previsão legal, contratual ou decorrentes de posição de garantidor. São estes os casos que dão sustentação à tese defendida: a aplicação da cegueira deliberada pela jurisprudência nacional permite a punição de condutas em que não há dolo como se dolosas fossem.

Verifica-se a existência de dois subgrupos de casos no Grupo 4. O primeiro subgrupo compreende, primeiramente, dois casos oriundos da Justiça Eleitoral, os Casos 4 e 7, em que houve imputação de corrupção eleitoral[183] a candidatos em razão da compra de votos praticados por colaboradores de campanha – "cabos eleitorais" – em benefício dos candidatos. Ambos foram condenados com base na cegueira deliberada, pois se entendeu que não seria crível que desconhecessem a ação de seus colaboradores. No Caso 4, o TRE/RO concluiu pela "irrelevância da ausência de prova direta em relação a candidatos",[184] a "cegueira deliberada com que eventualmente se houveram – deliberadamente cerrando os olhos à ilicitude da distribuição de dinheiro como meio ao aliciamento de votos – é inservível a arredar o elemento subjetivo".[185] Houve também recurso à "teoria do domínio do fato". No Caso 7 foi aplicada lógica semelhante pelo TRE/RN, entendendo que "é praticamente improvável que um candidato a vereador de uma cidade de porte pequeno [...] não soubesse o que se passava a seu redor, ou que não mantivesse um mínimo de contato com seus cabos eleitorais, ou coordenadores".[186] Verifica-se, assim, que a cegueira deliberada não foi utilizada para interpretar a existência de conhecimento diante de uma conduta voluntária do autor visando não conhecer plenamente uma situação sobre a qual tinha desconfiança. Não se trata de decisões que inferiram dolo eventual diante de uma situação de cegueira deliberada – o que já seria equivocado, à luz das considerações feitas acima. A cegueira deliberada utilizada para suplantar a ausência de provas, não se podendo atribuir conhecimento no caso em tela, qualquer que seja a teoria adotada.

O mesmo ocorre com relação ao Caso 16, julgado pelo TJ/PR, envolvendo o fornecimento de dados pessoais por pessoas, sendo os dados utilizados para a nomeação como servidores públicos "fantasmas", cujos vencimentos eram apropriados por detentores de cargos de direção e chefia de órgão público. As pessoas que forneceram seus dados foram condenadas também por peculato com base na cegueira deliberada, "na medida em que, embora não quisessem diretamente praticar o crime, agiram (concedendo os nomes e dados cadastrais para possibilitar as nomeações e abrindo as contas bancárias onde seriam creditadas as remunerações) de modo a aceitar a possibilidade concreta, possível e muito provável,

---

183. Art. 299 do Código Eleitoral (Lei n. 4.737, de 1965).
184. TRE/RO, Ap. Crim. n. 38, rel. Élcio Arruda, *DJe* 9 dez. 2008.
185. TRE/RO, Ap. Crim. n. 38, rel. Élcio Arruda, *DJe* 9 dez. 2008.
186. TRE/RN, RCrim. n. 14576-68.2009.6.20.0000, rel. Marco Bruno Miranda, *DJe* 30 jun. 2011.

diante das circunstâncias, de ocorrência dos desvios de recursos públicos".[187] A decisão nesse ponto é obscura, pois permite ao leitor interpretar que os imputados abriram contas bancárias para o depósito dos vencimentos. No entanto, as contas bancárias foram abertas pelos servidores públicos, em posse dos dados pessoais fornecidos, não havendo prova de desconfiança e de uma decisão em manter-se ignorante. Não houve sequer prova que tais imputados tenham recebido uma parte dos vencimentos ilícitos, não havendo fundamento para decidir pela existência de conhecimento. Novamente, verifica-se o uso da cegueira deliberada para superar a produção deficitária de provas pelo órgão acusatório.

Já no segundo subgrupo de casos, verifica-se haver oito decisões proferidas em casos semelhantes, envolvendo contratos de transporte de coisa ou de pessoas, todos oriundos do TRF-4, havendo condenação pelos crimes de contrabando ou de descaminho. A situação fática em todos os casos é semelhante: o acusado é condenado pelo conteúdo de alguma carga ilícita, seja pela sua natureza ou pela inobservância das regras de importação, normalmente em região de fronteira com o Paraguai. Em todos os casos, o imputado alegou desconhecer o conteúdo da carga. Nos casos de transporte de pessoas – Casos 21, 22 e 60 –, o Tribunal entendeu que era dever do motorista profissional de ônibus de turismo utilizar algum mecanismo para identificar o conteúdo das bagagens de seus passageiros, de modo que o motorista prestou "decisivo auxílio material no transporte [de] mercadorias estrangeiras sem qualquer preocupação com a natureza e quantidade do que seria transportado no interior do veículo",[188] agindo com dolo eventual. Já nos demais casos, houve contratação informal de caminhoneiros, frentistas ou trabalhadores informais para transportar alguma carga, sem conhecer o que estava sendo transportado. Há peculiaridades em alguns casos, como, por exemplo, a modificação da camionete de propriedade do contratado no Caso 18,[189] ou o fretamento de ônibus de turismo por um grupo, sem autorização de viagem da Associação Nacional dos Transportes Terrestres e sem registro de lista de passageiros no Caso 21.

É importante observar que o contrato de transporte é um contrato típico previsto no CC, nos arts. 730 e seguintes. Nas disposições relativas ao transporte de coisas, há regras específicas a respeito da responsabilidade do tomador do serviço pelo conteúdo da carga a ser transportada, podendo o transportador demandar a entrega de relação discriminada das coisas a serem transportadas.[190] Note-se que embora a Lei fale em "conhecimento", não se refere aqui ao conhecimento psico-

---

187. TJ/PR, Ap. Crim. n. 1.005.561-9, rel. Lilian Romero, *DJe* 4 dez. 2013.

188. TRF-4, Ap. Crim. n.º 5002540-78.2010.4.04.7002, rel. João Pedro Gebran Neto, *DJe* 21 maio 2014.

189. O Caso 18 é retratado como paradigma na identificação de um conceito jurisprudencial de cegueira deliberada na Seção 1.2.1, p.43.

190. Art. 744 do CC.

lógico ou atribuído, mas sim a um título de crédito atípico com tal denominação.[191] Embora o Código estabeleça que o conhecimento de frete deva ser emitido pelo transportador, isso não o autoriza a inspecionar a carga, sendo o conhecimento lançado com base na declaração, formal ou informal, de carga feita pelo tomador do serviço, sendo de seu interesse que o conhecimento de frete corresponda ao real conteúdo da carga para fins de responsabilidade civil. Nesse sentido, o parágrafo único do art. 744 permite ao transportador que exija declaração formal da carga para se eximir da responsabilidade de emissão de conhecimento de frete inexato. O CC prevê ainda a responsabilidade do tomador do serviço em caso de informação inexata ou falsa, se houver prejuízo ao transportador.[192] Ademais, ainda que o CC preveja um dever do transportador em recusar coisa cujo transporte ou comercialização não sejam permitidos, ou mesmo quando o tomador do serviço não apresente a documentação legalmente exigida para o transporte,[193] tal recusa pressupõe conhecimento do conteúdo da carga. Se não for esclarecido ao transportador o exato conteúdo transportado, não há regra no CC que permita a devassa da carga pelo transportador. Com relação ao transporte de pessoas, o CC, em seus arts. de 734 a 742, não disciplina o transporte de bagagens e encomendas pelos passageiros, estando tais regras inseridas na Resolução n. 1.432, de 26 de abril de 2006, da Agência Nacional de Transportes Terrestres.[194] A normativa em questão determina a vedação ao transporte de produtos considerados perigosos ou que possam comprommete a segurança do veículo, dos passageiros ou de terceiros.[195] Nesse contexto, há regra que permite expressamente os prepostos das transportadoras solicitar a abertura de bagagens pelos passageiros nos pontos de embarque, sob pena de negar o embarque da bagagem ou o transporte da encomenda.[196] No entanto, tal regra exige que haja indícios que justifiquem a verificação nos volumes a serem transportados. Desta forma, não se permite, primeiro, que as bagagens ou encomendas dos passageiros sejam devassadas pela transportadora; deve ser solicitada a abertura para verificação. Segundo, tal verificação somente pode ocorrer diante de justificativa fundada em indícios. Pelo contexto da norma,

---

191. TARTUCE, Flávio. *Direito civil: teoria geral dos contratos e contratos em espécie.* 12.ed. São Paulo: GEN Forense, 2017. v.3. p.641.

192. Art. 745 do CC.

193. Art. 747 do CC.

194. Documento eletrônico. Disponível em: <https://goo.gl/qw49sV>. Acesso em: 18 jul. 2017.

195. Resolução n. 1.432, de 2006, "Art. 5.º É vedado o transporte de produtos considerados perigosos, indicados na legislação específica, e também daqueles que, por sua forma ou natureza, comprometam a segurança do ônibus, de seus ocupantes ou de terceiros."

196. Resolução n. 1.432, de 2006, "Art. 6.º Os agentes de fiscalização e os prepostos das transportadoras, quando houver indícios que justifiquem verificação nos volumes a transportar, poderão solicitar a abertura das bagagens pelos passageiros, nos pontos de embarque, e das encomendas, pelos expedidores, nos locais de seu recebimento para transporte. Parágrafo único. No caso de recusa do passageiro ou do expedidor em abrir bagagens ou encomendas, a transportadora poderá negar o embarque da bagagem ou o transporte da encomenda."

entende-se que os indícios se referem à periculosidade da carga, nos termos do artigo imediatamente antecedente à regra que permite a verificação.

Denota-se, assim, não haver qualquer dever de conhecimento legal imposto aos motoristas em contratos de transporte, seja de transporte de coisas ou de pessoas. Desse modo, as decisões que justificam a punibilidade do transporte de cargas ilícitas sem conhecimento do condutor criam dever jurídico inexistente. Ainda que houvesse um dever de conhecimento, não seria ele suficiente para presumir a existência de dolo. Seria necessário que houvesse representação do risco pelo imputado e comportamento condizente com tal suspeita, permitindo-se a atribuição de conhecimento. Em tais casos, porém, pune-se como dolosa a mera negligência por parte do transportador.

Desta forma, demonstra-se o mau uso da cegueira deliberada para ampliar os espaços de punibilidade para além dos contornos legais estritamente definidos. Em nenhum dos casos apresentados, verificou-se vazio de punibilidade que necessitasse ser preenchido pela introdução da cegueira deliberada enquanto categoria autônoma de imputação subjetiva. Nos casos em que havia dolo, a cegueira deliberada não é necessária para justificar a imputação dolosa, tratando-se ora de equívoco por parte do julgador, ora de adorno argumentativo da decisão. Nos casos em que não havia prova suficiente para permitir a condenação ou a demonstração de dolo por parte do autor, não pode a cegueira deliberada ser invocada como artifício judicial de suplante de provas ou de expansão do conceito legal de dolo.

3.2.3 As funções latentes da cegueira deliberada em sua aplicação jurisprudencial

A despeito dos esforços teóricos despendidos para dar à cegueira deliberada status de compatibilidade com o sistema de imputação desenhado na legislação nacional e na doutrina jurídico-penal de matriz germânica, percebe-se do aprofundado estudo do dolo e de seus fundamentos que as construções teóricas feitas sobre a cegueira deliberada em nada acrescentam para distinguir *cegueira deliberada* de *dolo*. Vale dizer, tomando uma situação em que estão presentes os fundamentos do dolo, pode-se reconhecer a presença de dolo. Não há nenhum ganho em chamar algumas destas situações onde estão presentes os fundamentos do dolo de "cegueira deliberada" ou de qualquer outro conceito. Muito pelo contrário, dar denominação diversa a um feixe de situações em que se reconhece a existência de dolo obscurece os critérios de imputação, criando insuperável confusão.

De acordo com o disposto no art. 18 do CP, somente pode haver imputação se o autor tiver agido com dolo ou com culpa. Ademais, segundo o parágrafo único de tal dispositivo, só se admite a punição na modalidade culposa nos casos em que houver expressa permissão legal. Desse modo, a regra para a punibilidade no direito penal brasileiro é o dolo. Isto significa que, excetuadas as excepcionais situações de punibilidade a título de culpa, somente é possível a punição se estiver identificado o dolo. A lógica adotada é binária. Não se admitem modalidades intermediárias, como a "culpa grave" ou a "leviandade".[197]

Diante de tais considerações sobre o dolo, salvo a superveniência de alguma alteração legislativa, a punição das situações envolvendo uma possível cegueira deliberada pressupõem que estejam presentes os pressupostos para a punibilidade dolosa. Não pode a doutrina criar um *tertium genus* de categoria de imputação subjetiva. Portanto, é imprescindível que no direito brasileiro qualquer conduta em que se reconheça a existência de cegueira deliberada pelo autor seja praticada dolosamente, caso contrário não poderá ser considerada punível. A "teoria" da cegueira deliberada, dessa forma, se limita a identificar situações em que pode ser reconhecido o dolo.

A dogmática penal vem há séculos teorizado sobre o conceito de dolo e seu alcance. Entende-se que a aplicação do estado da arte na teoria do dolo é suficiente para alcançar as situações envolvendo cegueira deliberada, tratando-se de uma teoria desnecessária para fundamentar a punibilidade. Ademais, diante da análise dos exemplos doutrinários trazidos no item 3.2.2.1 acima, não se verifica lacuna de punibilidade na aplicação da teoria do dolo que necessite ser colmatada por uma "teoria" da cegueira deliberada. Não possuem consequência dogmática as considerações a respeito do merecimento de punição de determinadas condutas; diante da ausência de previsão de modalidade culposa, ou há dolo e, consequentemente, punibilidade, ou não há dolo e não se pode punir a conduta.

A partir do momento em que se analisam as situações reais de aplicação da cegueira deliberada pela jurisprudência no item 3.2.2.2 acima, percebe-se o risco criado na aplicação indiscriminada da cegueira deliberada. Sob a justificativa de que a cegueira deliberada seria equiparável ou equivalente ao dolo eventual, foram identificados diversos casos em que se usou uma ideia de cegueira deliberada para reconhecer a existência de dolo eventual mesmo ausentes os fundamentos necessários para a configuração de dolo. Ademais, sob a justificativa da existência da "teoria da cegueira deliberada", afastou-se a alegação defensiva do acusado acerca do seu desconhecimento da situação de fato sem qualquer fundamentação probatória, afirmando que o desconhecimento do acusado não impediria o reconhecimento de dolo eventual, mesmo diante da ausência de prova que conduzisse à atribuição de conhecimento ao acusado, criando deveres de conhecimento inexistentes. Sequer há exigência em alguns casos de demonstração de evitação consciente do conhecimento pelo autor, marca distintiva do que se pretende como uma teoria sobre a ignorância *deliberada* pelo autor.

---

197. Ver PUPPE, Ingeborg. *A distinção entre dolo e culpa*. Trad. de Luís Greco. Barueri: Manole, 2004. p.13.

Resta claro da aplicação jurisprudencial da cegueira deliberada que, mesmo nos casos de aplicação adequada do conceito, bastaria o reconhecimento de dolo eventual, diante da comprovação de seus fundamentos. Vale dizer, se há demonstração de conhecimento do risco criado pelo autor – seja conhecimento "efetivo" ou conhecimento normativamente atribuído a partir de critérios precisos de imputação – de modo que tal conhecimento permita inferir que a produção do resultado típico é algo que o autor domina, então há dolo. Não é necessário afirmar que o autor agiu com cegueira deliberada. Isto, na melhor das hipóteses.

Identificou-se, por outro lado, duas situações de risco criadas pela aplicação da cegueira deliberada. Há casos em que a cegueira deliberada foi utilizada para permitir a punibilidade de condutas em que seria impossível a atribuição de *conhecimento* ao autor, de modo a obstar o reconhecimento de dolo. Há, ainda, outros casos em que a cegueira deliberada foi aplicada de modo a superar a ausência efetiva de prova desfavorável ao autor, presumindo – e não atribuindo – conhecimento. Nenhuma destas aplicações é juridicamente permissível. Não há categoria dogmático-penal que possa influir na interpretação judicial de provas ou ultrapassar os limites de punibilidade impostos pelo legislador.

Como já afirmado, o que se chama de cegueira deliberada no Brasil não guarda identidade com a regra de *willful blindness* presente no direito penal da *common law*. Os pressupostos e fundamentos de tais conceitos são distintos. As semelhanças são apenas duas: o nome dos conceitos e a existência de uma situação de desconhecimento provocado pelo autor. A maneira como cada conceito opera em seu sistema jurídico de aplicação é diversa, bem como o papel desempenhado por cada conceito. A regra de *willful blindness* permite a expansão da punição de condutas que exigem *knowledge*, ampliando o conceito legal de conhecimento. Já a cegueira deliberada pode servir tão somente para o reconhecimento de *dolo* onde os pressupostos legais do dolo já estejam presentes. A cegueira deliberada não altera nem amplia o conceito legal de *dolo*; nem poderia fazê-lo. No sistema jurídico brasileiro, o magistrado está adstrito aos contornos legais impostos pela lei penal.

Há, nesse ponto, um importante questionamento a ser colocado: se os critérios para identificação da cegueira deliberada no Brasil são diferentes dos critérios para a identificação da *willful blindness* nos Estados Unidos – suposta origem da "teoria da cegueira deliberada" – e se *cegueira deliberada* deve corresponder ou ao menos se inserir no conceito de *dolo*, qual o propósito em se desenvolver uma teoria nesses termos? Por que atrelar o desenvolvimento de tal conceito a um conceito jurídico estrangeiro, de bases distintas? Não se acredita que tenha se desenvolvido a cegueira deliberada por mero modismo ou influência de um "imperialismo jurídico".[198] Não se trata de um conceito legal imposto, mas de um

198. Ver MATTEI, Ugo. A theory of imperial law: A study on U.S. hegemony and the Latin resistance. *Global Jurist Frontiers*, Berkeley, v.3, n.2, p.1535-1653, 2003.

construído a partir de duvidosa metodologia comparatista. Não há motivo para o desenvolvimento de uma teoria desnecessária.

Do ponto de vista dogmático, a cegueira deliberada é exatamente isso: desnecessária. Diante da impossibilidade de se punir condutas que não são dolosas, é necessário que se demonstre a existência de dolo para que haja punibilidade. Para tanto, não é suficiente ou necessário que demonstre a cegueira deliberada. Basta que se demonstre o dolo. Diante de toda a exposição teórica e doutrinária sobre a cegueira deliberada, não se vislumbra qualquer utilidade na teoria, visto que não facilita o reconhecimento do dolo, apenas o obscurece ao se sobreporem requisitos indispensáveis, sem previsão legal.

A cegueira deliberada, portanto, é incapaz de desempenhar a sua função manifesta de permitir a punibilidade de condutas não alcançadas pela teoria tradicional do dolo. Na sua aplicação jurisprudencial, porém, são identificadas funções latentes[199] desempenhadas: permitir a punibilidade de condutas impuníveis na aplicação da legislação penal vigente. Tal punibilidade se faz possível por meio de duas aplicações incorretas da cegueira deliberada, como categoria de expansão do conceito legal de dolo e como critério de suplante da ausência de elementos probatórios.

Não se está, evidentemente, a defender que os magistrados brasileiros estejam perversamente perseguindo e punindo inocentes. Não se acredita que a má aplicação da cegueira deliberada possa ser propositada.[200] Entende-se, porém, que a incompreensão a respeito do alcance, dos limites e dos fundamentos do dolo tenha levado a uma desnecessária teorização e ao seu uso infundado, por se acreditar que o dolo seria insuficiente para alcançar determinadas situações. A partir do desenvolvimento da cegueira deliberada e de sua crescente profusão, até mesmo para além do processo penal,[201] criou-se não só apego pela teoria,

---

199. Utiliza-se na identificação de funções manifestas e funções latentes a definição de Robert K. Merton (Manifest and latent functions. In: *Social theory and social structure*. New York: The Free Press, 1968. p.73 e seguintes).

200. Merton, ao tratar de "funções", ressalta que estas não devem ser confundidas com motivos. Tratam as funções latentes de consequências objetivas do comportamento social (MERTON, Robert K. Manifest and latent functions. In: *Social theory and social structure*. New York: The Free Press, 1968. p.114).

201. Não faltam exemplos caricatos de captação indevida da cegueira deliberada pela imprensa, até mesmo para casos extra-penais. Veja-se, por exemplo: "Por mais que os departamentos financeiros estejam cientes da enorme quantidade de boletos fraudulentos recebidos todos os dias, muitos deles continuam sendo pagos. O golpe, [*sic*] normalmente vem mascarado como impostos, manutenção do domínio do site, direitos sobre a marca, IPTU ou contribuição sindical. O que chama a atenção dessa vez é o emissor de um boleto desses: o banco Santander. A vítima é a escola paulistana Associação Educacional Brasília, e o valor do boleto assusta: R$ 241.882,30, cujo vencimento foi em 30/11. [...] Para [o advogado da escola], os bancos praticavam a 'cegueira deliberada', cobrando o que lhes era dado a cobrar. 'Neste caso, o Santander cansou de praticar a cegueira deliberada e resolveu ele próprio emitir um boleto indevido.'" (SANTANDER cobra dívida milionária de escola por meio de

como também interesse pela magistratura em citá-la para permanecer atual. Não é por acaso que em parcela significativa das decisões pesquisadas identificou-se o uso supérfluo da cegueira deliberada – ou de (in)certa noção do que seria tal conceito –, como mero adorno retórico da decisão, sem consequência alguma para o resultado do julgamento efetuado.

A sanha em ver aplicada a novel teoria pode ter levado à aplicação precipitada e sem maior reflexão, permitindo a condenação indevida em casos de prova insuficiente e/ou ausência de dolo. Entende-se, a partir da cuidadosa análise dos julgamentos pesquisados, que boa parte das condutas punidas a título de cegueira deliberada poderiam ser punidas caso houvesse previsão legal de punibilidade culposa. Trata-se de condutas em que o autor agiu com negligência, imprudência ou imperícia, sem domínio sobre a conduta que estava a realizar. Conclui-se, assim, que a aplicação indevida da cegueira deliberada tem levado à punição de condutas culposas a título de *dolo*.

Diante da absoluta dispensabilidade da cegueira deliberada para a punibilidade de condutas dolosas, entende-se ser necessário abandonar por completo a sua aplicação. Apenas assim pode-se evitar que a aplicação da cegueira deliberada desempenhe a sua função latente de permitir a punição da culpa a título de dolo pelos tribunais brasileiros.

boleto fraudulento. *Jornal Correio de Notícias*, 07 dez. 2016. Disponível em: <https://goo.gl/pfKwPM>. Acesso em: 20 jul. 2017); “A Suprema Corte dos Estados Unidos consagrou uma doutrina: a cegueira deliberada. Dá conta, em linhas gerais, da atuação de alguém que, diante de todas as evidências, se recusa deliberadamente a ver que alguma atividade é crime e, assim, deixa seguir a vida, com o objetivo de que a sua falta de ação produza vantagens para si, mesmo que de forma indireta. É evidente que não estou chamando ninguém de criminoso, é apenas uma blague, mas, toda vez que me deparo com alguém decente dizendo que é inconclusiva ou sem algo de flagrantemente grave a fita que registra a conversa do presidente Temer com o réu confesso Joesley Batista, vem na minha cabeça: será que é caso de surdez deliberada?” (MORENO, Jorge Bastos. Surdez deliberada. *O Globo*, 31 maio 2017. Disponível em: <https://goo.gl/XBH8HH>. Acesso em: 20 jul. 2017).

CONSIDERAÇÕES FINAIS

O desenvolvimento da tese doutoral que originou esta obra partiu da verificação do transplante inconsistente da cegueira deliberada para o direito brasileiro a partir de diversas decisões jurisprudenciais, iniciando com o julgamento do caso do furto à sede do Banco Central do Brasil em Fortaleza, passando pela decisão do caso "Mensalão" julgado pelo Supremo Tribunal Federal, até chegar a decisões contemporâneas proferidas nos casos originados na operação "Lava Jato". Nos casos decorrentes da "Lava Jato", as decisões foram proferidas durante o processo de pesquisa e de redação, nem sempre sendo possível acompanhar a superveniência de novas decisões de piso. Identificou-se como problema central a existência de um corpo pouco homogêneo de decisões aplicando cegueira deliberada, de modo que, como transplantada pelos tribunais brasileiros, a cegueira deliberada funciona como uma categoria que visa à expansão do alcance do dolo para além do campo delimitado pelo legislador brasileiro, invadindo o território da imprudência.

Para a solução do problema, foram formuladas três hipóteses de pesquisa: (i) o conceito de *cegueira deliberada* não corresponde ao conceito de *dolo* adotado pelo CP; (ii) não tem cabimento no sistema jurídico-penal brasileiro a *cegueira deliberada* como categoria de imputação equivalente ao *dolo eventual*; e (iii) o abandono da *teoria* da cegueira deliberada não deixa lacunas de punibilidade a serem colmatadas.

A fim de verificar as hipóteses propostas como solução de problema de pesquisa, foi cuidadosamente trilhado um caminho visando à identificação dos principais conceitos adotados na proposição da cegueira deliberada, além de seus fundamentos epistemológicos. Foi necessário, portanto, definir o que se entende por *cegueira deliberada* no Brasil.

A partir da análise minuciosa do julgamento do caso do furto ao Banco Central, verificou-se que o fundamento da aplicação da cegueira deliberada tratou mais da admissibilidade hipotética da cegueira deliberada no direito brasileiro – a partir da transcrição de longo trecho de artigo acadêmico – que da aplicação da cegueira deliberada aos fatos concretos do caso, tendendo à responsabilidade penal objetiva. Na sequência, realizado o levantamento das decisões dos tribunais brasileiros aplicando cegueira deliberada, foram identificadas duas decisões representativas, sendo as mais citadas pelos demais tribunais, a primeira sendo o caso "Mensalão", julgado pelo STF, e a segunda uma decisão relatada pelo juiz federal Sergio Fernando Moro no TRF-4, que viria a servir de fundamento direto ou indireto para diversas outra decisões daquele tribunal – não por acaso, o tribunal de maior incidência de decisões aplicando cegueira deliberada no Brasil.

Com a realização do estudo de casos, foi possível delinear duas conclusões preliminares. Primeiro, concluiu-se que a jurisprudência é protagonista no processo de introdução e de desenvolvimento da cegueira deliberada no Brasil, visto que o crescimento da aplicação da cegueira deliberada pela jurisprudência brasileira se deu pela retroalimentação das decisões judiciais, sendo os precedentes judiciais a principal fonte de referência para as decisões. Há nas decisões baixíssimo índice de referências acadêmico-doutrinárias nas decisões, predominando citações de textos sem caráter científico ou profundidade acadêmica, como artigos de internet e trabalhos de conclusão de curso de graduação. Segundo, concluiu-se que as bases para a construção da cegueira deliberada são instáveis, pois há diversos equívocos nas decisões analisadas, tais como o uso da cegueira deliberada em casos que a própria jurisprudência exige a demonstração de dolo direto e a ausência de motivação concreta. Entendeu-se, dessa forma, que o desenvolvimento incontido da cegueira deliberada pela jurisprudência permite graves distorções dos fundamentos de um direito penal de bases democráticas.

A partir dos defeitos encontrados nas decisões brasileiras aplicando cegueira deliberada, foi necessário investigar a origem da categoria no direito penal da tradição *common law*, a fim de verificar se a *willful blindness* dos sistemas britânico e, especialmente, americano corresponde ao que se busca incorporar ao direito brasileiro como cegueira deliberada. Concluiu-se que a realidade jurídica daquela tradição em muito difere da do sistema jurídico-penal brasileiro, diante da extensa e aprofundada análise não apenas do desenvolvimento e aplicação da cegueira deliberada nos tribunais dos Estados Unidos da América, como do próprio desenvolvimento das categorias de imputação subjetiva nos principais sistemas jurídicos da tradição *common law*. Tais sistemas partem de noções peculiares de imputação subjetiva, que não podem ser simplesmente sobrepostas às categorias de dolo direto de primeiro grau, dolo direto de segundo grau, dolo eventual e culpa inconsciente.

Desse modo, concluiu-se não ser possível simplesmente transplantar ao Brasil a cegueira deliberada sem verificar se o papel a ser desempenhado corresponde àquele desempenhado no seu sistema jurídico originário. Não é possível a adoção indiscriminada de institutos jurídicos estrangeiros, pois é necessário observar as vicissitudes e as idiossincrasias dos ordenamentos jurídicos originário e destinatário.

Com a análise do direito americano, concluiu-se haver nítida inconsistência entre o que se propõe como cegueira deliberada no Brasil e a regra de *willful blindess* presente nos precedentes americanos. De um lado, cegueira deliberada nos Estados Unidos é utilizada como substituto do elemento *knowledge*, estando presente quando o autor (i) tem ciência da elevada probabilidade de existência de uma circunstância ou fato elementar do delito, (ii) toma medidas deliberadamente voltadas a evitar comprovar a existência do fato ou da circunstância e (iii) não acredita na inexistência do fato ou da circunstância. De outro lado, a jurisprudência brasileira convencionou aplicar cegueira deliberada a partir do reconhecimento de dolo eventual quando o autor (i) tem ciência da elevada probabilidade de que os bens envolvidos tinham origem delituosa; (ii) age de forma indiferente quanto à ciência dessa elevada probabilidade e (iii) escolhe deliberadamente manter-se ignorante a respeito dos fatos, em sendo possível a alternativa. Embora os enunciados contenham pontos em comum, há diferenças suficientes entre os conceitos para se verificar não se tratarem da mesma coisa.

Confrontando-se os conceitos de cegueira deliberada nos Estados Unidos da América e no Brasil, concluiu-se tratarem de conceitos diferentes, aplicados com finalidades distintas, não havendo identidade entre tais categorias, apesar de certa insistência pela jurisprudência nacional. Com isso, se os critérios para identificação da cegueira deliberada no Brasil são diferentes daqueles enunciados em seu sistema de origem, e se a cegueira deliberada pode ser considerada equivalente ao dolo eventual, não há sentido em desenvolver uma teoria sobre cegueira deliberada no Brasil.

Para confirmar as hipóteses de pesquisa estipuladas ao início do trabalho, uma vez demonstrada as falhas sob a ótica do direito comparado, voltou-se a atenção ao CP e ao direito brasileiro.

A partir das definições estabelecidas, concluiu-se que "dolo", em sua definição jurídico-legal brasileira insculpida nos arts. 18 e 20 do CP, exige conhecimento para sua plena configuração, visto que "conhecimento" confere ao autor domínio sobre o fato praticado, não sendo necessário verificar a existência de alguma vontade pelo autor. Não se propõe afastar o conceito clássico de dolo enquanto vontade consciente. O que se pretende reconhecer é que o conhecimento é o elemento dominante no conceito de dolo, visto que quem pratica determinada conduta conhecendo as suas circunstâncias elementares do tipo penal age com domínio sobre o risco criado pela conduta. Assim, pode ser atribuída vontade ao autor, não sendo necessário demonstrar tal vontade como um componente psicológico do estado mental do autor. Também quanto ao conhecimento, estipulou-se não se tratar necessariamente de conceito psicológico-descritivo, podendo também ser enunciado a partir de parâmetros normativo-atributivos, desde que atendendo aos critérios definidos pela lei penal, com a identificação de domínio do risco pelo autor. Concluiu-se, ainda, que o elemento cognitivo do dolo não corresponde ao *knowledge* do direito penal americano.

Uma vez estabelecido o que se entende por "dolo" e por "conhecimento", pôde-se confrontar dolo eventual e cegueira deliberada, concluindo-se não se tratarem da mesma coisa, apesar de haver pontos de tangência e situações de cegueira deliberada que admitem a imputação a título de dolo eventual. Na sequência, propôs-se a análise de diversos casos, primeiramente as situações identificadas pela doutrina que necessitariam da cegueira deliberada para a sua resolução, e na sequência os casos pesquisados em que a jurisprudência brasileira aplicou cegueira deliberada. Tais casos foram reunidos em quatro grupos, a partir de critérios predeterminados: (1) casos em que houve condenação por dolo eventual, aplicando a cegueira deliberada; (2) casos em que a cegueira deliberada foi utilizada como adorno retórico da decisão; (3) casos em que a aplicação da cegueira deliberada foi afastada; e (4) casos em que houve condenação com base na cegueira deliberada sem que estivessem presentes os requisitos para a condenação por dolo eventual. Após o estudo dos casos doutrinários e dos grupos de casos identificados na jurisprudência, concluiu-se que as construções feitas sobre a cegueira deliberada em nada acrescentam para distinguir *cegueira deliberada* de *dolo*, não havendo lacunas de punibilidade a serem colmatadas.

Como a imputação penal exige que o autor tenha agido com dolo ou com culpa, e a punição dos crimes culposo é excepcional, sendo possível apenas onde houver expressa permissão legal, via de regra somente é possível a punição se estiver identificado o dolo. Não pode a doutrina criar um *tertium genus* de categoria de imputação subjetiva, sendo imprescindível que no direito brasileiro qualquer conduta em que se reconheça a existência de cegueira deliberada pelo autor seja praticada dolosamente, caso contrário não poderá ser considerada punível. A "teoria" da cegueira deliberada, dessa forma, se limita a identificar situações em que pode ser reconhecido o dolo.

Concluiu-se, assim, que a aplicação do estado da arte na teoria do dolo é suficiente para alcançar as situações envolvendo cegueira deliberada. A cegueira deliberada é uma teoria desnecessária para fundamentar a punibilidade. Além de não haver ganho à dogmática penal, foi identificado risco na aplicação indiscriminada de uma concepção da cegueira deliberada, pois há diversos casos em que se usou a cegueira deliberada para reconhecer a existência de dolo eventual mesmo ausentes os fundamentos necessários para a configuração de dolo. A aplicação equivocada da "teoria da cegueira deliberada" levou à condenação mesmo diante da ausência de prova que conduzisse à atribuição de conhecimento ao acusado, criando deveres de conhecimento inexistentes, sem ao menos demonstrar a evitação consciente do conhecimento pelo autor. Identificaram-se, ainda, casos em que a cegueira deliberada foi aplicada de modo a superar a ausência efetiva de prova desfavorável ao autor, presumindo-se – e não se atribuindo – conhecimento. Nenhuma destas aplicações é juridicamente permissível. Não há categoria dogmático-penal que possa influir na interpretação judicial de provas ou ultrapassar os limites de punibilidade impostos pelo legislador.

Se os critérios para identificação da cegueira deliberada no Brasil são diferentes dos critérios para a identificação da *willful blindness* nos Estados Unidos e se cegueira deliberada deve corresponder ou ao menos se inserir no conceito de dolo, conclui-se não haver utilidade no desenvolvimento de uma "teoria da cegueira deliberada".

Diante da impossibilidade de cegueira deliberada cumprir sua função manifesta de permitir a punibilidade de condutas não alcançadas pela teoria tradicional do dolo, foram identificadas funções latentes desempenhadas: permitir a punibilidade de condutas impuníveis na aplicação da legislação penal vigente. Conclui-se que tal punibilidade se faz possível por meio de duas aplicações incorretas da cegueira deliberada, como categoria de expansão do conceito legal de dolo e como critério de suplante da ausência de elementos probatórios.

Com isso, foram comprovadas as três hipóteses de pesquisa propostas. Primeiro, demonstrou-se que o conceito de cegueira deliberada não corresponde necessariamente ao conceito de dolo adotado pelo CP, estando o dolo presente apenas em algumas situações de cegueira deliberada. Diante da ausência de correspondência, concluiu-se, segundo, que a cegueira deliberada não tem cabimento no sistema jurídico-penal brasileiro como categoria de imputação equivalente ao dolo eventual, bastando que o dolo seja identificado a partir de seus fundamentos próprios, dentro da quadratura delineada pela legislação penal. Terceiro, e por fim, concluiu-se que o abandono da "teoria da cegueira deliberada" não deixa lacunas de punibilidade a serem colmatadas. Ao contrário, permite resolver a problemática central proposta, evitando-se que a cegueira deliberada possa funcionar como uma categoria de expansão do alcance do dolo. Pode-se evitar, assim, que a jurisprudência siga punindo a culpa a título de dolo.

BIBLIOGRAFIA

ALMEIDA JUNIOR. João Mendes de. *O processo criminal brasileiro*. Rio de Janeiro/São Paulo: Freitas Bastos, 1959. v.2.

ARENS, Richard. Conspiracy revisited. *Buffalo Law Review*, v.3, n.2, p.242-268, 1954.

ASSAD, Thathyana W. Cigarros: contrabando ou descaminho? *Canal Ciências Criminais*, 15 abr. 2016. Disponível em: <http://goo.gl/7mt8qi>. Acesso em: 02 nov. 2016.

MARCOS PAULO (Direção). *Assalto ao Banco Central*. Rio de Janeiro: Globo Filmes, 2011. DVD (101 min).

ÁVILA, Humberto. *Segurança jurídica*. São Paulo: Malheiros, 2011.

BADARÓ, Gustavo Henrique. *Ônus da prova no processo penal*. São Paulo: RT, 2003.

_____. *Correlação entre acusação e sentença*. 3.ed. São Paulo: RT, 2013.

BADARÓ, Gustavo Henrique; BOTTINI, Pierpaolo Cruz. *Lavagem de dinheiro: aspectos penais e processuais penais: comentários à Lei 9.613 com as alterações da Lei 12.683/2012*. 2.ed. São Paulo: RT, 2013.

_____. *Lavagem de dinheiro: aspectos penais e processuais penais*. 3.ed. São Paulo: RT, 2016.

BALTAZAR JUNIOR, José Paulo. *Crimes federais*. 5.ed. Porto Alegre: Livraria do Advogado, 2010.

_____. *Crimes federais*. 10.ed. São Paulo: Saraiva, 2015.

BARRAL, Welber. *Metodologia da pesquisa jurídica*. 2.ed. Florianópolis: Fundação Boiteux, 2003.

BATISTA, Nilo. Roubo. Arma de brinquedo, *ainda uma vez*. In: *Decisões criminais comentadas*. 2.ed. Rio de Janeiro: Liber Juris, 1984. p.164-166.

_____. *Introdução crítica ao direito penal brasileiro*. 11.ed. Rio de Janeiro: Revan, 2007.

BECK, Francis. A doutrina da cegueira deliberada e a sua (in)aplicabilidade ao crime de lavagem de dinheiro. *Revista de Estudos Criminais*, n.41, p.45-92, abr./jun. 2011.

BITENCOURT, Cezar Roberto. *Tratado de direito penal.* 16.ed. rev., ampl. e atual. São Paulo: Saraiva, 2016. v.2.

_____. *Tratado de direito penal.* 22.ed. rev., ampl. e atual. São Paulo: Saraiva, 2016. v.1.

BLANCO CORDERO, Isidoro. *El delito de blanqueo de capitales.* 3.ed. Navarra: Aranzadi, 2012.

BONA JUNIOR, Roberto. É preciso discutir teoria da cegueira deliberada em crimes de lavagem. *Consultor Jurídico*, 19 nov. 2016. Disponível em: <https://goo.gl/hkc16W>. Acesso em: 13 maio 2017.

BOTTINI, Pierpaolo Cruz. A cegueira deliberada no julgamento da Ação Penal 470. *Consultor Jurídico*, 30 jul. 2013. Disponível em: <https://goo.gl/KmtnjN>. Acesso em: 06 jun. 2017.

BROWN, Darryl K. Federal mens rea interpretation and the limits of culpability's relevance. *Law and Contemporary Problems*, v.75, p.109-131, 2012.

BURGEL, Letícia. A teoria da cegueira deliberada na Ação Penal 470. *Revista Brasileira de Ciências Criminais*, v.129, p.479-505, mar. 2017.

BUSATO, Paulo César. Dolo e significado. In: BUSATO, Paulo César; MARTÍNEZ-BUJÁN PÉREZ, Carlos; DÍAZ PITA, María del Mar. *Modernas tendências sobre o dolo em direito penal.* Rio de Janeiro: Lumen Juris, 2008. p.93-131.

_____. *Direito penal: parte geral.* São Paulo: Atlas, 2013.

_____. *Fundamentos para um direito penal democrático.* 4.ed. São Paulo: Atlas, 2013.

_____. Apresentação. In: *Dolo e direito penal: modernas tendências.* 2.ed. São Paulo: Atlas, 2014. p.vii-ix.

CARVALHO, Cleide. TRF-4 aceita denúncia contra filha do ex-ministro José Dirceu. *O Globo*, 1.º jun. 2016. Disponível em: <https://goo.gl/8GAa7p>. Acesso em: 04 nov. 2016.

CARVALHO, Mario Cesar. Filha de Dirceu vira ré por lavagem de dinheiro no petróleo. *Folha de S.Paulo*, 1.º jun. 2016. Disponível em: <https://goo.gl/MQUm6B>. Acesso em: 04 nov. 2016.

CHARLOW, Robin. Wilful ignorance and criminal culpability. *Texas Law Review*, v.70, p.1351-1429, 1992.

CIRINO DOS SANTOS, Juarez. *Direito penal: parte geral.* 3.ed. Curitiba: ICPC Lumen Juris, 2010.

_____. *Direito penal: parte geral.* 5.ed. rev., atual. e ampl. Florianópolis: Conceito, 2012.

COFRE chega a armazenar bilhões. *Diário do Nordeste*, 09 ago. 2005. Disponível em: <https://goo.gl/HlvAei>. Acesso em: 27 out. 2016.

COKE, Edward. *Institutes of the Lawes of England:* Pt. 3. Editado por William Pryne. Londres: Thomas Radcliffe; Thomas Daniel, 1641.

CORDERO, Franco. *Guida alla procedura penale*. Torino: Utet, 1986.

COSTA, Gerson Godinho. O tipo objetivo da lavagem de dinheiro. In: BALTAZAR JUNIOR, José Paulo; MORO, Sergio Fernando (Org.). *Lavagem de dinheiro: comentários à lei pelos juízes das varas especializadas em homenagem ao Ministro Gilson Dipp*. Porto Alegre: Livraria do Advogado, 2007. p.29-54.

CRUZ, Flavio Antônio da. Gestão temerária, evasão de divisas e aporias. In: PRADO, Luiz Regis; DOTTI, René Ariel (Org.). *Doutrinas essenciais – direito penal econômico e da empresa: direito penal econômico*. São Paulo: RT, 2011. v.2. p.679-724.

CUNHA, Danilo Fontenele Sampaio. Medidas cautelares. In: BALTAZAR JUNIOR, José Paulo; MORO, Sérgio Fernando (Org.). *Lavagem de dinheiro: comentários à lei pelos juízes das varas especializadas em homenagem ao Ministro Gilson Dipp*. Porto Alegre: Livraria do Advogado, 2007. p.169-188.

DANTAS, Dimitrius; SCHMITT, Gustavo. MPF entra com recurso contra absolvição de Cláudia Cruz. *O Globo*, 04 jul. 2017. Disponível em: <https://goo.gl/2iMc9K>. Acesso em: 22 jul. 2017.

DE SANCTIS, Fausto Martin. *Combate à lavagem de dinheiro: teoria e prática*. Campinas: Millenium, 2008.

DÍEZ RIPOLLÈS, José Luis. *Los elementos subjetivos del delito: bases metodológicas*. 2.ed. Montevideo: B de F, 2007.

DIOGENES, Juliana; CARVALHO, Marco Antônio; GODOY, Marcelo. Os Toupeiras. Capítulo 1: O túnel. *Estadão*, 08 ago. 2015. Disponível em: <goo.gl/ceuZ29>. Acesso em: 29 ago. 2016.

_____. Os Toupeiras. Capítulo 2: A fuga. *Estadão*, 08 ago. 2015. Disponível em: <goo.gl/xv5CnI>. Acesso em: 29 ago. 2016.

_____. Os Toupeiras. Capítulo 5: Vai começar de novo. *Estadão*, 08 ago. 2015. Disponível em: <https://goo.gl/XceI9L>. Acesso em: 29 ago. 2016.

DOTTI, Rene Ariel. Respostas a equívocos e ofensas pessoais. *Boletim IBCCRIM*, São Paulo, v.20, n.241, p.2-4, dez. 2012.

DRESSLER, Joshua; GARVEY, Stephen P. *Criminal Law: Cases and materials*. 7.ed. St. Paul: West, 2016.

DUBBER, Markus D. Comparative criminal law. In: REIMANN, Mathias; ZIMMERMANN, Reinhard. *The Oxford handbook of comparative law*. Oxford: Oxford University Press, 2006. p.1287-1325.

_____. *An introduction to the Model Penal Code*. 2.ed. New York: Oxford, 2015.

DUBBER, Markus D.; HÖRNLE, Tatjana. *Criminal Law: A comparative approach*. Oxford: Oxford, 2014.

EDWARDS, John Llewlyn Jones. The Criminal Degrees of Knowledge. *Modern Law Review*, v.17, p.294-314, 1954.

_____. *Mens rea in statutory offences*. Londres: Macmillan, 1955.

FARLEY, R. J. Instructions to Juries: Their Role in the Judicial Process. *Yale Law Journal*, v.42, p.194-225, 1932.

FLETCHER, George P. Reflections on felony-murder. *Southwestern University Law Review*, v.12, n.3, p.413-429, 1981.

FRAGOSO, Heleno Claudio. *Lições de direito penal: parte especial*. Rio de Janeiro: José Bushatsky, 1958. v.1.

_____. Notas sobre o direito penal anglo-americano. In: *Direito penal e direitos humanos*. Rio de Janeiro, Forense, 1977. p.83-117.

FROM, Justin C. Avoiding Not-So-Harmless Errors: The Appropriate Standards for Appellate Review of Willful-Blindness Jury Instructions. *Iowa Law Review*, v.97, p.275-301, 2011.

GARNER, Bryan A. (Ed.). *Black's Law Dictionary*. 9.ed. St. Paul: West, 2009.

GIULIANO, Michael N.; MORRIS, Mary Babb; OAKES, Karl. Criminal Law: Substantive Principles. In: MAESS, Jean E. et al. (Eds.). *Corpus Juris Secundum: a contemporary statement of American law as derived from reported cases and legislation*. St. Paul: Thomson/West, 2016. v.22. p.13-58.

GORMAN, Daniel Eric. Global-Tech Appliances, Inc. v. SEB S.A.: Invoking the doctrine of willful blindness to bring those who lack knowledge of induced infringement within § 271(b)'s prohibition. *Tulane Journal of Technology and Intellectual Property*, v.14, p.397-405, 2011.

GRECO, Luís. Algumas observações introdutórias à "distinção entre dolo e culpa", de Ingeborg Puppe. In: PUPPE, Ingeborg. *A distinção entre dolo e culpa*. Trad. Luís Greco. Barueri: Manole, 2004. p.ix-xix.

_____. *Cumplicidade através de ações neutras: a imputação objetiva na participação*. Rio de Janeiro: Renovar, 2004.

_____. Dolo sem vontade. In: D'ALMEIDA, Luís Duarte; DIAS, Augusto Silva; MENDES, Paulo de Sousa; ALVES, João Lopes; RAPOSO, João António (Orgs.). *Líber amicorum de José de Sousa Brito em comemoração do 70.º aniversário: estudos de direito e filosofia*. Coimbra: Almedina, 2009. p.885-903.

_____. Comentario al artículo de Ramón Ragués. In: VALENZUELA S., Jonatan (Ed.). *Discusiones XIII: Ignorancia deliberada y Derecho Penal*. Buenos Aires: EdiUNS, 2013. p.67-77.

_____. *Um panorama da teoria da imputação objetiva*. 4.ed. São Paulo: RT, 2014.

GRECO, Luís; ASSIS, Augusto. O que significa a teoria do domínio do fato para a criminalidade de empresa. In: GRECO, Luís; LEITE, Alaor; TEIXEIRA, Adriano; ASSIS,

Augusto. *Autoria como domínio do fato: estudos introdutórios sobre o concurso de pessoas no direito penal brasileiro*. São Paulo: Marcial Pons, 2014. p.81-122.

Greco, Luís; Leite, Alaor. A "recepção" das teorias do domínio do fato e do domínio da organização no direito penal econômico brasileiro: observações sobre as formas de intervenção no delito na Ação Penal 470 do Supremo Tribunal Federal brasileiro ("Caso Mensalão"). *Zeitschrift für Internationale Strafrechtsdogmatik*, p.386-393, 7-8/2015. Disponível em: <https://goo.gl/8LNZcw>. Acesso em: 24 ago. 2016.

Greco, Luís; Leite, Alaor; Teixeira, Adriano; Assis, Augusto. *Autoria como domínio do fato: estudos introdutórios sobre o concurso de pessoas no direito penal brasileiro*. São Paulo: Marcial Pons, 2014.

Hacker norte-americano preso em SC tinha vida de luxo, diz Polícia Federal. *G1 SC*, 28 out. 2016. Disponível em: <https://goo.gl/Lq67mr>. Acesso em: 04 nov. 2016.

Hall, Jerome. The three fundamental aspects of criminal law. In: Mueller, Gerhard O. W. *Essays in criminal science*. South Hackensack: Fred B. Rothman & Co.; Londres: Sweet & Maxwell, 1961. p.159-166.

Hart, Herbert Lionel Adolphus. The ascription of responsibility and rights. *Proceedings of the Aristotelian Society*, New Series, v.49, p.171-194, 1948-1949.

Harvard Law Review. *The Bluebook: A Uniform System of Citation*. 20.ed. Cambridge: Harvard Law Review Association, 2016.

Hassemer, Winfried. Kennzeichen des Vorsatzes. In: Dornseifer, Gerhard; Horn, Eckhard; Schilling, Georg; Schöne, Wolfgang; Struensee, Eberhard; Zielinski, Diethard (Orgs.). *Gadächtnisschrift für Armin Kaufmann*. Köln: Carl Heymanns, 1989. p.289-309.

Herzberg, Rolf Dietrich. Die Abgrenzung von Vorsatz und bewußter Fahrlässigkeit: ein Problem des objektiven Tatbestandes. *Juristische Schulung*, München, n.26, p.249-262, 1986.

Hespanha, António Manuel. *Justiça e litigiosidade: história e prospectiva*. Lisboa: Calouste Gulbenkian, 1993.

Howe, Mark DeWolf (Ed.). *Holmes-Laski Letters: The Correspondence of Mr. Justice Holmes and Harold J. Laski*, 1916-1935. Cambridge: Harvard University Press, 1953. v.1.

Hungria, Nelson. *Comentários ao Código Penal*. 3.ed. Rio de Janeiro: Forense, 1955. v.5.

______. *Comentários ao Código Penal*. 4.ed. Rio de Janeiro: Forense, 1958. v.1. t.II.

Jeffries Jr., John Calvin. Legality, vagueness, and the construction of penal statutes. *Virginia Law Review*, v.71, n.2, p.189-245, mar. 1985.

Jesus, Damásio Evangelista de. O "sabe" e o "deve saber" no crime de receptação. *Boletim IBCCrim*, São Paulo, n.52, p.5-7, mar. 1997.

Jiménez De Asúa, Luis. *Tratado de Derecho Penal*. 3.ed. Buenos Aires: Losada, 1964. t.I.

JUSTI, Adriana; FONSECA, Alana. Moro aceita denúncia contra mulher de Cunha e mais três na Lava Jato. *G1 PR*, 09 jun. 2016. Disponível em: <https://goo.gl/lbYhlg>. Acesso em: 04 nov. 2016.

KAENEL, Frans J. von. Willful blindness: a permissible substitute for actual knowledge under the money laundering control act? *Washington University Law Quarterly*, v.71, p.1189-1216, 1993.

KAYE, J. M. The Early History of Murder and Manslaughter. *Law Quarterly Review*, v.83, n.3, p.365-395, jul.1967; n.4, p.569-601, out. 1967.

LACMANN, W. Über die Abgrenzung des Vorsatzbegriffes. *Goltdammer's Archiv für Strafrecht und Strafprozess*, Berlin, v.58, p.109-119, 1911.

LAFAVE, Wayne R.; SCOTT, Austin W. *Substantive criminal law*. St. Paul: West, 1986.

LANGER, Máximo. From legal transplants to legal translations: the globalization of plea bargaining and the Americanization thesis in criminal procedure. *Harvard International Law Journal*. Cambridge, v.45, n.1, p.1-64, inverno de 2004.

LEITE, Alaor. Interpretação, analogia e sentido literal possível: o exemplo da apropriação indébita de valores ou numerários (ou: Réquiem a Nélson Hungria). In: BUSATO, Paulo César; SÁ, Priscilla Placha; SCANDELARI, Gustavo Britta (Coord.). *Perspectivas das ciências criminais: coletânea em homenagem aos 55 anos de atuação profissional do Prof. Dr. René Ariel Dotti*. Rio de Janeiro: GZ, 2016. p.249-281.

LOBO, Nathália. Preso 'engenheiro' do bando. *Diário do Nordeste*, Fortaleza, 21 ago. 2007. Disponível em: <https://goo.gl/puflsk>. Acesso em: 14 set. 2016.

LÔBO, Paulo. *Direito civil: parte geral*. 3.ed. São Paulo: Saraiva, 2012.

LOW, Peter W. *Federal Criminal Law*. 2.ed. Nova York: Foundation Press, 2003.

LUBAN, David. Contrived ignorance. *Georgetown Law Journal*, Washington, v.87, n.2, p.359-380, 1999.

LUCCHESI, Guilherme Brenner. O confisco penal de honorários advocatícios nos Estados Unidos da América e seu impacto no sistema jurídico-penal acusatório. *Revista Brasileira de Ciências Criminais*, v.108, p.349-384, maio 2014.

LUCCHESI, Guilherme Brenner; PUGLIESE, William Soares. Justiciabilidade nos Estados Unidos da América: Limites à obtenção de uma decisão pela Suprema Corte dos Estados Unidos. In: BUSTAMANTE, Thomas; SAMPAIO, José Adércio Leite; KOKKE, Marcelo; ENRÍQUEZ, Igor de Carvalho (Orgs.). *Precedentes judiciais, judicialização da politica e ativismo judicial: Anais do II Congresso Internacional de Direito Constitucional e Filosofia Política.* Belo Horizonte: Initia Via, 2016. v.3. p.115-127.

LUZ, Juliana Hermes. Cegueira deliberada no crime: você sabe o que é? *Empório do Direito*, 24 jun. 2016. Disponível em: <https://goo.gl/FzY9SM>. Acesso em: 12 nov. 2016.

MAIA, Rodolfo Tigre. *Lavagem de dinheiro (lavagem de ativos provenientes de crime): anotações às disposições criminais da Lei 9.613/1998*. 2.ª tir. São Paulo: Malheiros, 1999.

_____. *Lavagem de dinheiro*. 2.ed. São Paulo: Malheiros, 2007.

MANNHEIM, Hermann. Mens rea in German and English criminal law. *Journal of Comparative Legislation and International Law*, 3. série, v.17, p.82-101, 1935.

MANRIQUE, María Laura. Ignorancia deliberada y responsabilidad penal. *Isonomía*, n.40, p.163-195, abr. 2014.

MARCUS, Jonathan L. Model Penal Code section 2.02(7) and willful blindness. *The Yale Law Journal*, v.102, n.8, p.2231-2257, jun. 1993.

MARINONI, Luiz Guilherme. *Precedentes obrigatórios*. São Paulo: Revista dos Tribunais, 2010.

MATTEI, Ugo. A theory of imperial law: A study on U.S. hegemony and the Latin resistance. *Global Jurist Frontiers*, Berkeley, v.3, n.2, p.1535-1653, 2003.

MEADOR, Daniel John. *American Courts*. 2.ed. St. Paul: West, 2000.

MENS rea in federal criminal law. *Harvard Law Review*, v.111, n.8, p.2402-2419, 1998.

MERRYMAN, John Henry; PÉREZ-PERDOMO, Rogelio. *A tradição da Civil Law*: uma introdução aos sistemas jurídicos da Europa e da América Latina. Tradução de Cássio Casagrande. Porto Alegre: Sergio Antonio Fabris Editor, 2009.

MERTON, Robert K. Manifest and latent functions. In: *Social theory and social structure*. New York: The Free Press, 1968. p.73-138.

MIAILLE, Michel. *Introdução crítica ao direito*. 3.ed. Tradução de Ana Prata. Lisboa: Estampa, 2005.

MICHAEL, Jerome; WECHSLER, Herbert. A rationale of the law of homicide: II. *Columbia Law Review*, v.37, p.1261-1325, dez. 1937.

MICHAELS, Alan C. Acceptance: the missing mental state. *Southern California Law Review*, v.71, n.5, p.953-1035, 1998.

MIRANDA COUTINHO, Jacinto Nelson. *A lide e o conteúdo do processo penal*. Curitiba: Juruá, 1989.

MITIDIERO, Daniel. *Precedentes*: da persuasão à vinculação. 2.ed. São Paulo: RT, 2017.

MORAES, Maurício Zanoide de. *Presunção de inocência no Processo Penal brasileiro*: análise de sua estrutura normativa para a elaboração legislativa e para a decisão judicial. Rio de Janeiro: Lumen Juris, 2010.

MOREIRA, Marli. Política Federal investiga fraudes a benefício de assistência social em SP. *Agência Brasil*, 11 jul. 2017. Disponível em: <https://goo.gl/83Exn9>. Acesso em: 18 jul. 2017.

MORENO, Jorge Bastos. Surdez deliberada. *O Globo*, 31 maio 2017. Disponível em: <https://goo.gl/XBH8HH>. Acesso em: 20 jul. 2017.

Moro, Sergio Fernando. Sobre o elemento subjetivo no crime de lavagem. In: Baltazar Junior, José Paulo; Moro, Sergio Fernando (Org.). *Lavagem de dinheiro*: comentários à lei pelos juízes das varas especializadas em homenagem ao Ministro Gilson Dipp. Porto Alegre: Livraria do Advogado, 2007. p.91-111.

_____. *Crime de lavagem de dinheiro*. São Paulo: Saraiva, 2010.

Nascimento, André Ricardo Neto. *Teoria da cegueira deliberada*: reflexos de sua aplicação à Lei de Lavagem de Capitais (Lei 9.613/98). Disponível em: <https://goo.gl/I2lsNv>. Acesso em: 13 maio 2017.

National bank suspends; it was heavily involved by the failure of Dobbins & Dazey, A. *The New York Times*, 25 mar. 1893. Disponível em: <https://goo.gl/3JcEnA>. Acesso em: 11 jan. 2017.

Newmyer, R. Kent. Justice Joseph Story on Circuit and a Neglected Phase of American Legal History. *The American Journal of Legal History*, v.14, p.112-135, 1970.

Nieland, Robert G. *Pattern Jury Instructions*: A Critical Look at a Modern Movement to Improve the Jury System. Chicago: American Judicature Society, 1979.

Occam's razor. *Encyclopædia Brittanica*. Disponível em: <https://goo.gl/Q1Cjvo>. Acesso em: 04 jun. 2017.

Packer, Herbert L. *The Limits of the Criminal Sanction*. Stanford: Stanford University Press, 1968.

Penhaul, Karl. U.S.: $1 billion taken by Saddam. *CNN.com*, 06 maio 2003. Disponível em: <http://goo.gl/f69hBr>. Acesso em: 1.º set. 2016.

Perkins, Rollin M. A rationale of mens rea. *Harvard Law Review*, v.52, n.6, p.905-928, 1939.

_____. *Criminal law*. 2.ed. Mineola: Foundation Press, 1969.

Pires, Álvaro Penna; Fullin, Carmen Silvia; Schritzmeyer, Ana Lucia Pastore; Xavier, José Roberto Franco. Sobre direito, ciências sociais e os desafios de navegar entre esses mundos: uma entrevista com Álvaro Pires. *Revista de Estudos Empíricos em Direito*, v.2, n.1, p.226-248, jan. 2015.

Pitombo, Antônio Sérgio Altieri de Moraes. *Lavagem de dinheiro*: a tipicidade do crime antecedente. São Paulo: RT, 2003.

Plutarch. The Life of Theseus. In: Plutarch. *The Parallel Lives*. Tradução de Bernadotte Perrin. Chicago: Loeb Classical Library, 1914. v.1. Disponível em: <http://goo.gl/blMLRf>. Acesso em: 02 nov. 2016.

Pontes de Miranda, Francisco Cavalcanti. *Tratado de direito privado*: parte geral. Bens. Fatos jurídicos. Atualizado por Ovídio Rocha Barros Sandoval. São Paulo: RT, 2012. t.II.

Porciúncula, José Carlos. *Lo "objetivo" y lo "subjetivo" en el tipo penal*: hacia la "exteriorización de lo interno". Barcelona: Atelier, 2014.

Prestes, Cristina. Teoria importada dos EUA deve ser maior inovação do STF no mensalão. *Valor Econômico*, 08 abr. 2013. Disponível em: <https://goo.gl/8zzGXn>. Acesso em: 12 nov. 2016.

PUGLIESE, William Soares. *Precedentes e a civil law brasileira*: interpretação e aplicação do novo Código de Processo Civil. São Paulo: RT, 2016.

_____. *Princípios da jurisprudência*. Belo Horizonte: Arraes, 2017.

PUPPE, Ingeborg. *A distinção entre dolo e culpa*. Tradução de Luís Greco. Barueri: Manole, 2004.

PUT trust in Dazey. *Chicago Tribune*, 27 mar. 1983, p. 4. Disponível em: <https://goo.gl/rzz557>. Acesso em: 11 jan. 2017.

QUEIROZ, Paulo. *Direito penal*: parte geral. 4.ed. Rio de Janeiro: LumenJuris, 2008.

RAGUÉS I VALLÈS, Ramón. *El dolo y su prueba en el proceso penal*. Barcelona: J.M. Bosch, 1999.

_____. *La ignorancia deliberada en Derecho penal*. Barcelona: Atelier, 2007.

_____. Mejor no saber: Sobre la doctrina de la ignorancia deliberada en Derecho penal. In: VALENZUELA S., Jonatan (Ed.). *Discusiones XIII*: Ignorancia deliberada y Derecho Penal. Buenos Aires: EdiUNS, 2013. p.11-37.

RAMOS, João Gualberto Garcez. *Curso de processo penal norte-americano*. São Paulo: RT, 2006.

RATIONALE of the law of burglary, A. *Columbia Law Review*, v.51, n.8, p.1009-1029, dez. 1951.

ROBBINS, Ira P. The ostrich instruction: deliberate ignorance as a criminal mens rea. *Journal of Criminal Law & Criminology*, v.81, p.191-234, 1990.

ROBINSON, Paul H. Fair notice and fair adjudication: two kinds of legality. *University of Pennsylvania Law Review*, v.154, n.2, p.335-398, dez. 2005.

RODRIGUES, Cristiano. *Teorias da culpabilidade*. Rio de Janeiro: LumenJuris, 2004.

ROIPHE, Rebecca. The ethics of willful ignorance. *Georgetown Journal of Legal Etichs,* v.24, p.187-224, 2011.

ROLLEMBERG, Gabriela; CALLEGARI, André Luís. Lavagem de dinheiro e a teoria da "cegueira deliberada". *Consultor Jurídico,* 26 fev. 2015. Disponível em: <https://goo.gl/uQWT4d>. Acesso em: 12 nov. 2016.

ROXIN, Claus. *Strafrecht: Allgemeneir Teil.* 4.ed. München: C.H. Beck, 2006. v.1.

_____. *Täterschaft und Tatherrschaft.* 8.ed. Berlin: De Gruyter Recht, 2006.

RYLE, Gilbert. *The concept of mind.* London: Routledge, 2009.

SACCO, Rodolfo. *Introdução ao direito comparado*. Trad. Véra Jacob de Fradera. São Paulo: RT, 2001.

SAMPAIO, Karla. Os crimes de colarinho branco e a "cegueira deliberada". *Canal Ciências Criminais*, 13 abr. 2016. Disponível em: <https://goo.gl/YfZ2wr>. Acesso em: 12 nov. 2016.

SANTANDER cobra dívida milionária de escola por meio de boleto fraudulento. *Jornal Correio de Notícias*, 07 dez. 2016. Disponível em: <https://goo.gl/pfKwPM>. Acesso em: 20 jul. 2017.

SANTOS, Humberto Souza. Problemas estruturais do conceito volitivo de dolo. In: GRECO, Luís; LOBATO, Danilo (Coord.). *Temas de direito penal: parte geral*. Rio de Janeiro: Renovar, 2008. p.263-289.

SARCH, Alexander F. Willful ignorance, culpability, and the criminal law. *St. John's Law Review*, v.88, n.4, p.1023-1102, 2014.

SAYRE, Francis Bowes. Mens rea. *Harvard Law Review*, v.45, p.974-1026, 1931-1932.

SCHWARZER, William W. Communicating with Juries: Problems and Remedies. *California Law Review*, v.69, p.731-769, 1981.

SILVA, Robson A. Galvão da; LAUFER, Christian. A cegueira deliberada na lava-jato. *Empório do Direito*, 15 nov. 2015. Disponível em: <https://goo.gl/GeyFJB>. Acesso em: 12 nov. 2016.

SILVEIRA, Renato de Mello Jorge. A aplicação da teoria da cegueira deliberada nos julgamentos da operação Lava Jato. *Revista Brasileira de Ciências Criminais*, n.122, p.255-280, set./out. 2016.

SISTEMA DE BIBLIOTECAS DA UFPR. *Manual de normalização de documentos científicos: de acordo com as normas da ABNT*. Curitiba: Editora UFPR, 2015.

SOUSA NETO, Joaquim de. *O motivo e o dolo*. 2.ed. Rio de Janeiro: Freitas Bastos, 1956.

STEPHEN, James Fitzjames. *A history of the criminal law of England*. London: Macmillan and Co., 1883. v.2.

STRECK, Lênio Luiz. Devemos no importar, sim, com o que a doutrina diz. *Consultor Jurídico*, 05 jan. 2006. Disponível em: <https://goo.gl/xqNgZ3>. Acesso em: 27 maio 2017.

SYDOW, Spencer Toth. *A teoria da cegueira deliberada*. Belo Horizonte: D'Plácido, 2016.

TANGERINO, Davi de Paiva Costa. *Culpabilidade*. Rio de Janeiro: Elsevier, 2011.

TARTUCE, Flávio. *Direito civil: teoria geral dos contratos e contratos em espécie*. 12.ed. São Paulo: GEN Forense, 2017. v.3.

TAVARES, Juarez. *Teorias do delito: variações e tendências*. São Paulo: RT, 1980.

_____. *Teoria do injusto penal*. Belo Horizonte: Del Rey, 2000.

_____. *Teoria dos crimes omissivos*. São Paulo: Marcial Pons, 2012.

TEUBNER, Gunther. Legal irritants: Good faith in British law or how unifying law ends up in new divergences. *Modern Law Review*, London, v.61, p.11-32, 1998.

TIERSMA, Peter. The Rocky Road to Legal Reform: Improving the Language of Jury Instructions. *Brooklyn Law Review*, v. 66, p.1081-1118, 2001.

TILLER, Emerson H.; CROSS, Frank B. What is legal doctrine? *Northwestern Univeristy Law Review*, Chicago, v.100, n.1, p.517-533, 2006.

VALENZUELA S., Jonatan (Ed.). *Discusiones XIII: Ignorancia deliberada y Derecho Penal*. Buenos Aires: EdiUNS, 2013.

VEJA fotos do túnel a partir do cofre do Banco Central. *G1 Ceará*, 05 ago. 2015. Disponível em: <https://goo.gl/OyIhJY>. Acesso em: 29 ago. 2016.

VIVES ANTÓN, Tomás Salvador. *Fundamentos del sistema penal: acción significativa y derechos constitucionales*. 2.ed. Valência: Tirant lo Blanch, 2011.

WATSON, Alan. *Legal transplants: An approach to comparative law*. 2.ed. Athens: University of Georgia, 1993.

WECHSLER, Herbert. On culpability and crime: the treatment of *mens rea* in the Model Penal Code. *The Annals of the American Academy of Political and Social Science*, v.339, p.24-41, jan. 1962.

_____ (Org.). *Model Penal Code and Commentaries: Official Draft and Revised Comments*. Part I: General Provisions (§§ 1.01 to 2.13). Philadelphia: The American Law Institute, 1985. v.1.

_____ (Org.). *Model Penal Code and Commentaries: Official Draft and Revised Comments*. Part I: General Provisions (§§ 3.01 to 5.07). Philadelphia: The American Law Institute, 1985. v.2.

WECHSLER, Herbert; JONES, William Kenneth; KORN, Harold L. The treatment of inchoate crimes in the Model Penal Code of the American Law Institute: Attempt, solicitation, and conspiracy. Part Two. *Columbia Law Review*, v.61, n.6, p.957-1030, jun. 1961.

WECHSLER, Herbert; MICHAEL, Jerome. A rationale of the law of homicide: I. *Columbia Law Review*, v.37, p.701-761, maio 1937.

WELLS, Catharine Pierce. Langdell and the invention of legal doctrine. *Buffalo Law Review*, Buffalo, v.58, n.3, p.551-618, maio 2010.

WELZEL, Hans. *O novo sistema jurídico-penal: uma introdução à doutrina da ação finalista*. 3.ed. Tradução de Luiz Regis Prado. São Paulo: RT, 2011.

WHARTON, Francis. *Criminal Law*. 15.ed. Editado por Charles E. Torcia. Deerfield: Clark Boardman Callaghan, 1993. v.1.

WILLFUL blindness as a substitute for criminal knowledge. *Iowa Law Review*, v.63, n.2, p.466-485, dez. 1977.

WILLIAMS, Glanville. *Criminal Law: the general part*. 2.ed. Londres: Stevens & Sons Ltd., 1961.

_____. *The mental element in crime*. Jerusalem: Magnes Press, 1965.

_____. *Learning the law*. 16.ed. Editado por A. T. H. Smith. Londres: Sweet & Maxwell, 2016.

WOLF'S last stand. *The Guardian*, 20 abr. 2000. Disponível em: <http://goo.gl/8tLqUm>. Acesso em: 1.º set. 2016.

ZAFFARONI, Eugenio Raúl; BATISTA, Nilo; ALAGIA, Alejandro; SLOKAR, Alejandro. *Direito penal brasileiro*. Rio de Janeiro: Revan, 2010. v.2. t.I.

ZAFFARONI, Eugenio Raúl; PIERANGELI, José Henrique. *Manual de direito penal brasileiro: parte geral*. São Paulo: RT, 1997.

_____. *Manual de direito penal brasileiro: parte geral.* 11.ed. rev. e atual. São Paulo: RT, 2015.

ZILIO, Jacson Luiz. Metodologia e orientação do anteprojeto de Código Penal Brasileiro. *Boletim IBCCRIM*, São Paulo, n.239, p.7-8, out. 2012.

ZILLES, Urbano. WITTGENSTEIN, Ludwig. In: BARRETO, Vicente de Paulo (Coord.). *Dicionário de filosofia do direito*. São Leopoldo: Unisinos; Rio de Janeiro: Renovar, 2006. p.865-866.

APÊNDICE

Descrição da metodologia da pesquisa empírica

A presente pesquisa inclui um componente empírico de pesquisa qualitativa, visando investigar (i) de onde veio e como se expandiu a cegueira deliberada, (ii) para quais situações fáticas e tipos penais está sendo empregada, (iii) em quais tribunais sua aplicação é mais expressiva, (iv) qual(is) autor(es) são citados para amparar a utilização da cegueira deliberada, (v) qual a incidência de condenações e absolvições quando se discute cegueira deliberada nos autos, (vi) como os tribunais aplicam a cegueira deliberada em suas decisões e (vii) se o uso da cegueira deliberada interfere no resultado dos julgamentos. Em outras palavras, busca-se desenvolver uma radiografia nítida da aplicação da cegueira deliberada no Brasil.

A pesquisa buscou decisões colegiadas de instâncias recursais (tribunais de justiça, tribunais regionais federais, tribunais regionais eleitorais e tribunais superiores) que aplicaram a cegueira deliberada. Foram examinados, portanto, acórdãos, tendo sido excluídas sentenças e decisões monocráticas, diante da inexistência de um mecanismo de busca eficiente de decisões de primeira instância.

Tal levantamento estatístico foi empreendido nos sistemas de buscas dos tribunais estaduais, nos tribunais superiores, no Conselho da Justiça Federal e no site especializado "Jusbrasil".[1] Foram utilizados como termos de busca as palavras "cegueira" e "deliberada", bem como "ignorância" e "deliberada".

Os resultados encontrados foram ordenados em planilha indexada a partir dos seguintes critérios (colunas): (i) *Nome do Arquivo* – foram salvos todos os arquivos relativos à integra dos acórdãos em uma pasta no computador. Para facilitar o acesso aos arquivos, foi padronizado o título de cada documento, atribuindo a cada caso uma numeração, em ordem cronológica de data de julga-

1. Jusbrasil Jurisprudência. Portal Eletrônico. Disponível em: <https://goo.gl/loQ8Nr>. Acessos entre 16 out. 2015 e 3 ago. 2016.

mento; (ii) *Síntese dos fatos* – apresenta-se breve notícia dos fatos ocorridos nos casos pesquisados com o intuito de se compreender quais circunstâncias estão ensejando a aplicação da cegueira deliberada, bem como a identificação de que caso se está a tratar; (iii) *Decisão* – indica se o acórdão pesquisado condenou ou absolveu o imputado, bem como se a decisão do tribunal manteve ou reformou a decisão em primeira instância, permitindo não só diagnosticar como decidem os tribunais como também a forma que decidem os juízos de primeira instância quando os fatos permitem invocar a cegueira deliberada como fundamento; (iv) *Cegueira deliberada* – indica como foi aplicada a cegueira deliberada a partir de critérios previamente estabelecidos, sempre relacionados ao dolo direito ou eventual, sendo a principal forma de classificação e agrupamento das decisões; (v) *Comentário* – tecem-se breves comentários críticos à decisão e à maneira como a cegueira deliberada foi aplicada para a classificação da decisão; e (vi) *Grupo* – ao final, foram classificadas as decisões em cinco grupos pré-estabelecidos, explicados no item 3.2.2.2. do Capítulo 3.[2]

Houve, ainda, outros critérios de organização e de pesquisa, que por questão de espaço foram suprimidos da versão final da obra: (i) *Nome do Arquivo* – repetiu-se o título utilizado no primeiro quadro para proporcionar a continuidade da classificação das decisões encontradas; (ii) *Referência da decisão – ABNT* – as decisões foram catalogadas segundo as normas técnicas para possibilitar citações adequadas nas notas de rodapé; (iii) *Citação de precedentes* – foi especificado se a decisão analisada foi amparada em outras decisões e, em caso positivo, indica-se quais foram mencionadas (nacionais ou estrangeiras); (iv) *Citação de doutrina* – foi elucidado se a decisão examinada colaciona doutrina e se sim, qual(is) seria(m) o(s) autor(es) utilizados. Percebeu-se a utilização de livros jurídicos, trabalhos de conclusão de curso e textos retirados da internet.

Entende-se que, para além da mera coleta de tais informações, era necessário organizá-las de modo ordenado e seguindo metodologia adequada. Isso porque não se intencionava apenas a apresentação dos dados encontrados, mas sim a sua sistematização a partir de critérios objetivos e bem definidos para que fosse possível a sua interpretação e, consequentemente, a confirmação ou não da hipótese formulada. Conforme afirma Welber Barral, o "conhecimento supera a mera coleta de informações. No caso do conhecimento científico, pressupõe sua organização, sistematização, crítica e análise de validade".[3] Eis o que se intencionou realizar a partir da coleta de dados em planilha: sua consequente transformação em dois quadros indexados a partir dos critérios acima descritos e sua posterior análise crítica e de validade.

---

2. Ver p.235 e seguintes.
3. BARRAL, Welber. *Metodologia da pesquisa jurídica*. 2.ed. Florianópolis: Fundação Boiteux, 2003. p.35.

Resultados da Pesquisa Jurisprudencial sobre a aplicação da cegueira deliberada no Brasil

QUADRO - PLANILHA DE RESULTADOS

NOME DO ARQUIVO	SÍNTESE DOS FATOS	DECISÃO	CEGUEIRA DELIBERADA	COMENTÁRIO	GRUPO
Caso 1 - TRERO - Ação Penal n. 80	Imputação de corrupção eleitoral (art. 299, CE) pela doação de 10 litros de combustível para eleitores do Município para participarem de carreata. Alegação de desconhecimento pelo candidato beneficiado. Voto do relator pela absolvição. Relator para o acórdão inaugurou a divergência, entendendo estar presente dolo direto, ou, no mínimo, dolo eventual, entendendo que "A cegueira deliberada com que eventualmente se houveram – deliberadamente cerrando os olhos à ilicitude da distribuição de combustível como meio ao aliciamento de votos – é inservível a arredar o elemento subjetivo."	Condenação Sentença reformada	Adorno retórico	Cegueira deliberada e dolo eventual usados para suplantar a falta de provas e assegurar condenação. Poderia condenar pela teoria do dolo, sem recurso à cegueira deliberada.	Adorno retórico
Caso 2 - TRERO - Apelação Criminal n. 88	Imputação de corrupção eleitoral (art. 299, CE) pela realização de cirurgias de laqueadura em troca de voto, marcadas no comitê eleitoral. Alegação pela defesa de que as cirurgias eram realizadas pelo SUS, sem que houvesse pedido de voto. Decisão unânime do tribunal concluiu pela presença de dolo direto, ou, no mínimo, dolo eventual, entendendo que "A cegueira deliberada com que eventualmente se houveram – deliberadamente cerrando os olhos à ilicitude da distribuição de 'cirurgias' como meio ao aliciamento de votos – é inservível a arredar o elemento subjetivo."	Condenação Sentença mantida	Adorno retórico	Situação clara de dolo direto. Não há que se falar em "fechamento dos olhos à ilicitude". Cegueira deliberada afastada, forma errada.	Adorno retórico

NOME DO ARQUIVO	SÍNTESE DOS FATOS	DECISÃO	CEGUEIRA DELIBERADA	COMENTÁRIO	GRUPO
Caso 3 - TRF-5 - Apelação Crime n. 2005. 81.00.014586-0	Julgamento da imputação de lavagem de dinheiro (art. 1.º, Lei 9.613/1998) aos proprietários de concessionária de veículos no caso do Assalto ao Banco Central. A decisão do TRF-5 reformou neste ponto a sentença de 1.º grau, por entender que a modalidade de lavagem de dinheiro imputada aos acusados só admite dolo direto, e não eventual. Na ementa, a decisão afirma que "a transposição da doutrina americana da cegueira deliberada (*willful blindness*), nos moldes da sentença recorrida, beira, efetivamente, a responsabilidade penal objetiva; não há elementos concretos na sentença recorrida que demonstrem que esses acusados tinham ciência de que os valores por ele recebidos eram de origem ilícita, vinculada ou não a um dos delitos descritos na Lei n. 9.613/1998". Já, no inteiro teor, afirma que "a aplicação da teoria da cegueira deliberada depende da sua adequação ao ordenamento jurídico nacional. No caso concreto, pode ser perfeitamente adotada, desde que o tipo legal admita a punição a título de dolo eventual."	Absolvição Sentença reformada	Dolo eventual. (Equipara ao dolo eventual, mas ressalta que não pode constituir modo de responsabilidade objetiva)	Análise inconsistente, que reforça a possibilidade transplante da cegueira deliberada ao Brasil. Absolvição acertada.	Cegueira deliberada afastada

NOME DO ARQUIVO	SÍNTESE DOS FATOS	DECISÃO	CEGUEIRA DELIBERADA	COMENTÁRIO	GRUPO
Caso 4 - TRERO - Ação Penal n. 38	Imputação de corrupção eleitoral (art. 299, CE) por compra de votos praticada por supostos cabos eleitorais em benefício de candidatos. Alegação de desconhecimento pelos beneficiários. Decisão unânime do tribunal concluiu pela "irrelavância da ausência de prova direta em relação a candidatos" (p. 33) e pela presença de dolo direto, ou, no mínimo, dolo eventual, entendendo que "A cegueira deliberada com que eventualmente se houveram – deliberadamente cerrando os olhos à ilicitude da distribuição de dinheiro como meio ao aliciamento de votos – é inservível a arredar o elemento subjetivo." Houve também recurso à "teoria do domínio do fato".	Condenação Competência originária	Suplante de falta de provas Condenação indevida	Cegueira deliberada e dolo eventual usados para suplantar a falta de provas e assegurar condenação. Caso diferente dos demais do TRE/RO. Nesse caso, o Tribunal disse que era irrelevante a ausência de provas diretas, mostrando que usaram a cegueira deliberada para condenar quem não teria sido possível condenar.	Uso inadequado
Caso 5 - TRERO - Recurso Criminal n. 89	Imputação de corrupção eleitoral (art. 299, CE) por fornecimento de sopa, cestas básicas e patrocínio de cursos por associação em benefício de candidato. Alegação de ausência de autoria pelo candidato. Decisão unânime do tribunal concluiu pela presença de dolo direto, ou, no mínimo, dolo eventual, entendendo que "A cegueira deliberada com que eventualmente se houveram – deliberadamente cerrando os olhos à ilicitude da distribuição de bens como meio ao aliciamento de votos – é inservível a arredar o elemento subjetivo."	Condenação Sentença reformada	Adorno retórico	Cegueira deliberada e dolo eventual usados para suplantar a falta de provas e assegurar condenação. Poderia condenar pela teoria do dolo, sem recurso à cegueira deliberada.	Adorno retórico

NOME DO ARQUIVO	SÍNTESE DOS FATOS	DECISÃO	CEGUEIRA DELIBERADA	COMENTÁRIO	GRUPO
Caso 6 - TRERO - Recurso Criminal n. 8723511-48.2008.6.2200	Imputação de corrupção eleitoral (art. 299, CE) pela entrega de "senhas" a eleitores para serem trocadas por telefones celulares após a eleição de candidata. Confissão extrajudicial da recorrente, não confirmada em juízo. Decisão unânime do tribunal concluiu pela presença de dolo direto, ou, no mínimo, dolo eventual, entendendo que: "A cegueira deliberada com que eventualmente se houveram – deliberadamente cerrando os olhos à ilicitude – é inservível a arredar o elemento subjetivo."	Condenação Sentença mantida	Adorno retórico	Situação clara de dolo direto. Não há que se falar em "fechamento dos olhos à ilicitude". Resultado correto, forma errada.	Adorno retórico

NOME DO ARQUIVO	SÍNTESE DOS FATOS	DECISÃO	CEGUEIRA DELIBERADA	COMENTÁRIO	GRUPO
Caso 7 - TRERN - Recurso Criminal n. 2009.6.20.0000	Imputação de corrupção eleitoral (art. 299, CE) a candidato pela entrega de materiais de construção e doações em dinheiro em troca de votos, com base em uma lista encontrada na residência de sua ex-cônjuge contendo nomes de eleitores e de coordenadores de campanha, com indicação de pagamentos em espécie ou doações. Decisão unânime do tribunal concluiu pela presença de especial fim de agir por parte do recorrente (finalidade de obtenção de voto), porém afastou a alegação de que não saberia da conduta de seus colaboradores com base na cegueira deliberada: "De mais a mais, como foi dito pelo magistrado de primeiro grau, '*é praticamente improvável que um candidato a vereador de uma cidade de porte pequeno, como é o caso de Baraúna/RN, não soubesse o que se passava a seu redor, ou que não mantivesse um mínimo de contato com seus cabos eleitorais, ou coordenadores*'. Essa ilação encontra amparo na Teoria da Cegueira Deliberada, proveniente do Direito norte-americano, também conhecida como Teoria das Instruções da Avestruz, *Willful Blindness ou ainda Ostrich Instructions*, segundo a qual a pessoa, fingindo não saber que está praticando um ato ilícito, 'enterra' a cabeça para não tomar conhecimento da natureza ou extensão deste ilícito."	Condenação Sentença mantida	Suplante de falta de provas Condenação indevida	Cegueira deliberada e dolo eventual usados para suplantar a falta de provas e assegurar condenação. Caso diferente dos demais do TRE/RO. Nesse caso, o Tribunal disse que era irrelevante a ausência de provas diretas, mostrando que usaram a cegueira deliberada para condenar quem não teria sido possível condenar.	Uso inadequado

NOME DO ARQUIVO	SÍNTESE DOS FATOS	DECISÃO	CEGUEIRA DELIBERADA	COMENTÁRIO	GRUPO
Caso 8 - TRF-5 - Apelação Cível n. 0002877-68.2011.4.05.8400	Imputação de improbidade administrativa a administrador público pela contratação de profissionais para prestarem serviços a prefeitura municipal por 30 meses sem concurso público, fora das hipótese de dispensa ou inexigibilidade de licitação. A discussão na votação disse respeito ao dolo exigido para a infração administrativa. O tribunal concluiu pela existência de "dolo genérico de vulnerar os princípios implicitamente imbuídos na aludida norma constitucional". A cegueira deliberada é mencionada apenas no recurso pelo MPF, como fundamento alternativo para a condenação ("é insofismável que se o gestor público não procura se certificar de que a hipótese se amolda àquelas em que a licitação é dispensável ou inexigível, está-se diante, no mínimo, de 'cegueira deliberada', em que o agente intencionalmente procura manter-se alheio às normas de regência para justificar sua ilicitude").	Condenação Sentença reformada	Mencionado apenas pelo recorrente	Cegueira deliberada é citada apenas na transcrição de trecho da Apelação, que passou a integrar a fundamentação da decisão.	Irrelevante

NOME DO ARQUIVO	SÍNTESE DOS FATOS	DECISÃO	CEGUEIRA DELIBERADA	COMENTÁRIO	GRUPO
Caso 9 - TRF-2 - Recurso em Sentido Estrito n. 2011.51.02. 0013834	Recurso em sentindo estrito pelo MPF contra decisão que rejeitou a denúncia por ausência de dolo. Imputação de contrabando (art. 334, 1.º, *c* e *d*, CP) pela apreensão de máquinas caça-níqueis em estabelecimento comercial. Fundamentação *per relationem*, acolhendo o teor do recurso do MPF. Não se adentrou a análise do dolo, mas se afirmou que "Reforçando-se a possibilidade de recepção da 'teoria da cegueira deliberada' no Brasil, salienta-se a jurisprudência do TRF-2 que, em julgado proferido recentemente, à unanimidade, reconheceu a possibilidade de configuração do elemento subjetivo do tipo de contrabando, pelo dolo eventual do agente".	Recebimento da denúncia Decisão reformada	Adorno retórico	Cegueira deliberada é citada apenas na transcrição de trecho da Apelação, que passou a integrar a fundamentação da decisão. Cognição sumária.	Irrelevante

NOME DO ARQUIVO	SÍNTESE DOS FATOS	DECISÃO	CEGUEIRA DELIBERADA	COMENTÁRIO	GRUPO
Caso 10 - TRERO - Recurso Eleitoral n. 55970	Recurso eleitoral de candidato cujas contas foram reprovadas em primeira instância pela realização de despesas com veículos cujos valores constaram apenas no recibo eleitoral, e não no contrato. Requerimento de aplicação de cegueira deliberada pelo Ministério Público Eleitoral para reconhecer simulação na elaboração dos contratos, pois celebrada a compra e venda do veículo pelo doador e a doação à campanha na mesma data. Segundo o acórdão, "A teoria da cegueira deliberada está mais afeita ao campo penal, e ainda que fôssemos tomar de empréstimo referida teoria para aplicá-la em sede de prestação de contas, isso deve ser feito com extrema cautela, pois esta teoria implica na extensão do espaço de punibilidade à mera suposição da proveniência ilícita dos bens ou valores."	Contas aprovadas com ressalvas Decisão reformada	Mencionado apenas pelo recorrido	A aplicação da cegueira deliberada foi afastada pelo relator, por entender que permite ampliar o espaço de punibilidade para meras suposições. Ainda que não seja exatamente esse o escopo da cegueira deliberada, a decisão demonstra a preocupação de alguns juízes com a questão. Problema: por que a maior cautela nas contas eleitorais que em processos criminais?	Irrelevante

NOME DO ARQUIVO	SÍNTESE DOS FATOS	DECISÃO	CEGUEIRA DELIBERADA	COMENTÁRIO	GRUPO
Caso 11 - TRF-4 - Apelação Crime n. 5009722-81.2011.404.7002 (Voto)	Imputação de crime de contrabando/descaminho (art. 334, § 1.º, *b*, CP) ao acusado em cujo poder foi encontrada grande quantidade de maços de cigarro. Alegação de desconhecimento do conteúdo da carga pelo acusado. O Tribunal decidiu que o álibi é pouco provável, e que "No mínimo, teria agido com dolo eventual, assumindo o risco de produção do resultado delitivo". A decisão cita precedentes estrangeiros, ressaltando que "ignorância deliberada não se confunde com negligência, havendo aqui a mesma fronteira tênue, pelo menos do ponto de vista probatório, entre o dolo eventual e a culpa consciente". Citando decisões espanholas, o Tribunal afirma que cegueira deliberada se assemelha ao dolo eventual, e que o acusado "assumiu o risco de transportar as mercadorias nos veículos alterados" agindo "senão com dolo direto, então com dolo eventual a crer-se em seu álibi".	Condenação Sentença mantida	Adorno retórico	O Tribunal fundamenta a decisão de forma alternativa. Entende, por um lado, que há prova suficiente para a condenação por dolo direto. Por outro, admite a tese defensiva do apelante, mas a afasta, entendendo aplicar-se a cegueira deliberada. *Problema*: Pode haver dolo eventual com relação à natureza da conduta? Contrabando não é crime material.	Adorno retórico

NOME DO ARQUIVO	SÍNTESE DOS FATOS	DECISÃO	CEGUEIRA DELIBERADA	COMENTÁRIO	GRUPO
Caso 12 - TJSP - Apelação Crime n. 0035782-40.2008.8.26.0050	Imputação de crime de receptação (art. 180, § 1.º, do Código Penal) ao acusado, que negociava objetos usados de motocicleta no local chamado de "boca da motocicleta", sem se atentar à procedência dos objetos ou daqueles com que negociava. O Tribunal decidiu que o acusado deliberadamente se fazia de cego acerca da procedência dos produtos, para se escusar do conhecimento da origem ilícita.	Condenação Sentença mantida	Equipara a dolo eventual Condenação indevida	Cita fundamentação do MP, aplicando a concepção clássica da cegueira deliberada, quando o autor suspeita da origem ilícita, mas não se abstém de agir. Na receptação, inverte-se o ônus da prova quanto ao desconhecimento/álibi. Como é receptação qualificada, o acusado *deveria saber*, de modo que é incorreta a aplicação da cegueira deliberada. A menção não chega a ser adorno retórico, pois apenas transcreve-se a argumentação do Ministério Público.	Uso inadequado

NOME DO ARQUIVO	SÍNTESE DOS FATOS	DECISÃO	CEGUEIRA DELIBERADA	COMENTÁRIO	GRUPO
Caso 13 - TJSP - Apelação Cível n. 0003527-67.2005.8.26.0136	Imputação do ilícito administrativo de improbidade administrativa (art. 12, II e III, da Lei n. 8.429/1992) aos acusados, pela existência de conluio fraudulento para a contratação de empresa de prestação de serviço de “exames de análises clínicas, conforme tabela do SUS”, consubstanciado no superfaturamento em 300%. Todas as participantes do certame licitatório eram empresas pertencentes à mesma família. O Tribunal entendeu que os agentes fingiam “desconhecer que os valores ofertados pelas empresas concorrentes do certame eram corretos, com objetivo da vencedora de ofertar pouco abaixo, a fim de dar consecução ao prejuízo aos cofres públicos”.	Condenação Sentença mantida	Mencionado somente pelo Ministério Público	O Julgador entendeu ser uma situação de dolo direto, em que os agentes claramente sabiam da existência de superfaturamento e das fraudes na licitação, conforme restou comprovado em instrução.	Irrelevante
Caso 14 - TRF-4 - Apelação Crime n. 5001079-31.2011.404.7004 (Voto)	Imputação do crime de contrabando (art. 334, § 1.º, *c*, CP) ao acusado, que guardava em depósito diversas mercadorias de origem estrangeira sem comprovar a regular internalização e o recolhimento dos tributos incidentes. O acusado alegou que prestou um favor a um desconhecido, guardando os bens em sua residência enquanto ele levaria seu veículo para conserto em localidade próxima. O tribunal entendeu que existiu dolo direto ou, senão, dolo eventual, utilizando a teoria da cegueira deliberada para afirmar que “o responsável pela introdução dos produtos ilícitos em território nacional afirma ignorância e indiferença em relação ao objeto transportado”.	Condenação Sentença mantida	Equipara a dolo eventual	A decisão adere ao sentido majoritário dado à cegueira deliberada no Brasil. Fundamenta pela existência de suspeita e indiferença pelo autor, que não investiga os fatos. Entende haver dolo eventual.	Condenação por dolo eventual utilizando cegueira deliberada

NOME DO ARQUIVO	SÍNTESE DOS FATOS	DECISÃO	CEGUEIRA DELIBERADA	COMENTÁRIO	GRUPO
Caso 15 - TRF-4 - Apelação Crime n. 5000220-41.2013.404.7005 (Voto)	Imputação do crime de tráfico internacional de drogas e de arma de fogo ao acusado, que escondeu em compartimento do painel de seu veículo 34 kg de cocaína e uma pistola de calibre 9mm e 65 munições. Em relação ao tráfico internacional de drogas, confessou o acusado a sua prática; em relação ao tráfico internacional de arma, afirma não ter conhecimento de que o objeto estava em seu veículo. O tribunal entendeu que o acusado agiu com dolo eventual ou, senão, dolo eventual, aplicando a cegueira deliberada para afirmar: "já que haviam [sic] diversos indicativos de que estaria transportando produtos ilegais e ainda assim optou por persistir no curso da atividade delitiva e por não aprofundar seu conhecimento sobre tudo o que estaria transportando."	Condenação Sentença mantida	Adorno retórico	O Tribunal fundamenta a decisão de forma alternativa. Entende, por um lado, que há prova suficiente para a condenação por dolo direto. Por outro, admite a tese defensiva do apelante, mas a afasta, entenendo aplicar-se a cegueira deliberada.	Adorno retórico

NOME DO ARQUIVO	SÍNTESE DOS FATOS	DECISÃO	CEGUEIRA DELIBERADA	COMENTÁRIO	GRUPO
Caso 16 - TJPR - Apelação Crime n. 1005561-9	Imputação aos acusados ao crime de peculato (art. 312, CP), os quais estariam desviando verbas públicas da Assembleia Legislativa do Estado do Paraná mediante a contratação de ' "funcionários fantasma". Os acusados aduziram que somente repassaram seus dados para os servidores da Assembleia, mas não sabiam que isto estaria sendo utilizado para a realização de nomeação em cargos públicos. O tribunal entendeu que agiram com dolo, pois era impossível não terem conhecimento de que quantias vultosas estavam circulando em contas de suas titularidades. Porém, afirma que, mesmo que fosse aceita a tese de que os acusados não sabiam dos fatos, ainda assim deveriam ser condenados, estando caracterizado o dolo eventual com a aplicação da cegueira deliberada, "na medida em que, embora não quisessem diretamente praticar o crime, agiram (concedendo os nomes e dados cadastrais para possibilitar as nomeações e abrindo as contas bancárias onde seriam creditadas as remunerações) de modo a aceitar a possibilidade concreta, possível e muito provável, diante das circunstâncias, de ocorrência dos desvios de recursos públicos".	Condenação Sentença mantida	Suplante de falta de provas Condenação indevida	Cegueira deliberada e dolo eventual usados para suplantar a falta de provas e assegurar condenação. Não há demonstração de vontade em querer se manter em desconhecimento diante da suspeita.	Uso inadequado

NOME DO ARQUIVO	SÍNTESE DOS FATOS	DECISÃO	CEGUEIRA DELIBERADA	COMENTÁRIO	GRUPO
Caso 17 - TRF-4 - Apelação Crime n. 5000007-96. 2013.404.7017 (Voto Revisão)	Imputação ao acusado ao crime de tráfico internacional de drogas e de arma, consistente no transporte de 28 kg de maconha e munições de arma de fogo. O acusado confessou o transporte da droga, mas negou ter conhecimento sobre o transporte das munições de arma de fogo. O Tribunal manteve a condenação pelo crime de tráfico internacional de drogas, mas reformou a sentença para absolver pelo crime de tráfico internacional de arma, por entender não ter elementos suficientes para comprovar que o acusado tinha ciência de estar carregando munição de arma de fogo.	Condenação pelo crime de tráfico internacional de drogas Absolvição pelo crime de tráfico internacional de arma Sentença reformada	Mencionado apenas pelo revisor	Segundo o revisor, a cegueira deliberada deveria ser aplicada ao caso, pois as munições se encontravam na mesma bagagem das drogas. Então, o acusado propositadamente não teve conhecimento do que estava transportando.	Irrelevante
Caso 18 - TRF-4 - Apelação Crime n. 5000059-24.2010. 404.7009 (Voto)	Imputação ao acusado ao crime de Contrabando/Descaminho (art. 334, § 1.º, *b*, CP e art. 3.º do Decreto-lei n. 399, de 1968), por dirigir caminhão carregado com cigarros de origem estrangeira. O acusado aduz que fora contratado somente para atuar como motorista do caminhão e que deveria deixá-lo em um posto de gasolina para que outra pessoa assumisse a condução do veículo, não tendo conhecimento da carga ilícita. O Tribunal entendeu pela sua condenação, pois presente o dolo eventual, tendo em vista que as circunstâncias peculiares do caso levaria qualquer pessoa a verificar a carga do veículo o qual deveria conduzir.	Condenação Sentença mantida	Suplante de falta de provas Condenação indevida	A decisão cria dever de conhecimento da carga fretada para o motorista em contrato de transporte de coisa. Não há dever legal de conhecimento. Presunção de dolo.	Uso inadequado

NOME DO ARQUIVO	SÍNTESE DOS FATOS	DECISÃO	CEGUEIRA DELIBERADA	COMENTÁRIO	GRUPO
Caso 19 - TRF-4 - Apelação Crime n. 0000625-16.2009.404.7000	Imputação ao acusado ao crime de tráfico internacional de drogas e de arma, consistente no transporte de medicamentos e munições provenientes do Paraguai, sem a devida regulamentação. O acusado alegou desconhecer que estava transportando medicamentos e munições. O Tribunal entendeu que o acusado incorreu em erro de tipo, pois acreditava estar cometendo o crime de descaminho. Portanto, desclassificou a conduta e aplicou o dolo eventual, pois entendeu que o agente detinha condições de verificar o objeto da carga e permaneceu inerte na condição de "não saber".	Condenação Sentença reformada	Suplante de falta de provas Condenação indevida	A decisão desclassificou para crime menos grave em razão da pequena quantidade e menor potencial lesivo. Mas decidiu que o apelado estava em situação de cegueira deliberada, embora a fundamentação tenha sido bastante superficial (está mais bem fundamentado na *Ementa* que no teor do voto). A decisão cria dever de conhecimento da carga fretada para o motorista em contrato de transporte de coisa. Não há dever legal de conhecimento. Presunção de dolo.	Uso inadequado

NOME DO ARQUIVO	SÍNTESE DOS FATOS	DECISÃO	CEGUEIRA DELIBERADA	COMENTÁRIO	GRUPO
Caso 20 - TJRS - Apelação Crime n. 70058189275	Imputação ao acusado ao crime de tráfico de drogas e receptação (arts. 33 e 34, Lei n. 11.343, de 2006, e art. 180, Código Penal), por guardar artefatos que indicam a prática de tráfico (balança de precisão com resquícios de drogas e grande quantia de dinheiro em espécie) e portar uma quantidade significativa de drogas que indicam o seu destino comercial. Aduz o acusado que não tinha conhecimento sobre as drogas que portava, haja vista estarem dentro de uma bolsa térmica, a qual não abriu. O Tribunal verificou a existência de dolo ou, subsidiariamente, de dolo eventual, aplicando-se a teoria da cegueira deliberada.	Condenação Sentença mantida	Equipara a dolo eventual	A decisão adere ao sentido majoritário dado à cegueira deliberada no Brasil. Fundamenta pela existência de suspeita e indiferença pelo autor, que não investiga os fatos. Entende haver dolo eventual. A decisão está mal-fundamentada.	Condenação por dolo eventual utilizando cegueira deliberada
Caso 21 - TRF-4 - Apelação Crime n. 5002540-78.2010.404.7002 (Voto Vencedor)	Imputação ao acusado ao crime de contrabando (art. 334, CP), por dirigir ônibus de viagem que continha mercadorias de origem estrangeira sem a devida documentação de importação, dentre eles 2.500 maços de cigarro. Aduz o agente que não tinha conhecimento do conteúdo da bagagem dos passageiros. O Tribunal entendeu pela condenação do réu, pois, mesmo que não tivesse conhecimento do conteúdo das bagagens, espera-se que um motorista de transporte internacional de passageiros utilize de algum mecanismo para identificar as bagagens. Por isso, entendeu que o agente deliberadamente optou por não ter conhecimento sobre o conteúdo das bagagens.	Condenação Sentença reformada	Suplante de falta de provas Condenação indevida	Cegueira deliberada e dolo eventual usados para suplantar a falta de provas e assegurar condenação. Não há demonstração de vontade em querer se manter em desconhecimento diante da suspeita. Presume dever que não pode ser atendido.	Uso inadequado

NOME DO ARQUIVO	SÍNTESE DOS FATOS	DECISÃO	CEGUEIRA DELIBERADA	COMENTÁRIO	GRUPO
Caso 22 – TRF-4 – Apelação Criminal n. 5004606-31.2010.404.7002	Imputação ao acusado ao crime de contrabando (art. 334, CP), por dirigir veículo que continha mercadorias e cigarros de origem estrangeira sem a devida documentação de importação. Aduz o agente que não tinha conhecimento de estar transportando os produtos acima da cota permitida e mercadoria ilegal. O Tribunal entendeu pela condenação do réu, pois, mesmo que este não tivesse conhecimento das mercadorias que estava transportando, espera-se que de um homem médio que utilize algum mecanismo para identificar as bagagens. Por isso, entendeu que o agente deliberadamente optou por não ter conhecimento sobre o conteúdo das bagagens.	Condenação Sentença reformada	Suplante de falta de provas Condenação indevida	A decisão foi dada no sentido de equiparar a cegueira deliberada ao dolo eventual, condenando o acusado com base na sua indiferença em relação ao conteúdo da bagagem transportada. Caso de transporte de coisa. Decisão cria dever de conhecimento.	Uso inadequado
Caso 23 - TJSP - Ação Civil Pública n. 0001254-78.2002.8.26.0441	Imputação aos agentes ao ilícito administrativo de improbidade administrativa (art. 10, *caput*, VIII; art. 11, *caput*, da Lei n. 8.429/1992), por suposta contratação indevida de locação sem a realização de licitação e por valor superior ao mercado. Os agentes sustentam que não houve ilegalidade na contratação, pois era uma hipótese de dispensa da licitação e sem qualquer prejuízo ao erário. O Tribunal entendeu pela condenação dos agentes, tendo em vista que os acusados fingiram "desconhecer que por trás daquele contrato de locação havia um beneficiamento de relação negocial privada [...], com verdadeira dissuasão de forma ímproba o enriquecimento ilícito, e a lesão ao erário público".	Condenação Sentença mantida	Adequado	Atribuição da cegueira deliberada para justificar a não verificação da legalidade da atuação dos agentes administrativos.	Irrelevante

NOME DO ARQUIVO	SÍNTESE DOS FATOS	DECISÃO	CEGUEIRA DELIBERADA	COMENTÁRIO	GRUPO
Caso 24 - TJDF - Apelação Criminal n. 0000166-65.2011.8.07.0005	Imputação ao crime de receptação (art. 180, CP) a policial militar que adquiriu um veículo automotor de origem ilícita. O acusado sustou que não tinha conhecimento da origem ilícita do veículo. Porém, o Tribunal condenou o agente, entendendo estar presente o dolo eventual, através da aplicação da teoria da cegueira deliberada, por ter o agente utilizado o veículo por quase dois anos e não ter verificado a transferência do veículo para o seu nome. Como conduta esperada, "o réu procuraria o Detran-DF para tentar compreender o fato de não lhe ser cobrado valores a título de IPVA, licenciamento e seguro obrigatório", o que não realizou.	Condenação Sentença mantida	Equipara a dolo eventual	Cegueira deliberada citada *en passant*, sem qualquer aprofundamento teórico. Trata-se de receptação, em que a condenação seria possível sem recurso à cegueira deliberada, pois há prova que o autor deixou de observar dever legal na transferência do veículo. Não chega a ser adorno retórico, pois não se está "adornando". O objetivo não foi dar um verniz de cientificidade.	Adorno retórico
Caso 25 - TRF-4 - Apelação Crime n. 0005403-89 2001.404.7105	Imputação aos agentes ao crime contra a ordem tributária (art. 1.º, I, II e III, da Lei n. 8.137, de 1990), por supressão de tributos devidos entre os anos de 1995 e 2001, através da omissão de informações ao fisco e emissão de notas falsas. O Tribunal entendeu que os agentes deliberadamente ignoraram as consequências dos seus atos, motivos pelos quais há dolo direto, ou senão eventual.	Condenação Sentença mantida	Adorno retórico	Situação clara de dolo direto, pois os agentes intencionalmente omitiram informações para a receita e produziram documentos falsos para se escusar da responsabilidade tributária.	Adorno retórico

NOME DO ARQUIVO	SÍNTESE DOS FATOS	DECISÃO	CEGUEIRA DELIBERADA	COMENTÁRIO	GRUPO
Caso 26- TRF-4 - Apelação Crime n. 5002824-35. 2014.404.7006 (Voto)	Imputação ao agente ao crime de Tráfico de Drogas (art. 33, *caput*, Lei n. 11.343, de 2006) e Falsificação de produto terapêutico (art. 273, § 1.º-B, I, CP), por transportar maconha em veículo. O agente afirma que aceitou dirigir o veículo por pedido de um desconhecido, mediante o recebimento de uma recompensa. O Tribunal adotou a manifestação da PGR, que entendeu que se não existiu dolo direto; ao menos deve-se considerar a existência de dolo eventual, pois as circunstancias do caso indicavam a ilegalidade da conduta.	Condenação Sentença mantida	Equipara a dolo eventual	A decisão adere ao sentido majoritário dado à cegueira deliberada no Brasil. Fundamenta pela existência de suspeita e indiferença pelo autor, que não investiga os fatos. Entende haver dolo eventual.	Condenação por dolo eventual utilizando cegueira deliberada
Caso 27 - TRF-3 - Apelação Crime n. 0010017-62.2012. 403.6109	Imputação aos agentes ao crime contra a ordem tributária (art. 1.º, I, II e III, da Lei n. 8.137, de 1990), por supressão de tributos devidos entre janeiro e novembro de 2007, através da omissão de informações ao fisco. Os acusados aduzem não ter conhecimento destas irregularidades, pois todas as declarações eram feitas por um terceiro, profissional habilitado. O Tribunal entendeu pela absolvição dos agentes, pela ausência de dolo.	Absolvição Sentença reformada	Vinculada ao domínio do fato	A decisão reverteu julgamento de primeira instância que aplicou a teoria do domínio do fato em conjunto com a cegueira deliberada para condenar sócios de pessoa jurídica por declarações fiscais prestados por terceiro – profissional especializado. Em realidade, a ausência de dolo restou demonstrada.	Cegueira deliberada afastada

NOME DO ARQUIVO	SÍNTESE DOS FATOS	DECISÃO	CEGUEIRA DELIBERADA	COMENTÁRIO	GRUPO
Caso 28 - STJ - Recurso em Habeas Corpus n. 47.524-PA	Imputação ao acusado por crime de lavagem de dinheiro (art. 1.º, V e VI, Lei n. 9.613, de 1998), no âmbito da operação conhecida como "Efeito Dominó", cujo objetivo era desmantelar organização criminosa especializada na exploração ilegal de jogos de azar e lavagem de dinheiro. O acusado impetrou *habeas corpus* alegando falta de justa causa. O Tribunal entendeu que há elementos que demonstram a justa causa, por isso negou provimento ao recurso.	Negou provimento a *habeas corpus*	Mencionado apenas na denúncia	Cegueira deliberada foi mencionada somente na denúncia, que foi transcrita na decisão. Não serviu de base para o julgamento. Decisão em cognição sumária.	Irrelevante
Caso 29 - TJPR - Apelação Crime n. 1.246.269-0	Imputação ao acusado ao crime de tráfico de drogas (art. 33, *caput*; art. 40, III, da Lei n. 11.343, de 2006), por portar 34,745g de maconha em estabelecimento prisional. Aduziu não ter conhecimento sobre a existência da substância, pois somente puxou uma "corda" (usada para transportar ilegalmente objetos para dentro das cela) para seu colega de cela. O Tribunal entendeu que o desconhecimento não é motivo para escusar de responsabilidade. "Ainda que eventualmente o apelante não almejasse diretamente a prática da narcotraficância, fato é que o agente agiu de modo a admitir a possibilidade concreta e muito provável, diante das circunstâncias que envolveram toda a conjuntura fática, do cometimento da aludida figura criminosa".	Condenação Sentença mantida	Equipara a dolo eventual	A decisão adere ao sentido majoritário dado à cegueira deliberada no Brasil. Fundamenta pela existência de suspeita e indiferença pelo autor, que não investiga os fatos. Entende haver dolo eventual.	Condenação por dolo eventual utilizando cegueira deliberada

NOME DO ARQUIVO	SÍNTESE DOS FATOS	DECISÃO	CEGUEIRA DELIBERADA	COMENTÁRIO	GRUPO
Caso 30 - STJ - Recurso em Habeas Corpus n. 52.786-PA	Imputação ao acusado por crime de lavagem de dinheiro (art. 1.º, V e VI, Lei n. 9.613, de 1998), no âmbito da operação conhecida como "Efeito Dominó", cujo objetivo era desmantelar organização criminosa especializada na exploração ilegal de jogos de azar e lavagem de dinheiro. O acusado impetrou *habeas corpus* alegando falta de justa causa. O Tribunal entendeu que há elementos que demonstram a justa causa, por isso negou provimento ao recurso.	Negou provimento a *habeas corpus*	Mencionado apenas na denúncia	Cegueira deliberada foi mencionada somente na denúncia, que foi transcrita na decisão. Não serviu de base para o julgamento. Decisão em cognição sumária.	Irrelevante
Caso 31 - TRF-4 - Apelação Crime n. 5001945-68.2013. 404.7000 (Voto)	Imputação ao acusado ao crime de uso de documento falso (art. 304, CP), por apresentar aos Policiais Rodoviários Federais Certificado de Registro e Licenciamento de Veículo falso, além de estarem adulteradas a placa e o chassi do veículo que conduzia. O acusado alegou desconhecer os fatos, pois somente aceitou conduzir o veículo a uma cidade que ficava a aproximadamente 300 km de distância, motivo pelo o qual receberia a importância de R$1.500,00. O Tribunal entendeu que, ao aceitar conduzir veículo por somente 300 km em troca do pagamento de uma importância que a maioria dos motoristas profissionais no Brasil recebem em um mês inteiro de trabalho, sem tomar cautelas para verificar a procedência do veículo, o acusado assumiu o risco de estar praticando algum ilícito penal.	Condenação Sentença mantida	Adorno retórico	Poderia ter havido condenação por dolo direto.	Adorno retórico

NOME DO ARQUIVO	SÍNTESE DOS FATOS	DECISÃO	CEGUEIRA DELIBERADA	COMENTÁRIO	GRUPO
Caso 32 - TJSP - Apelação Cível n. 0000740-15.2013.8.26.0159	Imputação ao acusado ao ilícito administrativo ato de improbidade (art. 9.º, XI; art. 10, I, VIII, IX e XII; e art. 11, *caput*, I e V, da Lei n. 8.429/1992), em razão de contratação de Micro Empreendedores Individuais para ocupar cargos que deveriam ser providos mediante concurso público. O Tribunal entendeu que o agente agiu com o "propósito de fingir desconhecer que tanto a Lei como as inúmeras decisões judiciais já haviam definido que tais cargos deveriam ser providos por servidores concursados, e não comissionados ou contratados, dissuadindo, então, essas ordens legal e judicial".	Condenação Sentença mantida	Adequado	O uso da cegueira deliberada foi acertado no caso, pois o réu utilizou dos argumentos de ser "uma pessoa de pouca leitura" para se escusar de cumprir a lei. Por isso, preferiu não buscar saber se os cargos poderiam ou não ser providos mediante concurso público.	Irrelevante
Caso 33 - TRF-3 - Apelação Crime n. 0006251-86.2006.8.403.6181	Imputação aos acusados ao crime de Lavagem de dinheiro (art. 1.º, § 1.º, I e II, da Lei n. 9.613, de 1998), investigado no âmbito da operação conhecida como "Oceanos Gêmeos", por utilizarem da conversão de valores ilícitos em lícitos por meio da transferência de veículo e de embarcação, além da aquisição e venda de obras de arte por meio de empresas de fachada, visando dissimular valores provenientes do narcotráfico. O Tribunal entendeu que, para ser aplicada a teoria da cegueira deliberada, com a sua comparação ao dolo eventual, "cumpre verificar, *in casu*, se há provas de que os acusados, mesmo diante da possibilidade da origem ilícita dos bens, [...] praticaram a conduta de ocultação e dissimulação indiferentes ao resultado". No caso, entendeu que não há provas que pudessem fundamentar a condenação de alguns acusados.	Absolvição Sentença mantida	Mencionado somente pelo Ministério Público	O Tribunal entendeu ser inaplicável a teoria da cegueira deliberada, tendo em vista a necessidade de provas, pelo menos, da existência de dolo eventual.	Cegueira deliberada afastada

NOME DO ARQUIVO	SÍNTESE DOS FATOS	DECISÃO	CEGUEIRA DELIBERADA	COMENTÁRIO	GRUPO
Caso 34 - TJSP - Apelação n. 0009252-56.2010.8 26..0073	Imputação ao acusado, ex-Prefeito do município de Avaré, por ato de improbidade (art. 12, II e III, da Lei n. 8.429/1992) por ter realizado contratação de empresa sem o procedimento licitatório e ter havido superfaturamento. O Tribunal entendeu que o agente fingiu desconhecer que o Termo de Parceria foi criado apenas com o intuito de lesionar o Erário.	Condenação Sentença mantida	Adorno retórico	Cegueira deliberada usada apenas para afastar a alegação de desconhecimento pelo autor, pois o julgador entende que restam claro os elementos do dolo direto.	Irrelevante

NOME DO ARQUIVO	SÍNTESE DOS FATOS	DECISÃO	CEGUEIRA DELIBERADA	COMENTÁRIO	GRUPO
Caso 35 - TJSP - Apelação Cível n. 0000267-29.2013.8.26.0159	Imputação ao acusado, ex-Prefeito do município de Cunha, por ato de improbidade (art. 12, I, II e III, da Lei n. 8.429/1992) "em razão da contratação indevida de MEI (microempreendedor individual), com nítido caráter de burla de contratação sem concurso público". O Tribunal entendeu que a teoria da cegueira deliberada se aplica pelo "propósito de fingir desconhecer que tanto a Lei como as inúmeras decisões judiciais já haviam definido que tais cargos deveriam ser providos por servidores concursados, e não comissionados ou contratados".	Condenação Sentença mantida	Adorno retórico	Neste caso, o Julgador entendeu que a "conduta dolosa é inevitável", aduzindo que "o ex-Prefeito" simplesmente exonera os comissionados, em obediência a essas decisões judiciais, e, por outro lado, tempos depois, contratam-nos agora como pessoas jurídicas (MEIs), como microempreendedores individuais, "mantendo-se a mesma ilegalidade, impessoalidade e imoralidade, exatamente nos termos em que já decidido ser indevido, alterando-se apenas a nomenclatura da contratação". Então, a utilização da cegueira deliberada teve o intuito, somente, de afastar a alegação de desconhecimento por parte da defesa.	Irrelevante

NOME DO ARQUIVO	SÍNTESE DOS FATOS	DECISÃO	CEGUEIRA DELIBERADA	COMENTÁRIO	GRUPO
Caso 36 - TRF-4 - Apelação Crime n. 5004477-06.2013. 404.7007 (Voto)	Imputação pelo crime de contrabando ou descaminho (art. 334, § 1.º, *b*, c/c art. 2.º e 3.º do Decreto-lei n. 399/1968), por ter transportado cigarros de procedência paraguaia. O agente alega a ausência de culpabilidade, por não saber que estava transportando tal carga. O Tribunal entendeu que se aplica a teoria da cegueira deliberada, pois o alegado desconhecimento não pode eximi-lo de sua responsabilidade penal, agindo com dolo eventual, pois tinha condições de saber sobre a carga.	Condenação Sentença mantida	Suplante de falta de provas Condenação indevida	A decisão adere ao sentido majoritário dado à cegueira deliberada no Brasil. Fundamenta pela existência de suspeita e indiferença pelo autor, que não investiga os fatos. Entende haver dolo eventual.	Uso inadequado
Caso 37 - TRF-4 - Apelação Crime n. 5004064-08.2013. 404.7002 (Voto)	Imputação ao acusado ao crime de contrabando ou descaminho (art. 334, § 1.º, *b*, c/c art. 2.º e 3.º do Decreto-lei n. 399/1968), por dirigir "veículo no qual havia grande quantidade de maços de cigarro, sem selos de controle da RFB e documentação de sua regular importação, correspondendo a uma evasão de impostos de 340.165,07". O agente alega a ausência de culpabilidade, por não saber que estava transportando tal carga. O Tribunal entendeu que se aplica a teoria da cegueira deliberada, pois o alegado desconhecimento não pode eximi-lo de sua responsabilidade penal, agindo com dolo eventual, pois tinha condições de saber sobre a carga.	Condenação Sentença mantida	Adorno retórico	Poderia ter havido condenação por dolo direto, pois o acusado confessou ter conhecimento.	Adorno retórico

NOME DO ARQUIVO	SÍNTESE DOS FATOS	DECISÃO	CEGUEIRA DELIBERADA	COMENTÁRIO	GRUPO
Caso 38 - TRF-4 - Apelação Crime n. 5011122-62.2013.404.7002 (Voto)	Imputação ao acusado ao crime de contrabando ou descaminho (art. 334, § 1.º, *b*, c/c art. 2.º e 3.º do Decreto-lei n. 399/1968), por ter transportado cigarros de procedência paraguaia. O agente alega a ausência de culpabilidade, por não saber que estava transportando tal carga. O tribunal entendeu que houve dolo por parte do agente, por estar o acusado muito nervoso quando foi parado pela fiscalização.	Condenação Sentença mantida	Adorno retórico	O Julgador afirma que existem vários elementos fáticas que comprovam que o acusado agiu com dolo e tinha conhecimento da ilicitude da sua conduta. Contudo, utiliza a cegueira deliberada somente para refutar um eventual argumento da defesa de desconhecimento.	Adorno retórico
Caso 39 - TJSP - Apelação Cível n. 3001041-93.2013.8.26.0648	Imputação aos acusados, ex-Prefeito do município de Sales e empresas concorrentes, por ato de improbidade administrativa (art. 12, II e III, da Lei n. 8.429/1992), em virtude de fraude no procedimento licitatório para contratação de prestação de serviços de fornecimento e instalação de ares-condicionados. O Tribunal entendeu pela manutenção da condenação, considerando que "tudo foi dolosamente arquitetado para o fim de beneficiar determinadas vencedoras", com base nos depoimentos prestados.	Condenação Sentença mantida	Adorno retórico	O Julgador entende que há elementos suficientes para comprovar o dolo direto dos acusados, utilizando a cegueira deliberada para afirmar que, mesmo que não houvesse elementos suficientes da vontade dos agentes, ainda assim incidiria o dolo eventual.	Irrelevante

NOME DO ARQUIVO	SÍNTESE DOS FATOS	DECISÃO	CEGUEIRA DELIBERADA	COMENTÁRIO	GRUPO
Caso 40 - TJPR - Apelação Crime n. 1.261.277-8 (Voto Vencedor)	Imputação aos acusados ao crime de tráfico interestadual de drogas (art. 33, *caput*, c/c art. 40, incisos III e V, ambos da Lei n. 11.343/2006), por estarem trazendo consigo, no interior de ônibus, 43,5 kg de maconha. O Tribunal entendeu que havia dolo direto ou, no mínimo, dolo eventual.	Condenação Sentença mantida	Adorno retórico	Cegueira deliberada usada apenas para afastar a alegação de desconhecimento pelo autor. Julgador afirma que há elementos probatórios suficientes que demonstram o conhecimento por parte dos acusados.	Adorno retórico
Caso 41 - TRF-4 - Apelação Crime n. 5011017-51.2014. 404.7002 (Voto)	Imputação ao agente ao crime de tráfico internacional de drogas, uso de documentos falsos e receptação (art. 33, *caput* c/c art. 40, inciso I, da Lei n. 11.343/2006, art. 180 do Código Penal e art. 304 c/c art. 297 do Código Penal). O agente dirigia veículo com placas da Argentina, com sinal identificador adulterado, e apresentou documento de habilitação falsificado às autoridades brasileiras, além de transportar 161 tabletes de maconha e 15 tabletes de cocaína. O acusado foi condenado em primeiro grau aos crimes de tráfico internacional de drogas e uso de documento falso, mas foi absolvido do crime de receptação. O Ministério Público recorreu, pleiteando a condenação pelo crime de receptação, porém o Tribunal manteve a sentença, entendendo que esta absolveu com fundamento na falta de provas da materialidade de crime anterior, e o Ministério Público recorreu com fundamento na existência de dolo eventual, pela aplicação da teoria da cegueira deliberada.	Absolvição Sentença mantida	Mencionado apenas pelo recorrente	Cegueira deliberada trazida somente como tese do Recorrente, sendo afastada pelo Julgador por entender que não há que se falar em dolo eventual se sequer houve prova da materialidade do fato.	Irrelevante

NOME DO ARQUIVO	SÍNTESE DOS FATOS	DECISÃO	CEGUEIRA DELIBERADA	COMENTÁRIO	GRUPO
Caso 42 - TRF-4 - Apelação Crime n. 5004125-63.2013. 404.7002 (Voto)	Imputação à acusada ao crime de tráfico de drogas (art. 33 da Lei n. 11.343/2006), por estar transportando em sua mala mais de 20 kg de maconha. A acusada alega que foi um terceiro, menor de idade, que colocou algo em sua bolsa, e que acreditava serem aparelhos eletrônicos. O Tribunal entendeu pela sua condenação, porque a acusada assumiu o risco de produção do resultado delitivo, ao não ter a mínima cautela de abrir as malas e ver o que ia transportar.	Condenação Sentença mantida	Suplante de falta de provas Condenação indevida	A decisão cria dever de conhecimento da carga fretada para o motorista em contrato de transporte de coisa. Não há dever legal de conhecimento. Presunção de dolo.	Uso inadequado
Caso 43 - TJSP - Apelação Crime n. 0008979-08.2011.8. 26.0408	Imputação ao acusado ao crime de receptação (art. 180, § 1.º, Código Penal), por ter adquirido telefone roubado. O Tribunal manteve a condenação, refutando seu argumento de que não sabia da origem ilícita com base na teoria da cegueira deliberada, "pois restou claro que o réu tinha ciência da grande possibilidade de o objeto ter origem ilícita, em razão da ausência da nota fiscal e da desproporcionalidade do valor real do celular o do valor de venda, de onde se extrai o dolo eventual em sua conduta".	Condenação Sentença mantida	Adorno retórico	Na receptação, inverte-se o ônus da prova quanto ao desconhecimento/álibi. Como é receptação qualificada, o acusado deveria saber, de modo que é incorreta a aplicação da cegueira deliberada.	Adorno retórico

NOME DO ARQUIVO	SÍNTESE DOS FATOS	DECISÃO	CEGUEIRA DELIBERADA	COMENTÁRIO	GRUPO
Caso 44 - TRF-4 - Apelação Crime n. 5019147-41 2011 404.7000 (Voto)	Imputação aos acusados ao crime de Uso de documento falso (art. 304, Código Penal), por terem utilizado perante a Receita Federal documentos arrecadatórios com autenticação de pagamento falsa, visando obter certidão positiva com efeitos negativos. Alegação de desconhecimento da falsificação, feita por corréu. O Tribunal manteve a condenação, entendendo que "o administrador tinha ciência da impossibilidade de obter a certidão de regularidade fiscal e assumiu o risco, de forma consciente e voluntária, de que [o corréu] praticasse quaisquer atos para obtê-la".	Condenação Sentença mantida	Equipara a dolo eventual	O administrador da empresa tinha ciência da impossibilidade de obter certidão positiva perante a Receita Federal, conforme informou ao juízo. Contudo, dias depois, o corréu trouxe para ele a referida certidão positiva, deixando de buscar a origem da certidão, mesmo com as peculiaridades do caso. Isto demonstra que o acusado tinha possibilidade de verificar a legalidade da sua conduta, mas preferiu não o fazer.	Condenação por dolo eventual utilizando cegueira deliberada (Conflito de Interesses)

NOME DO ARQUIVO	SÍNTESE DOS FATOS	DECISÃO	CEGUEIRA DELIBERADA	COMENTÁRIO	GRUPO
Caso 45 - TRF-4 - Apelação Crime n. 50001461-30.2011. 404.7002 (Voto)	Imputação ao acusado pelos crimes de falsificação de produto terapêutico (art. 273, § 1.º- B, do Código Penal) e Contrabando/ Descaminho (art. 334, Código Penal), por transportar mercadorias de origem estrangeira, inclusive medicamentos sem registro. O Tribunal manteve a condenação, entendendo estar presente o dolo direto do autor, ou o dolo eventual, pela aplicação da teoria da cegueira deliberada. O Julgador afirmou ter o agente dolo direto, tendo em vista que "com simples conhecimentos hauridos na vida comunitária, poderia perceber que, não houvesse irregularidade no transporte da *res*, poderia seu contratante ter promovido sua remessa através dos correios ou por meio de transportadora, não tendo ele que arcar com os custos de transporte mais o valor pago ao acusado. Outrossim, há ainda o fato de que Foz do Iguaçu/PR, onde o réu foi buscar os eletrônicos e os medicamentos, é notória rota de descaminho, contrabando e tráfico de medicamentos, drogas e armas, logo, é possível concluir que, sem sombra de dívidas, tinha o réu conhecimento de que concorria ou poderia estar concorrendo para a prática de conduta ilícita". Por isso, a teoria da cegueira deliberada só foi usada para rebater uma das teses da defesa.	Condenação Sentença mantida	Adorno retórico	Poderia ter havido condenação por dolo direto.	Adorno retórico

NOME DO ARQUIVO	SÍNTESE DOS FATOS	DECISÃO	CEGUEIRA DELIBERADA	COMENTÁRIO	GRUPO
Caso 46 - TJPR - Apelação Crime n. 1.348.233-0	Imputação ao acusado ao crime de Tráfico internacional de drogas (art. 33, *caput*, Art. 40, III e VI, da Lei n. 11.343, de 2006), pelo transporte de maconha em fundo falso de uma vasilha de alimentos, com finalidade de entrega a consumo de terceiros. Alegação de desconhecimento do conteúdo da sacola que continha o recipiente. O Tribunal entendeu pela manutenção da condenação, aplicando a Teoria da Cegueira Deliberada.	Condenação Sentença mantida	Equipara a dolo eventual	A decisão adere ao sentido majoritário dado à cegueira deliberada no Brasil. Fundamenta pela existência de suspeita e indiferença pelo autor, que não investiga os fatos. Entende haver dolo eventual.	Condenação por dolo eventual utilizando cegueira deliberada
Caso 47 - TRF-4 - Apelação Crime n. 5000095-34.2013.404.7115	Imputação ao acusado ao crime de contrabando (art. 334 do CP), por dirigir veículo no qual havia 7.900 maços de cigarro sem a devida documentação de importação. O acusado assumiu em juízo a ciência de estar transportando a referida carga, mas nega o conhecimento da sua origem ilícita. O Tribunal manteve a condenação, entendendo que a alegação de desconhecimento da origem do produto não é capaz de excluir o seu dolo.	Condenação Sentença mantida	Adorno retórico	O julgador afirma que o acusado já sofrera representações fiscais por infrações cometidas anteriormente, também relativas a mercadorias apreendidas, o que demonstraria o seu conhecimento da origem ilícita do produto. Somente eventualmente o julgador traz a teoria da cegueira deliberada para rebater o argumento de desconhecimento.	Adorno retórico

NOME DO ARQUIVO	SÍNTESE DOS FATOS	DECISÃO	CEGUEIRA DELIBERADA	COMENTÁRIO	GRUPO
Caso 48 - TRF-4 - Embargos de Declaração em Apelação Criminal n. 5004957-96.2013. 404.7002 (Voto)	Imputação ao acusado ao crime de Contrabando/Descaminho (art. 334, Código Penal) pelo transporte irregular de medicamento. O acusado alegou desconhecimento da carga ilegal. O Tribunal manteve a condenação, utilizando a teoria da cegueira deliberada para afastar eventual desconhecimento.	Condenação Sentença mantida	Equipara a dolo eventual	A decisão adere ao sentido majoritário dado à cegueira deliberada no Brasil. Fundamenta pela existência de suspeita e indiferença pelo autor, que não investiga os fatos. Entende haver dolo eventual.	Condenação por dolo eventual utilizando cegueira deliberada
Caso 49 - TRF-4 - Apelação Crime n. 0000547-47.2008. 404.7102 (Voto Vencedor)	Imputação ao acusado ao crime contra a ordem tributária (art. 1.º, II, da Lei n. 8.137, de 1990), por ter o contador suprimido ou reduzido tributo, valendo-se de fraude à fiscalização tributária, mediante a inserção de elementos inexatos e a omissão de operações contábeis nos livros Registro Fiscal Simplificado e Caixa. O acusado foi absolvido em primeira instância, e o MPF recorreu com base na teoria da cegueira deliberada. O Tribunal manteve a absolvição, entendendo que, para a aplicação da teoria da cegueira deliberada, deveria ter sido comprovada a intenção do estado de desconhecimento do acusado.	Absolvição Sentença mantida	Mencionado apenas pelo recorrente	O Julgador entendeu não ser o caso de aplicar a teoria da cegueira deliberada, pois a acusação não se incumbiu de demonstrar a intenção do agente em se colocar em estado de desconhecimento.	Cegueira deliberada afastada

NOME DO ARQUIVO	SÍNTESE DOS FATOS	DECISÃO	CEGUEIRA DELIBERADA	COMENTÁRIO	GRUPO
Caso 50 - TRF-1 - Apelação Crime n. 0001232-28.2005. 401.4100 (Voto Relator)	Imputação ao acusado ao crime de Receptação (art. 180, § 1.º, Código Penal), por ter adquirido ATPF's como produto de extração ilegal de madeira. O Tribunal manteve a condenação, entendendo o agir doloso e, no mínimo, dolo eventual, aplicando a teoria da cegueira deliberada	Condenação Sentença mantida	Adorno retórico	O Julgador não chegou a analisar profundamente a cegueira deliberada, mas somente trouxe à sua decisão a afirmação de que, nos casos de receptação, os acusados geralmente utilizam do desconhecimento da origem ilícita para se escusar, mas que, nestes casos, pode ser aplicada a teoria da cegueira deliberada.	Adorno retórico
Caso 51 - TRF-4 - Apelação Crime n. 5000076-42.2014. 404.7002 (Voto)	Imputação ao acusado ao crime de falsificação de produto terapêutico (art. 273, §§ 1.º e 1.º-B, I e V, Código Penal), por transportar medicamento de origem paraguaia sem o devido registro. Alegação de erro de tipo, pois "não sabia tratar-se de medicamentos a mercadoria que transportava, acreditando ser apenas peças de vestuário". O Tribunal manteve a condenação, afastando o desconhecimento com base na teoria da cegueira deliberada.	Condenação Sentença mantida	Suplante de falta de provas Condenação indevida	A decisão cria dever de conhecimento da carga fretada para o motorista que transporte coisa. Não há dever legal de conhecimento, até mesmo por não ser uma relação profissional. A situação é suspeita, mas não há necessariamente dever de conhecimento. Presunção de dolo.	Uso inadequado

NOME DO ARQUIVO	SÍNTESE DOS FATOS	DECISÃO	CEGUEIRA DELIBERADA	COMENTÁRIO	GRUPO
Caso 52 - TRF-4 - Apelação Crime n. 5006501-89.2013. 404.7206 (Voto)	Imputação ao acusado ao crime de Contrabando/ Descaminho (art. 334, § 1.º, *b*, do Código Penal e art. 3.º Decreto-lei n. 399, de 1968), pela manutenção em deposito de pacotes de cigarro de procedência estrangeira, desprovidos de documentação comprobatória da regular internalização do produto. Alegação por parte do réu de existência de erro sobre elemento do tipo penal, baseado no desconhecimento da proibição da marca de cigarro. O Tribunal manteve a condenação, aplicando a teoria da cegueira deliberada.	Condenação Sentença mantida	Equipara a dolo eventual	O Julgador entendeu que o alegado desconhecimento acerca da proibição deve ser afastado, porque "se de fato não soubesse da ilicitude dos cigarros, não teria motivos para escondê-los em sua casa", e comerciá-los-ia em seu bar. Ademais, havia indícios de irregularidade no caso concreto, que não poderiam ter sido ignorados pelo acusado: "a quantidade depositada e o preço sabidamente bastante inferior ao de mercado pago pela mercadoria dão indícios da ilicitude que não podem ser ignorados pela pessoa".	Condenação por dolo eventual utilizando cegueira deliberada

NOME DO ARQUIVO	SÍNTESE DOS FATOS	DECISÃO	CEGUEIRA DELIBERADA	COMENTÁRIO	GRUPO
Caso 53 - TJPR - Apelação Crime n. 13730719 (Acórdão)	Imputação ao acusado ao crime de tráfico de drogas (art. 33, *caput*, e art. 40, III, da Lei n. 11.343, de 2006), pelo ingresso com maconha e aparelhos celulares em estabelecimento prisional. Alegação de desconhecimento do conteúdo transportado, acreditando haver apenas fumo, serras, carregadores de celular e mantimentos. O tribunal manteve a condenação, entendendo pela existência de dolo eventual na forma de cegueira deliberada.	Condenação Sentença mantida	Adorno retórico	O Tribunal entendeu que os acusados assumiram o risco de produzir o resultado, tendo em vista que preferiram não conferir o que carregavam dentro do pacote para dentro do presídio, mesmo tendo consciência de que estavam carregando outros produtos ilícitos, como afirmaram em juízo. Havia fundamento para condenação com base em dolo direto.	Adorno retórico

NOME DO ARQUIVO	SÍNTESE DOS FATOS	DECISÃO	CEGUEIRA DELIBERADA	COMENTÁRIO	GRUPO
Caso 54 - TRF-3 - Apelação Crime n. 0001123-17.2008.403.6181	Imputação ao acusado ao crime de Gestão fraudulenta de instituição financeira (art. 4.º, Lei n. 7.492, de 1986), pela compra de dados pessoais e de assinaturas em documentos para a comercialização de moeda estrangeira usados em operações fictícias por R$ 25,00. O Tribunal manteve a condenação, aplicando a teoria da cegueira deliberada.	Condenação Sentença mantida	Equipara a dolo eventual	Conforme aduziu o julgador, o acusado não pode se escusar da sua responsabilidade com base no desconhecimento. Em suas palavras, "é elevada a probabilidade de ciência do acusado sobre a ilicitude das operações de câmbio objeto dos autos, tendo em vista a função gerencial exercida, bem como as fortes evidências de fraude coletadas à época na investigação policial. Também se constata a atuação indiferente do réu em relação a tal conhecimento, bem como a opção deliberada em omitir-se sobre a apuração das irregularidades verificadas, comportando-se como se não houvesse qualquer ilicitude".	Condenação por dolo eventual utilizando cegueira deliberada

NOME DO ARQUIVO	SÍNTESE DOS FATOS	DECISÃO	CEGUEIRA DELIBERADA	COMENTÁRIO	GRUPO
Caso 55 - TRF-4 - Apelação Crime n. 5001231-40.2015.4.04.7004 (Voto)	Imputação ao acusado ao crime de tráfico internacional de arma (art. 18, Lei n. 10.826, de 2003). O acusado alega que deixou seu veículo no Paraguai para carregamento de droga, mas não sabia que lá haviam sido colocadas também armas de fogo. O Tribunal afastou o alegado desconhecimento com base na teoria da cegueira deliberada.	Condenação Sentença mantida	Equipara a dolo eventual	O Julgador entendeu que "tem lugar, aqui, a aplicação da teoria da cegueira deliberada, fundada no fato de que o agente faz opção por não se certificar da conduta, vindo a praticá-la apesar do risco de implicar a produção de um resultado típico, comportamento que se resvala no dolo eventual". A fundamentação referente à cegueira deliberada é em parte adorno retórico, pois não é o fundamento central para a decisão. Trata-se de reforço.	Condenação por dolo eventual utilizando cegueira deliberada

NOME DO ARQUIVO	SÍNTESE DOS FATOS	DECISÃO	CEGUEIRA DELIBERADA	COMENTÁRIO	GRUPO
Caso 56 - TRF-4 - Apelação Crime n. 5008479-45.2010.404.7000 (Voto)	Imputação ao acusado ao crime de lavagem de dinheiro (art. 1.º, V, da Lei n. 9.613, de 1998), pela concessão fraudulenta de empréstimos, por ordem de diretor da instituição financeira mediante o pagamento de vantagem indevida. O Tribunal manteve a condenação, ratificando a aplicação da teoria da cegueira deliberada.	Condenação Sentença mantida	Equipara a dolo eventual	O Tribunal entendeu que, com base na teoria norte-americana, para a aplicação da cegueira deliberada nos crimes de lavagem de dinheiro, é necessário que "o agente tenha ciência da elevada probabilidade de que os bens, direitos ou valores envolvidos eram provenientes de crime, que o agente atue de forma indiferente a esse conhecimento, e que o agente tenha deliberadamente escolhido permanecer ignorante a respeito de todos os fatos quando era possível a alternativa".	Condenação por dolo eventual utilizando cegueira deliberada

NOME DO ARQUIVO	SÍNTESE DOS FATOS	DECISÃO	CEGUEIRA DELIBERADA	COMENTÁRIO	GRUPO
Caso 57 - TRF-3 - Apelação Crime n. 0040367-47.2000.403.0000	Imputação ao acusado ao crime de Lavagem de dinheiro (art. 1.º, § 1.º, II, da Lei n. 9.613, de 1998), realizada por juiz federal mediante aquisição de imóveis. Cegueira deliberada trazida como fundamento da sentença, mas afastada pelo Tribunal, entendendo ser um caso de dolo direto.	Condenação Sentença mantida	Adorno retórico da sentença.	Cegueira deliberada trazida somente pelo juiz de primeiro grau. O Tribunal afastou a aplicação do dolo eventual, aduzindo: "Não se trata de cegueira deliberada a justificar o dolo eventual, como aventou o Juízo a quo, embora seja significativo o raciocínio desenvolvido na sentença. Com efeito, se dúvida houvesse quanto à intenção, é de se ponderar ser absolutamente incomum e suspeitíssimo que um juiz federal constitua uma empresa *offshore* para adquirir imóvel no Brasil."	Cegueira deliberada afastada

NOME DO ARQUIVO	SÍNTESE DOS FATOS	DECISÃO	CEGUEIRA DELIBERADA	COMENTÁRIO	GRUPO
Caso 58 - TJSP - Apelação Crime n. 0000050-56.2013.8.26.0653	Imputação ao acusado do crime de receptação (art. 180, do Código Penal), pela aquisição de notebook furtado por R$ 200,00 e de maconha por R$ 100,00. O Tribunal entendeu que a cegueira deliberada não pode ser utilizada para afastar a sua responsabilidade penal.	Condenação Sentença mantida	Equipara a dolo eventual Condenação indevida	Apenas o tipo qualificado fala em "deve saber". A modalidade imputada exige no tipo "saber". Não havendo prova do conhecimento exigido no tipo, poderia ser o caso de desclassificação para o art. 180, § 3.º.	Uso inadequado
Caso 59 - TRF-4 - Apelação Crime n. 5006880-17.2014.404.7005 (Voto)	Imputação ao acusado ao crime de contrabando/descaminho (art. 334 do Código Penal), pelo transporte de mercadorias ilícitas no interior de seu veículo. O Tribunal decidiu manter a condenação, aplicando a teoria da cegueira deliberada.	Condenação Sentença mantida	Suplante de falta de provas Condenação indevida	O Tribunal entendeu que, diante das condições de obter conhecimento a respeito da carga que transportava, sem tomar qualquer providência cautelosa, sobretudo ao carregar o caminhão em município que faz divisa com o Paraguai, assumiu o risco da sua conduta. O caso envolve contrato de transporte.	Uso inadequado

NOME DO ARQUIVO	SÍNTESE DOS FATOS	DECISÃO	CEGUEIRA DELIBERADA	COMENTÁRIO	GRUPO
Caso 60 - TRF-4 - Apelação Crime n. 5014377-91.2014.404.7002 (Voto)	Imputação ao acusado ao crime de Contrabando/Descaminho (art. 334, § 1.º, *d*, do Código Penal), pelo transporte mercadorias de terceiros não identificados de origem e procedência paraguaia e desprovidas de documento comprobatório de regular importação e internadas em solo brasileiro, sem o pagamento de tributos federais. O Tribunal manteve a condenação, aplicando a teoria da cegueira deliberada.	Condenação Sentença mantida	Suplante de falta de provas Condenação indevida	O Julgador entendeu que "ao indivíduo que, motorista de viagens aos países vizinhos, que tem como modo de vida o transporte destes passageiros, não é dado excluir a sua responsabilidade criminal escolhendo permanecer ignorante quanto ao objeto ou objetos da carga, quando teria condições de aprofundar o seu conhecimento". O caso envolve contrato de transporte.	Uso inadequado

NOME DO ARQUIVO	SÍNTESE DOS FATOS	DECISÃO	CEGUEIRA DELIBERADA	COMENTÁRIO	GRUPO
Caso 61 - TRF-4 - Apelação Crime n. 5012479-43.2014.404.7002 (Voto)	Imputação ao acusado ao crime de Contrabando/Descaminho (art. 334, § 1.º, *d*, do Código Penal), pelo transporte de produtos com a ausência de pagamento de tributos devidos pela entrada no país de mercadorias de origem paraguaia. O Tribunal entendeu que a alegação de ausência de conhecimento sobre o conteúdo ilícito da carga não é capaz de afastar a responsabilidade penal, aplicando a teoria da cegueira deliberada.	Condenação Sentença mantida	Suplante de falta de provas Condenação indevida	O Tribunal entendeu que o agente teve a "conduta livre e consciente de prestar decisivo auxílio material no transporte mercadorias estrangeiras sem qualquer preocupação com a natureza e quantidade do que seria transportado no interior do veículo". Contrato de transporte. Ainda que não haja um dever legal de verificação da carga, houve uma verificação parcial pelo apelante. Não se concorda com sua condenação pelo fato de não ter devassado a carga que fora contratado para transportar.	Uso inadequado

NOME DO ARQUIVO	SÍNTESE DOS FATOS	DECISÃO	CEGUEIRA DELIBERADA	COMENTÁRIO	GRUPO
Caso 62 - TRF-4 - Embargos de Declaração em Apelação Crime n. 5011242-73.2011. 404.7100 (Voto)	Imputação ao acusado ao crime de tráfico internacional de arma (art. 18, Lei n. 10.826, de 2003), por ter importado armas, munições e carregadores. Alegação de desconhecimento por parte do réu, de modo que acreditava estar transportando peças de automóveis. O Tribunal entendeu pela manutenção da condenação, alegando que havia dolo na conduta do agente.	Condenação Sentença mantida	Adorno retórico	O Julgador entendeu que há elementos suficientes nos autos que comprovam o conhecimento da ilicitude por parte do agente. Somente de forma eventual o julgador traz a teoria da cegueira deliberada para reforçar o argumento que, mesmo que o agente desconhecesse o conteúdo da carga, ainda assim restaria configurado o dolo.	Adorno retórico
Caso 63 - TJRJ - Apelação Cível n. 0075900-30.2013. 8.19.0001	Atribuição ao réu de Enriquecimento ilícito (fato não criminoso, previsto no art. 884, CC). Aplicação da cegueira deliberada para justificar a invalidação da aquisição de um imóvel com recursos transmitidos à conta corrente da ré pelo procurador de pessoa portadora de mal de Alzheimer. O Tribunal entendeu que houve cegueira deliberada pelo réu que, sem procurar ter conhecimento da procedência dos bens e valores repassados, guardou-os para si.	Condenação Sentença mantida	Adorno retórico	Adorno retórico. Decisão cível, sem maior repercussão. Outros critérios para definição do dolo.	Irrelevante

NOME DO ARQUIVO	SÍNTESE DOS FATOS	DECISÃO	CEGUEIRA DELIBERADA	COMENTÁRIO	GRUPO
Caso 64 - TRF-4 - Apelação Crime n. 5001907-17.2013.404.7017 (Voto)	Imputação ao acusado ao crime de uso de documento falso (arts. 304 e 297, Código Penal), por ter utilizado documento de veículo com sinais de adulteração e não correspondência de alguns elementos com as características reais do veículo. Alegação de desconhecimento da falsidade do documento, pois havia adquirido o veículo havia 15 dias. O Tribunal entendeu correta a aplicação da teoria da cegueira deliberada, para manter a condenação do acusado, tendo em vista que este demonstrou, inclusive nos depoimentos prestados, a possibilidade de que o documento do veículo pudesse ser falso, e nada fez para evitar a situação.	Condenação Sentença mantida	Equipara a dolo eventual	O Tribunal entendeu que, pelas circunstâncias do caso, quais sejam: "deslocou-se até Ponta Porã, adquirindo um veículo de procedência duvidosa, por grande quantidade de dinheiro, em local de fronteira e destino de vários carros com documentação falsa". Mesmo com a consciência de que poderia cair numa "roubada" (como mesmo dito em depoimento), intencionalmente se colocou numa posição de cegueira para não ter conhecimento da falsidade do documento.	Condenação por dolo eventual utilizando cegueira deliberada

NOME DO ARQUIVO	SÍNTESE DOS FATOS	DECISÃO	CEGUEIRA DELIBERADA	COMENTÁRIO	GRUPO
Caso 65 - TJSP - Apelação Crime n. 0053812-16.2014.8.26.0050	Imputação ao acusado ao crime de receptação (art. 180, Código Penal), por ter sido flagrado abrindo e destravando o alarme de um veículo que havia sido roubado. Alegação de desconhecimento da origem ilícita do veículo, e que este apenas havia sido contratado por um terceiro para retirar o veículo do local. O Tribunal manteve a condenação, aplicando a teoria da cegueira deliberada, para afirmar que o seu estado de desconhecimento voluntário não pode ser capaz de desclassificar o delito para a modalidade culposa.	Condenação Sentença mantida	Equipara a dolo eventual (Afirma não ser culposo) Condenação indevida	O Tribunal entendeu que a utilização da cegueira deliberada não é capaz de desclassificar o delito para a modalidade culposa, além de o réu não ter comprovado a legalidade e licitude da posse do veículo. Em que pese na receptação, possa-se inverter o ônus da prova quanto ao desconhecimento/álibi, não se trata aqui de receptação qualificada, em que há dever de conhecimento pelo acusado. O tipo penal dispõe sobre "saber". Seria a hipótese adequada de aplicação da cegueira deliberada em sua formulação originária, caso estivessem presentes seus fundamentos. Seria o caso de desclassificação para o art. 180, § 3.º	Uso inadequado